Le Courage chrétien

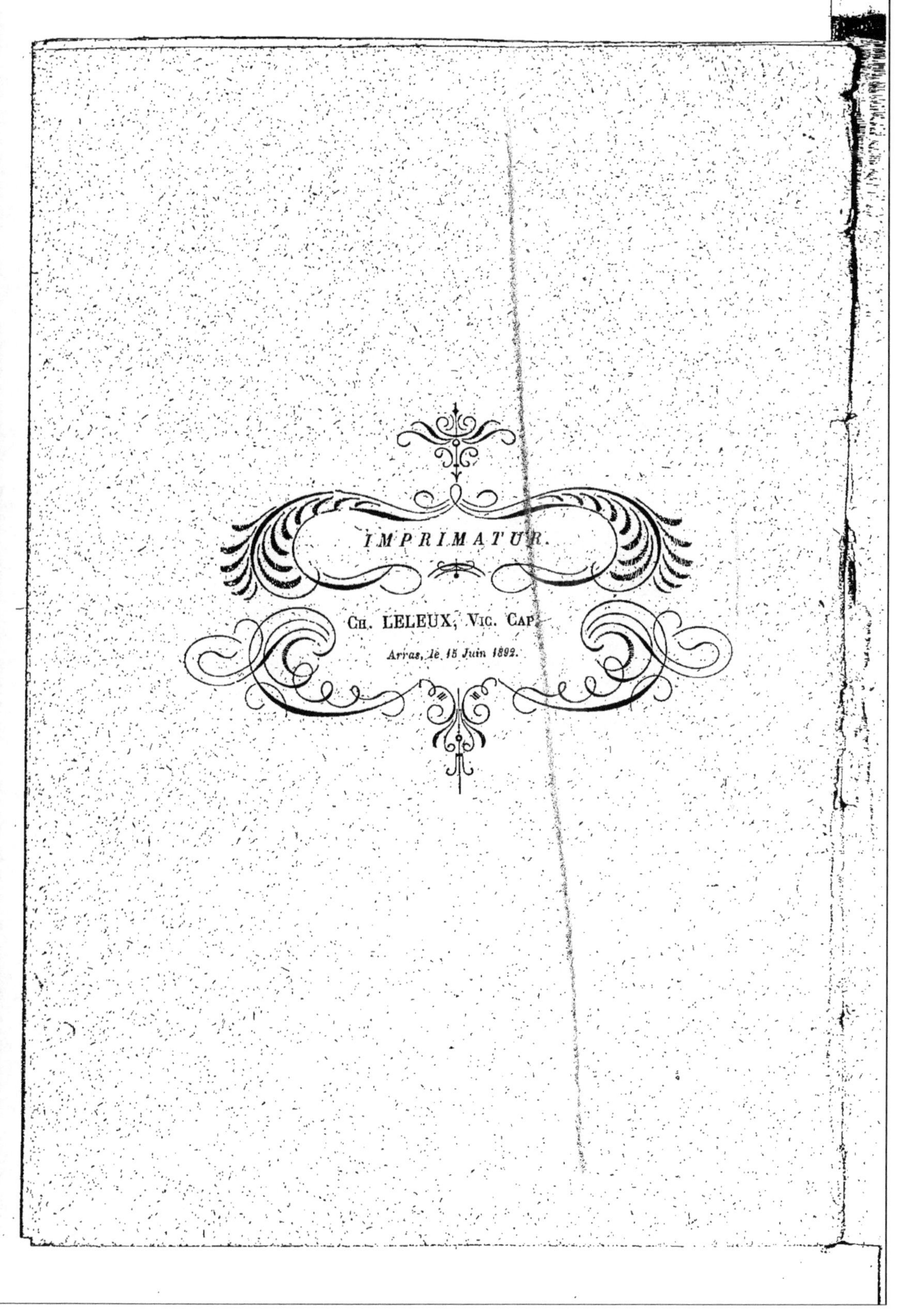

IMPRIMATUR.
Ch. LELEUX, Vic. Cap.
Arras, le 15 Juin 1892.

... s'empêtrant sous les pieds du loup. (P. 37.)

LE COURAGE
CHRÉTIEN

BEAUX EXEMPLES

d'Énergie morale, de Persévérance
et de Résignation

RECUEILLIS

PAR L'AUTEUR

de la Méthode pour former l'Enfance à la Piété

GRAMMONT (BELGIQUE)

Œuvre de Saint-Charles Borromée

Dépôt : LIBRAIRIE St-CHARLES, LILLE (Nord)

A la Jeunesse chrétienne.

YEZ du courage et soyez un homme! *tel était le souhait que formait le prophète royal pour chacun des enfants du peuple de Dieu; et ce mot résume véritablement tout ce qu'on peut désirer de meilleur et recommander avec le plus d'instances, lorsqu'on s'adresse à des jeunes gens. Païens ou chrétiens, peuples civilisés ou barbares, tous ont la même estime pour le courage et lui rendent les mêmes honneurs. S'agit-il des autres qualités morales; ce qui est l'objet de l'admiration chez les uns passe parfois pour de la faiblesse chez les autres; mais il n'y a qu'une seule voix pour proclamer le courage, et tous les fronts s'inclinent devant lui. Aussi les Romains désignaient-ils par le même mot le courage et la vertu, virtus: pour eux, l'un était inséparable de l'autre; ou plutôt, l'un s'identifiait avec l'autre : ils ne concevaient pas qu'on pût être vertueux sans avoir du courage, et ils considéraient le vrai courage lui-même comme la perfection de la vertu.*

Jeunes gens, nous vous souhaitons de penser comme les Romains et de vous pénétrer fortement de cette vérité : Il n'y a pas de vertu *sans courage. On se rassure quelquefois sur ses dispositions parce qu'on a conscience de sa bonne volonté, qu'on éprouve de l'attrait pour la piété. Mais si cette bonne volonté est molle, languissante, ennemie de la fatigue et des efforts énergiques, elle n'aboutira jamais à rien de sérieux ; et cette piété elle-même fondra comme la* neige au soleil, si elle n'est pas soutenue par une résolution opiniâtre de faire le bien. « Ce que je demande de vous, disait l'abbé Allemand aux membres de son Œuvre de jeunesse, c'est une piété mâle, courageuse, qui sache s'imposer des sacrifices, et non cette piété de mauvais aloi des fausses dévotes, qui communient tous les jours et ne savent rien souffrir. »

Dans les circonstances actuelles, plus que jamais, le courage est la condition essentielle, indispensable, de la persévérance. Si vous tremblez, comment soutiendrez-vous les sarcasmes, ou seulement les regards, de cette légion de jeunes impies qui sortent chaque année des collèges et des écoles sans Dieu? Comment resterez-vous fidèles aux devoirs du chrétien au milieu d'un monde qui ne croit qu'à la science et ne songe qu'à ses plaisirs ?

Un mot explique parfaitement ce qui est nécessaire aux jeunes gens et ce qui, hélas ! manque au plus grand nombre d'entre eux dans la situation présente : Il faut du caractère. « Le caractère, dit le P. Olivaint, avec autant de justesse que d'à-propos, c'est une volonté vraie, une volonté forte et suivie, allant au but avec patience et courage, malgré les épreuves, les dangers, les artifices, les passions. Le caractère, c'est le Non possumus dans le devoir et la vérité; c'est le « Plutôt obéir à Dieu qu'aux hommes ! » L'homme de caractère n'a qu'à se montrer, on le reconnaît aussitôt, et son seul aspect impose silence aux méchants... Vous avez du caractère, si vous accomplissez tout ce que vous avez promis à Dieu, si vous ne manquez de parole ni à lui ni aux hommes. Courage ! il est temps encore d'acquérir ce que vous avez reconnu vous manquer. En cela est toute la valeur de l'homme. Elle ne dépend pas de l'intelligence, moins encore de la sensibilité. Supposez une belle intelligence avec une faible volonté : pauvre homme ! Au contraire, donnez-moi un esprit ordinaire avec une volonté forte, voilà un homme digne de ce nom ! voilà un chrétien, c'est-à-dire l'homme à son plus haut degré

d'honneur, l'homme d'autant plus près de Dieu qu'il est plus semblable au Dieu fait homme. »

Ce courage, dont le nom revient si souvent dans les discours et
que chacun possède en paroles, nous allons ici vous le montrer en
acte. Vous aurez le loisir de l'envisager sous toutes ses faces :
l'énergie morale, qui ne se laisse rebuter par aucune difficulté et
se fait un jeu des plus redoutables obstacles ; l'intrépidité chrétienne, qui méprise le respect humain, le brave et le foule aux
pieds ; l'héroïsme civique et militaire [1], qui ne brille jamais d'un
plus vif éclat que dans les âmes chastes et profondément religieuses ;
la résignation, qui accepte sans murmure et supporte même avec
joie les épreuves qu'il plaît à Dieu de nous envoyer ; la persévérance enfin, qui est la forme la plus parfaite, l'accompagnement
obligé de toute espèce de courage, et à laquelle seule la couronne
est réservée. Tout en faisant passer sous vos yeux des modèles
accomplis de ce courage chrétien, si glorieux et à la fois si méritoire, nous vous rappellerons à quelles sources on doit aller le puiser
et quels ennemis il a surtout à craindre. Ou plutôt, nous n'aurons
pas à vous le dire, les faits eux-mêmes parleront à notre place et
vous procureront l'enseignement le plus sûr et le plus agréable,
celui de l'exemple.

Il nous a semblé que nous devions écarter de notre recueil tous
les récits déjà connus, et spécialement ceux qui appartiennent au
domaine de l'histoire. Certes, on trouve d'incomparables exemples
de courage et d'héroïsme dans les hommes apostoliques, les martyrs,
les missionnaires, les sœurs de charité, les saints de tous les siècles :
mais vous avez lu ces traits dans d'autres ouvrages ; nous préférons
vous présenter une pléiade de héros, de chrétiens magnanimes, dont

---

[1] On trouvera encore de beaux exemples d'héroïsme dans les volumes de notre
collection intitulés : *Les Héros chrétiens*; — *Patriotisme et religion*; — *Le livre d'or
de la piété filiale*, etc.

la vie a ressemblé à la vôtre, qui ont suivi les mêmes carrières, partagé les mêmes travaux, couru les mêmes périls. Nous les choisirons en outre principalement à une époque plus rapprochée de nous, souvent même parmi nos contemporains. Et ainsi ce recueil d'épisodes aura le double intérêt de la nouveauté et de la variété.

En terminant, nous nous permettons de vous adresser le mot de saint Jean l'Évangéliste : « Scribo vobis, juvenes, quoniam fortes estis : *Je vous écris, jeunes gens, parce que vous êtes courageux !* » Oui, c'est parce que nous savons, chers amis, qu'il y a en vous la flamme, ou du moins l'étincelle du vrai courage, que nous vous présentons ce modeste volume. Une semblable lecture ne saurait plaire à ces âmes égoïstes et pusillanimes, qui ne cherchent que le « confortable » et le repos ; elles ne la comprendraient même pas. Vous êtes nés, vous, avec de grandes et généreuses aspirations ; vous êtes nés pour la lutte : lutte contre vous-mêmes, vos défauts, vos passions ; lutte contre le démon et ses satellites ; lutte contre le respect humain ; lutte contre les ennemis de la religion et de la patrie ! Vous avez soif de dévouement : vous portez une sainte envie à ces valeureux jeunes gens qui ont eu le bonheur de verser leur sang pour l'Église, ou même à ces intrépides missionnaires qui vont planter la croix sur les plages lointaines.... Nobles enfants, cœurs généreux, ouvrez ce livre ! c'est pour vous qu'il est écrit : puisse-t-il raviver encore votre sainte ardeur pour le bien, vous inspirer une ferme et inébranlable résolution de consacrer votre vie à l'accomplissement du devoir, au triomphe de la vérité !

Le Courage chrétien

1. — Le fils du banquier.

DANS quelques pays, les lois donnent encore au père des droits illimités sur ses enfants, même le droit de vie et de mort. Ainsi en est-il dans presque toute l'Afrique, dans une grande partie de l'Asie, de l'Arabie et de la Turquie. Dans cette dernière contrée, il est vrai, quoique les lois musulmanes ne sévissent pas contre le père qui aurait tué son enfant en le punissant d'une faute grave, commise sans préméditation, les exemples d'une telle barbarie sont heureusement fort rares ; mais ce qu'on y voit fréquemment, au contraire, ce sont les corrections corporelles les plus sévères, les plus cruelles, notamment la bastonnade sur les pieds et sur les mains, les coups de toutes sortes, les soufflets, les pincements d'oreilles, les secousses violentes du corps, sans compter les punitions morales, telles que la privation de tout amusement, la défense de revêtir de beaux habits, l'expulsion de la table et du foyer de la famille, l'exil dans les chambres solitaires ou dans la cuisine de la maison paternelle.

Ces explications étaient nécessaires pour faire ressortir tout le

mérite du trait que nous allons raconter, trait de généreuse abnégation d'un jeune Turc, âgé de onze ans, et déjà capable, à cet
âge si tendre, d'un sacrifice héroïque qui faillit lui coûter la vie.

Le fait se passe à Constantinople, dans un des nombreux fau-
bourgs du Bosphore. Le héros de l'anecdote, dont nous garantis-
sons l'authenticité, se nomme Ibrahim et il est l'unique fils d'un
riche banquier. A part quelques défauts venant de son naturel
ou de l'éducation première qu'il avait reçue, à part un peu de pa-
resse, d'impatience et d'amour-propre, ce jeune enfant se faisait
remarquer par d'excellentes qualités, surtout par une grande
bonté envers ses amis, envers les malheureux, et en général à l'é-
gard de tout le monde. Sa sensibilité était telle que le récit d'une
belle action ou d'une infortune, la vue d'une douleur quelconque
le touchaient jusqu'aux larmes ; il se privait volontiers d'un objet
qui lui était agréable pour contribuer au soulagement de ceux
dont il apercevait la misère. Ces heureuses dispositions le faisaient aimer de tous ceux qui le connaissaient, et le rendaient
particulièrement cher à sa mère, l'excellente Kirma-Hanoum,
dont la tendresse et l'affabilité étaient telles qu'elle ne pouvait
adresser le moindre reproche, la moindre observation sévère,
non seulement à ses enfants, mais à personne autour d'elle, pas
même à ses domestiques. Ibrahim, objet d'une affection si vive,
abusait bien quelquefois du calme inaltérable de sa mère, ce dont
nous sommes loin de l'excuser ; mais son père motivait en quelque sorte ces importunités par sa nature étrange et difficile.
Daoude-Effendi, père d'Ibrahim, sans être entièrement dépourvu
de toute tendresse de cœur pour les autres et pour sa famille, ne
ressemblait nullement à sa femme sous ce rapport. Orgueilleux,
d'un caractère hautain et irascible, il ne pouvait supporter la
discussion avec personne, pas même avec ses amis, sans pâlir de
dépit, sans entrer dans les plus violentes colères. La moindre
résistance à ses volontés de la part des personnes de sa maison,
et même de sa propre femme, lui arrachait des cris de fureur,

lui faisait proférer de terribles menaces ; l'un de ses enfants venait-il à lui désobéir ou commettait-il une faute, ses emportements ne connaissaient plus de bornes, et il s'oubliait jusqu'à le frapper de la manière la plus affreuse. Un domestique avait-il le malheur de lui déplaire pour les causes les plus futiles, il l'accablait aussitôt de qualifications injurieuses et humiliantes ; si le serviteur outré se permettait de répondre avec quelque liberté, il recevait immédiatement son congé, et se voyait impitoyablement chassé, sans forme ni ménagement.

Tant de défauts insupportables n'empêchaient pas Daoude-Effendi d'avoir des moments de bonne humeur ; il se montrait parfois prodigue et généreux à l'égard de tous, principalement à l'égard de ses enfants, qu'il comblait de caresses et de présents. On ne pouvait lui contester aussi un penchant naturel à garder un souvenir reconnaissant des services qu'on lui rendait, des égards flatteurs que l'on avait pour lui. Daoude-Effendi tenait d'une façon exagérée aux objets de sa prédilection, animés ou inanimés ; la privation accidentelle de l'un d'eux excitait en lui des transports de rage, et il gardait un long ressentiment à la personne qui avait été la cause de cette contrariété passagère, cette personne fût-elle un membre de sa famille, hormis sa vénérable mère, qui lui inspirait la plus grande affection et le plus profond respect.

Dans la riche succession dont Daoude-Effendi avait hérité de son vieux père, se trouvait un beau vase du Japon d'un travail fort curieux et d'une forme bizarre. Depuis un temps très reculé, ce vase avait été transmis de père en fils au chef de la famille. Cette circonstance et quelques autres souvenirs qui se rattachaient à ce meuble de prix le rendaient cher au banquier, à tel point qu'il aurait mieux aimé perdre une partie de sa fortune plutôt que de se voir privé de ce vase précieux. Enveloppé de gaze, *l'ancien*, c'était le nom qu'on lui donnait dans la famille, reposait avec son socle sur un guéridon construit exprès pour le recevoir, et il était placé dans un endroit apparent de la salle d'honneur de la maison.

Il y avait dans la famille un ancien serviteur du père de Daoude qui avait vu naître et grandir ce dernier, et l'avait bien souvent porté dans ses bras ou bercé sur ses genoux. C'est à cette considération qu'Aly devait de rester encore au service du banquier ; car, outre qu'il était déjà trop vieux pour servir convenablement, il avait contracté deux grands défauts : il murmurait contre la peine, et s'oubliait parfois à boire jusqu'à devenir insolent, même à l'égard de son maître. Plusieurs fois déjà le banquier, exaspéré de si graves manquements aux devoirs d'un bon serviteur, avait chassé le vieil Aly de sa présence et de son toit ; mais quand le rusé domestique, qui connaissait son maître de vieille date, jugeait que l'irritation devait être calmée, que le beau temps avait succédé à l'orage, il ne manquait pas de se représenter devant lui avec un objet que Daoude avait demandé à un autre des gens de sa maison. Celui-ci essayait toujours de se fâcher de cette liberté ; alors le vieux serviteur lui demandait humblement pardon de son égarement et rappelait adroitement quelques bons souvenirs en sa faveur. Daoude-Effendi finissait toujours par se laisser désarmer, et lui pardonnait après l'avoir énergiquement admonesté.

Daoude-Effendi était riche ; il avait à son service plusieurs domestiques des deux sexes. Le vieil Aly était pour ainsi dire leur chef ; lui seul servait à table, remplissait les fonctions de valet de chambre, était chargé de faire les achats des provisions ; en un mot, sa charge était celle d'un majordome, ce dont il était fier. C'était à lui qu'appartenait exclusivement le soin de la grande salle d'honneur, et particulièrement le soin d'épousseter le guéridon où reposait le fameux vase du Japon ; il n'aurait jamais souffert que nul autre que lui s'occupât du service de cette pièce privilégiée.

Une grande sympathie existait entre le jeune Ibrahim et le

vieux serviteur, sympathie cimentée des deux côtés par un peu d'intérêt personnel. Ibrahim avait une passion dominante, la passion de monter à cheval, voire même de faire des promenades sur un âne à défaut de monture plus élégante. Nulle intempérie de l'atmosphère ne l'en détournait. Son père lui avait maintes fois défendu de monter ses chevaux, et même des chevaux de louage, sans sa permission ; mais, entraîné par son goût irrésistible, Ibrahim avait transgressé plusieurs fois cette défense du banquier, ce qui lui avait valu les plus rudes corrections, et à son complaisant palefrenier les plus sévères réprimandes, quelquefois même un renvoi momentané. Cette circonstance avait affectionné le jeune Ibrahim à Aly : il lui donnait souvent une part de ce qui lui appartenait, argent ou friandises, et prenait toujours chaleureusement sa défense. Le reconnaissant enfant était particulièrement habile à détourner les reproches que son père avait parfois occasion d'adresser à son ancien serviteur, en faisant ressortir ses bonnes qualités ; souvent il avait contribué, par ses éloges, aux libéralités du maître pour son domestique. Tout cela, et un penchant naturel du vieillard pour son bon petit Ibrahim, faisait qu'il l'aimait plus que toute autre personne au monde. Souvent il s'était exposé à l'indignation, même aux coups du banquier, pour soustraire son fils à ses corrections jusqu'à le lui arracher des mains, liberté que la mère de Daoude pouvait seule se permettre.

Telles étaient les dispositions des principaux membres de la famille lorsque arriva l'accident que nous allons rapporter, et le trait de courage auquel il donna lieu.

C'était la veille d'une grande fête religieuse, et de plus la veille d'une grande réception chez le banquier ; l'activité et le mouvement régnaient partout. Depuis la vénérable grand'mère, qui aimait à préparer les plats sucrés et les laitages, ornements du double festin du lendemain, jusqu'au dernier garçon de service, tout le monde dans la maison, maîtres et serviteurs, était occupé

aux préparatifs du grand jour. Ibrahim lui-même s'était joint à
ses sœurs assises en cercle sur le tapis de Smyrne de la grande
salle d'honneur, pour nettoyer avec elles les cristaux et l'argen-
terie d'apparat, sortis par extraordinaire de leurs écrins habituellement fermés. Pendant que chacun s'acquittait gaîment de sa
facile besogne, en chantant ou en narrant des contes, le vieil
Aly s'occupait d'arranger la salle, promenant son plumeau sur
les bronzes et les meubles qui la décoraient à profusion.

Tout à coup un cri déchirant s'échappe de sa poitrine, et en
même temps le bruit d'un grand vase qui se brise en morceaux
se fait entendre de son côté. Tous les regards effrayés s'y portent
à l'instant, et une panique mortelle s'empare de tous les cœurs.
Le corps incliné vers le parquet, les deux mains crispées sur
les tempes, la figure bouleversée et couverte d'une pâleur cada-
vérique, Aly fixait, avec des yeux que la terreur faisait sortir de
leur orbite, les débris épars du superbe vase du Japon. Sa maladresse et son étourderie venaient de lui faire commettre un
grand malheur, une catastrophe dont il se représentait avec désespoir les conséquences fatales pour lui-même, pour les membres
de la famille, et pour les invités de la fête du lendemain. Le caractère emporté de Daoude-Effendi, son attachement poussé
jusqu'à la vénération pour cet antique ornement de sa demeure,
ne pouvaient laisser aucun doute sur la fureur dans laquelle allait
le jeter la nouvelle de ce funeste événement. Tous ceux qui se
trouvaient en ce moment dans la salle d'honneur le comprirent;
la pensée de voir le banquier apparaître au milieu d'eux pour demander compte d'un tel méfait, la crainte d'une méprise de sa
part lui faisant confondre l'innocent avec le coupable, les rem-
plit tous d'une telle frayeur qu'il y eut sur tous les points un
sauve-qui-peut général : il ne restait dans la salle que l'infortuné Aly, qui, toujours pâle et bouleversé, ramassait, avec l'abattement du désespoir, les morceaux épars du précieux vase, es-
sayant de les rapprocher les uns des autres comme pour voir si

tout raccommodage n'était pas encore impossible. Dans son malheur, un seul ne l'avait pas abandonné. Son jeune maître Ibrahim était là, appuyé contre le guéridon désormais veuf de son bel ornement, le visage ému, silencieux, et les yeux fixés à terre. Entraîné tout d'abord par l'exemple général, il avait fui avec les autres ; puis il était revenu sur ses pas, honteux de sa poltronnerie, et, après avoir adressé quelques paroles de consolation et d'encouragement à son ami, voyant que son désespoir ne se calmait point, il avait cessé de parler, et semblait méditer profondément sur les moyens à prendre pour atténuer le châtiment inévitable qui menaçait le vieillard, sur les moyens surtout de le conjurer. Soudain sa pâleur fit place à de vives couleurs qui empourprèrent tout son visage ; ses yeux noirs brillèrent d'un éclat extraordinaire, et exprimèrent, ainsi que l'attitude de toute sa personne, une grande résolution prise avec l'énergie d'une volonté inébranlable. Il s'approcha doucement du vieux domestique, posa ses deux mains sur ses épaules, et levant vers lui des regards pleins de bonté :

—Bon Aly, lui dit-il, calme un peu ta terreur, et ne sois pas si malheureux de l'accident qui vient de t'arriver. Je t'assure qu'il n'en résultera pas un grand mal pour toi : je me charge d'arranger l'affaire avec grand'maman, qui est si bonne, comme tu sais. Allons, tranquillise-toi.

— Arranger l'affaire, arranger l'affaire est bien facile à dire ! répondit le vieillard d'une voix sanglotante ; mais quand on connaît le caractère emporté de Daoude-Effendi et le prix qu'il attachait à l'objet dont je viens si maladroitement de le priver, il n'y a plus aucune miséricorde à attendre de son juste ressentiment. Je suis perdu ! Je serai chassé comme un misérable chien de cette maison où s'est écoulée presque toute ma vie et où je comptais la finir. Je ne pourrai plus te caresser, mon cher enfant, ni me promener avec toi en te tenant par la main ; je ne pourrai te voir que de loin... Désormais plus de bonheur pour moi !...

Le malheureux Aly versa d'abondantes larmes qui remuèrent profondément le cœur sensible d'Ibrahim et firent aussi couler ses pleurs.

— Oh ! ne pleure pas, bon ami, répétait-il, ne pleure pas. Je te jure qu'il ne t'arrivera rien de ce que tu crains ; il est même nécessaire que tu ne paraisses pas affecté outre mesure devant mon père de ce qui est arrivé.

« Que veut-il dire ? » murmurait le vieux serviteur, qui ne comprenait rien aux paroles de son jeune maître ; mais l'assurance et la fermeté qu'il lut dans ses yeux le calmèrent un peu.

— Aly, reprit l'enfant, va faire à présent les achats demandés par mon père ; il n'est pas bon que tu restes ici davantage aujourd'hui ; rentre seulement dans la soirée.

Le serviteur ne pénétrait pas encore le dessein du noble et généreux Ibrahim, mais il était tellement troublé et glacé de frayeur, qu'il s'éloigna machinalement de la chambre, poussé d'ailleurs par cet instinct naturel qui nous fait fuir le danger.

Le fils du banquier, lui, restait toujours à la même place, seul, devant les malheureux débris du vase de porcelaine. Tout à coup, sa grand'mère, ayant besoin de prendre quelque vaisselle de prix dans le salon, entra sans méfiance. Quelle ne fut pas sa stupeur en voyant le sol jonché des fragments du vase tant estimé par Daoude ! Elle recula saisie d'épouvante, en poussant un cri. Ibrahim ne bougeait pas ; sa contenance était triste ; ses yeux baissés témoignaient une vive confusion, il avait tout l'extérieur d'un coupable et ne proférait pas un seul mot.

Lorsque la grand'mère se fut un peu remise de son émotion, elle ne put, malgré sa tendresse habituelle pour Ibrahim, dissimuler une violente colère, et s'adressant brusquement à lui : « Est-ce toi, petit malheureux, demanda-t-elle, qui as fait tomber ce vase, l'objet le plus précieux que possède ton père, et auquel il tient presque autant qu'à sa vie ? »

Ibrahim ne répondait pas. La grand'mère considéra son silence comme une preuve certaine que ce méfait lui était imputable, et, éclatant en sanglots, elle exhala son indignation dans les termes les plus injurieux pour le pauvre enfant. Celui-ci ressentait vivement ces injustes reproches ; mais ne voulant autre chose que donner le change, il se félicitait en même temps d'avoir soustrait son vieil ami aux soupçons et aux mauvais traitements.

Malgré sa bonté naturelle, la vieille dame ne se borna pas aux paroles. Entrevoyant les terribles conséquences de cet irréparable accident, elle s'emporta jusqu'à retirer de son pied l'espèce de babouche qui le chaussait, et elle en frappa vivement Ibrahim à plusieurs reprises après l'avoir repoussé loin d'elle. L'héroïque enfant supporta sans mot dire les coups et les injures, mais il ne cessa de pleurer, soit à cause de la douleur matérielle qu'il ressentait, soit pour détourner complètement les soupçons qui pouvaient planer sur Aly.

Le premier mouvement de dépit passé, la vieille ne tarda pas à se calmer et regretta son emportement. Néanmoins elle gronda encore sévèrement son petit-fils sur sa prétendue maladresse, mais de manière à lui laisser comprendre que, pour sa part, elle ne serait pas inexorable, quoique la destruction du beau vase du Japon l'affligeât beaucoup à plus d'un titre. Seulement, elle ne pouvait se dissimuler les terribles effets de la colère de son fils Daoude contre l'auteur d'un si grand méfait. Malgré tout l'ascendant qu'elle savait avoir sur l'esprit du banquier, elle frissonna pour Ibrahim et ne lui cacha pas sa terreur.

Après avoir gémi longtemps sur tous les désordres qu'allait causer la simple rupture de *l'ancien*, les yeux de la pauvre grand'mère s'arrêtèrent sur Ibrahim, qui se tenait à quelques pas d'elle dans une attitude d'abattement et de repentir, et continuait à pleurer. Cette vue toucha son bon cœur et lui rappela qu'il fallait songer avant tout à préparer le banquier à la nouvelle de la destruction du fameux vase ; comment pourrait-elle apaiser sa colère et obtenir miséricorde pour le coupable ? Après maintes réflexions et maintes recherches, elle vit bien que ces moyens n'existaient pas. Pour prévenir toute scène affligeante en présence des étrangers, il fallait se hâter d'apprendre la mauvaise nouvelle au banquier, se remettant à Dieu pour les suites. Il était urgent aussi de cacher soigneusement le coupable, pour le soustraire pendant quelques heures à la fureur de son juge et laisser ainsi tomber la première violence de la tempête. Elle adressa quelques paroles encourageantes à son petit-fils, et l'assura qu'elle ferait tout son possible pour atténuer les effets de sa faute.

— Mais il est absolument nécessaire, ajouta-t-elle, que tu sois loin de la maison au moment de l'explosion, autrement je ne répondrais de rien. Va chez ton oncle Sémar-Bey, tu lui apprendras ce qui vient d'arriver ; tu lui diras que c'est ta grand'mère qui t'envoie chez lui pour quelque temps, et tu l'engageras aussi à venir auprès de moi sans aucun retard.

Ibrahim sauta au cou de son excellente grand'mère, l'embrassa avec effusion pour lui exprimer sa reconnaissance, et partit pour remplir ses ordres.

Laissons l'enfant s'acheminer vers la maison de l'oncle Sémar, et voyons ce qui va se passer dans celle du banquier. Il est utile de dire que les sœurs d'Ibrahim, que nous avons vues s'enfuir au moment de la destruction du vase, n'eurent rien de plus pressé que d'aller raconter l'événement à Kirma-Hanoum, leur mère, en désignant naturellement le vrai coupable. Grande fut la douleur de celle-ci en apprenant une si désolante nouvelle, et grande fut aussi sa frayeur sur les suites qui devaient en résulter pour le malheureux Aly, auquel elle était attachée ; son renvoi de la maison lui paraissait inévitable, et, malgré sa bonté naturelle, connaissant le caractère de son mari, elle vit qu'elle ne pouvait rien en faveur du vieux serviteur. Elle se promit même de ne point se mêler de cette grande affaire, et elle crut devoir refuser son concours à sa belle-mère, qui était venue le lui demander, afin d'intercéder avec elle pour le coupable. Oh ! comme elle se fût empressée d'agir, si elle avait su sur quelle tête chérie on faisait retomber la responsabilité de l'accident, car le nom du pauvre Ibrahim n'avait pas été prononcé entre les deux femmes, ou il avait été mal compris de la mère, qui était un peu sourde. Cette dernière se retira très inquiète du sort d'Aly, tandis que la vieille, uniquement préoccupée d'Ibrahim, restait stupéfaite de l'incompréhensible froideur de sa bru, alors qu'il s'agissait de conjurer le terrible châtiment qui menaçait son fils unique.

Elle s'achemina donc seule et tristement vers un salon du rez-de-chaussée, dont la base de granit sur pilotis baignait dans les eaux limpides du Bosphore. Ainsi qu'on le lui avait dit, le banquier s'y trouvait en ce moment. Fraîchement paré de ses plus beaux habits et fumant une superbe pipe, il était assis sur le divan de pourtour, à côté d'une fenêtre ouverte qui donnait sur la mer ; il lisait à haute voix, et en s'agitant beaucoup, les pages d'un livre religieux. Daoude-Effendi était dévot, mais d'une dévotion tout orientale, c'est-à-dire presque exclusivement extérieure. En toutes choses, là-bas, la forme est préférée au fond, et les simagrées d'un hypocrite imposent généralement plus qu'une vertu solide mais modeste. Parmi les pratiques de dévotion, celle de lire les livres sacrés le plus souvent possible est en grand honneur chez les musulmans, et plus un lecteur élève la voix, plus il se remue, plus il fait preuve d'homme pieux. Aussitôt que le banquier aperçut sa vénérable mère, il laissa sa pipe, ferma son livre, décroisa ses jambes, et alla au-devant d'elle, le sourire sur les lèvres.

— Soyez la bienvenue, *madame ma mère,* lui dit-il avec tendresse. Les fêtes prochaines vous ont donné bien de la peine ; mais je sais que cela vous fait plaisir. Venez maintenant vous reposer à côté de moi et respirer l'air frais de la mer.

— Qu'Allah bénisse ton nom, mon cher fils ! répondit tristement celle-ci. Ma véritable peine, hélas ! est celle qui me contraint à venir t'annoncer une bien fâcheuse nouvelle, qui sans doute va te causer autant de colère que de chagrin.

Ces paroles solennelles, l'air grave et la douloureuse attitude de la vieille firent pâlir le banquier, qui insista vivement pour en avoir la prompte explication. Il serait fastidieux de rapporter ici tous les longs détours, toutes les circonlocutions qu'employa la mère pour faire comprendre toute la vérité à son fils. Je me contenterai de dire que, malgré la promesse que ce dernier lui avait faite de tâcher de rester calme, quand il apprit la destruction du vase, avant même qu'on lui eût nommé l'auteur de l'accident, il entra dans une colère tellement vive que sa violence semblait l'étrangler et empêchait les imprécations de sortir de sa bouche; ses yeux brillaient comme deux charbons ardents et lançaient des éclairs de rage qui firent trembler la pauvre femme ; il se frappait le front de ses deux mains, se serrait le gosier, comme pour faire sortir les paroles qui l'étouffaient. Oubliant qu'il s'adressait à une personne sacrée, il se rapprocha de sa mère, l'air menaçant, les poings fermés, lui criant d'une voix enrouée par la fureur :

— Mais qui est le misérable ? qui ?

Quoique s'attendant à cette violence, la vieille dame fut cependant révoltée de l'attitude peu respectueuse de son fils. Élevant haut la voix et le regardant en face, elle lui dit avec dignité :

— Vous oubliez, monsieur, que vous parlez à votre mère, que nul ici n'a le droit de lui donner des ordres, et que vos manières irrévérencieuses la blessent profondément. Si c'était moi qui avais brisé *l'ancien*, je vous l'aurais dit sans détour comme sans crainte ; mais ce n'est point en l'état où je vous vois que je vous nommerai le coupable.

Cette fermeté de langage ne produisit que fort peu d'effet. Le banquier répliqua brusquement qu'il n'avait point eu l'intention de la menacer ; qu'il était convaincu que ce n'était point elle qui l'avait privé de l'objet auquel il tenait le plus au monde ; qu'il avait bien le droit d'en punir le coupable ; que si elle ne voulait pas le lui désigner, il ne tarderait pas à l'apprendre par une autre personne. En disant ces dernières paroles, il tourna le dos à sa mère et se dirigea vers la porte pour arriver à son but. Dans la colère épouvantable où elle voyait son fils, la vieille pensa qu'il était beaucoup plus prudent de lui faire connaître elle-même l'auteur supposé de l'accident, afin de conserver le droit d'intercéder après pour lui. La douceur et la soumission à l'égard du banquier lui parurent seules convenables dans la circonstance. Elle le pria donc de s'arrêter, de se calmer, et parvint, à force d'instances, à lui faire promettre indulgence pour le coupable, qu'elle lui nomma. L'irascible Daoude, qui avait dissimulé pour en venir là, fit éclater de plus belle sa rage contre son fils, qu'il se mit à chercher dans toute la maison en criant comme un homme en démence et en lui donnant les plus injurieuses épithètes.

Quel bonheur pour ce dernier qu'il fût en ce moment loin de la maison, et que la précaution de sa grand'mère avait été sage et nécessaire ! C'en eût été fait du bon petit Ibrahim si dans cet instant de fureur il se fût trouvé entre les mains de son père. Comme celui-ci ne pouvait l'atteindre et que personne n'osait ou ne pouvait lui dire où il était, la fureur du banquier monta à un tel paroxysme qu'il se mit à donner des coups formidables à tort et à travers, brisant les meubles et tout ce qui lui tombait sous la main, et frappant les gens. Effrayée de cette terrible diversion, la bonne dame, qui seule avait osé suivre son fils à distance, lui cria de calmer sa rage, promettant avec serment de faire savoir où était le coupable, qu'elle-même, dit-elle, avait à dessein éloigné de la maison.

— Il est chez votre frère, ajouta-t-elle ; vous pouvez l'envoyer chercher.

Daoude-Effendi donna immédiatement l'ordre à un domestique de courir chez Sémar-Bey, et de lui amener, de gré ou de force, le jeune Ibrahim.

En attendant, le banquier, chez qui la soif de la vengeance

étouffait en ce moment la voix du sang et même le simple sentiment d'humanité, chercha à tromper son impatience en prépa-
rant les instruments d'un châtiment terrible. Il en confectionna
un lui-même, assez usité en Turquie, mais dont le nom m'é-
chappe ; il se compose d'un gros bâton, long de plus d'un mètre,
vers le milieu duquel est fixée une corde ou une lanière de cuir
par les deux bouts ; on fait entrer les pieds du coupable entre la
corde et le bâton, on place une personne à chaque bout de ce
dernier, lesquelles le soulèvent en l'air en le roulant sur lui-même
pour serrer les pieds le plus possible. Alors une troisième personne applique la bastonnade (plus ou moins longue et cruelle)
sur la plante des pieds. Depuis des siècles les Turcs se servent
de cet instrument pour punir une nombreuse catégorie de fautes
ou de délits. Dans certaines circonstances, cette bastonnade est
appliquée avec une telle férocité que plus d'un patient est mort
des suites ou même sur le coup. C'est à l'aide de cet instrument
que le père corrige ses garçons, et c'est par lui que le maître d'é-
cole et le professeur font monter par les pieds la sagesse et la
science jusqu'au cerveau de leurs élèves.

Pour rendre la douleur plus aiguë, le vindicatif banquier se
proposait de frapper les pieds et les mains de sa victime, non
avec un bâton comme c'est l'habitude, mais avec un nerf de
bœuf, dont les coups font des blessures plus douloureuses que
celles d'un couteau ; il s'en fit apporter un bien fort et bien
flexible. Muni de ces formidables instruments de torture, Daoude
s'en alla dans la salle d'honneur, où la vue des débris du fameux
vase, qui se trouvaient encore sur le guéridon, lui arracha de
nouveaux cris de regret et de colère. Il donna l'ordre à son intendant d'enfermer Ibrahim dans une chambre aussitôt qu'on
l'aurait ramené et de l'en prévenir immédiatement. Tout cela fut
fait et dit avec un calme apparent, bien plus effrayant que la
bruyante colère qui l'avait précédé. Tout le monde tremblait, et
chacun pour celui qu'il croyait le coupable ; la tristesse était dans

tous les cœurs, les larmes dans tous les yeux. Pour mieux entre-
tenir le désir de se venger, le banquier s'assit dans la même salle,
ayant devant les yeux la ruine irréparable, désespérante, de l'objet de toutes ses préférences. Dans cette attitude, il était terrible
à voir.

Tous ces préparatifs faits de sang-froid par un père contre son
enfant, et la possibilité de l'exécution, paraîtront invraisemblables
ou tout au moins fort exagérés à beaucoup de personnes ; mais si
elles connaissaient les mœurs et le caractère de certains hommes
de l'Orient, elles ne s'en étonneraient pas autant. D'ailleurs,
même chez les peuples de l'Occident, même en France, n'y a-t-il
pas parfois des cœurs dénaturés, que la cruauté pousse à certains
actes inexcusables, auxquels on ne voudrait pas croire si on les
lisait dans un récit ?...

Le domestique qui avait reçu l'ordre de ramener Ibrahim ne
tarda pas à revenir à la maison avec celui-ci. L'intendant l'en-
ferma aussitôt dans une chambre, ainsi que son maître le lui
avait commandé, et il l'en prévint sur-le-champ. Le temps assez
long qui s'était écoulé n'avait point calmé l'immense colère du
banquier. Il fit appeler auprès de lui tous les membres de sa famille, qui se rendirent, le cœur tremblant, dans le grand salon ;
la grand'mère s'y rendit aussi. Presque tous les gens de la maison
reçurent l'ordre d'assister à cette espèce de cour plénière, dont
le seul juge devait être aussi l'exécuteur de la sentence. Rien ne
manquait à la solennité désirée. Alors Daoude-Effendi se leva,
plus pâle, plus menaçant, plus terrible que jamais, et, montrant
à tout ce monde les débris du vase, il dit d'une voix émue, qui
s'éleva graduellement jusqu'aux cris, tous les titres que ce meuble
d'une si antique provenance avait à son affection, à sa vénération, et qui devaient, à plus forte raison, inspirer un grand respect à tous les membres de la famille. « Et pourtant, ajouta-t-il
d'une voix de tonnerre et en lançant de ses yeux de véritables
éclairs, et pourtant il s'est trouvé un misérable qui, se moquant

de tout et de moi, a eu l'incroyable audace de se servir de cet
objet précieux comme d'un jouet, jusqu'à ce qu'il l'ait mis en
morceaux. Il doit être satisfait de m'avoir plongé dans la plus
affreuse désolation en un jour qui devait être une fête pour tous !
Mais je veux me venger, cria-t-il en saisissant sa cravache, je
veux lui payer le prix de sa belle action. Malheur à quiconque
voudrait me l'arracher des mains ! »

Pendant que le banquier vociférait ainsi, le vrai coupable,
Aly, rentrait à la maison, le cœur plein de tristesse et d'appré-
hension. Ayant appris qu'il se passait quelque chose d'extraordinaire dans la salle d'honneur, il ne put résister au désir de s'y
rendre, malgré une peur instinctive qui l'en éloignait. Il y entra
donc en se mêlant aux autres domestiques consternés, et ne tarda
pas à comprendre le motif de cette assemblée insolite. En entendant les injures, les imprécations de son maître, et ses menaces contre le coupable, la frayeur qu'il en éprouva le fit trembler de la tête aux pieds ; il se voyait déshonoré, perdu à jamais,
et il murmurait dans ses dents qui s'entrechoquaient : « Ah !
malheureux Aly, c'en est fait de toi ! » Il aurait voulu prendre la
fuite ; mais, outre qu'il ne s'en sentait pas la force et qu'il en
voyait l'inutilité, je ne sais quel secret et inexplicable pressentiment le retenait cloué à sa place. L'épouse du banquier et ses
filles, qui continuaient d'ignorer l'accusation portée contre Ibrahim, disaient aussi à part elles : « Pauvre Aly, va, c'en est fait
de ton bonheur ! » Mais les angoisses et la frayeur du vieux serviteur redoublèrent lorsqu'il entendit son maître crier avec furie :
« Intendant, amène-moi ce chien maudit ! » Il se voyait déjà
saisi par dix mains impitoyables et traîné au milieu de toute l'assistance pour subir, à son âge, le plus honteux des châtiments ;
il était plus mort que vif ; tous les cœurs étaient serrés, et beaucoup de personnes pleuraient en silence.

Grande fut la surprise du vieux domestique quand il vit l'intendant passer devant lui sans même le regarder ; mais il serait

difficile de se figurer sa stupéfaction et celle de la femme et des filles du banquier, lorsque l'intendant rentra, amenant Ibrahim avec lui. Un même cri indéfinissable s'échappa simultanément de toutes les poitrines, et chacun se regardait avec des yeux ébahis. La stupeur générale empêcha de deviner tout au premier instant ; mais bientôt chacun comprit le secret de cette méprise, et ce ne fut plus qu'un long cri d'admiration, de crainte, d'amour et de regret. La mère surtout, dont le cœur débordait de tendresse et d'orgueil, allait se jeter entre le juge et le coupable supposé ; elle brûlait de serrer contre son sein, de couvrir de baisers son noble enfant, pour faire éclater aux yeux de tous sa parfaite innocence et son héroïque abnégation ; mais elle fit un immense effort pour se contenir. Dans sa fierté maternelle, elle voulut que le dévouement de son fils, qu'elle venait d'apprécier à sa juste valeur, allât jusqu'au bout, que son sacrifice fût entièrement consommé ; elle voulut y participer elle-même en s'imposant le plus pénible silence ; admirable aussi dans ce moment plein d'angoisses, elle aidait son enfant à sauver le vieux serviteur aux dépens de son propre cœur[1]. Aly ne tarda pas, lui aussi, à tout comprendre, et il s'expliquait maintenant les dernières paroles de son jeune maître. L'admiration, la reconnaissance et l'amour qu'il éprouva pour son sauveur, joints à la grande frayeur dont il sortait à peine, le rendirent muet et inerte ; les immenses efforts qu'il faisait pour parler et pour marcher n'aboutirent qu'à un long gémissement et à une défaillance qui furent attribués à la compassion.

Tout ceci se passa en moins de temps que je n'en ai mis à le raconter.

Cependant le jeune Ibrahim était déjà entré dans la salle, précédant l'intendant ; son visage était calme, quoique fort pâle ; il

[1] Quelque noble que soit le sentiment qui commanda le silence à cette femme, nous ne saurions pour notre part ni l'admirer, ni même l'approuver. Ce stoïcisme dans une mère est plutôt de l'inhumanité que de la vertu.

marchait les yeux baissés et sans dénoter la moindre effronterie;
sa démarche, son attitude ne trahissaient ni abattement ni frayeur,
mais seulement une confusion presque affectée. D'aussi loin qu'il
l'aperçut, l'implacable Daoude se précipita sur lui en l'accablant
d'injures et d'imprécations, et, lui mettant la main au collet, il
le traîna brutalement jusqu'au guéridon; alors, il rapprocha sa
figure, toujours calme, contre les débris du vase, assez près pour
la déchirer et la meurtrir. « Regarde, misérable, lui cria-t-il, regarde ton crime ! Maudit sois-tu de m'avoir privé d'un tel objet !
Tu n'es point mon fils ! » Et il lui appliqua sur les épaules un
rude coup de cravache qui résonna dans tous les cœurs et fit
pousser une plainte à la victime. Le banquier le renversa ensuite
lui-même par terre, sur le dos, et commanda à deux domestiques
d'emprisonner les pieds d'Ibrahim dans l'instrument de punition
que j'ai décrit plus haut et de les serrer fortement, car il voulait
frapper de sa propre main. Les domestiques obéirent à contre-
cœur.

Déjà Daoude-Effendi, dont la vue du coupable et le commencement de sa punition n'avaient fait qu'attiser la fureur, avait rabattu les larges manches de ses habits et soulevait la flexible
cravache, s'apprêtant à frapper avec force, quand le vieux Aly,
ayant enfin vaincu sa torpeur et son inertie, se précipita au milieu de la salle en criant de toutes ses forces, les bras étendus :
« Arrêtez, maître, par le saint nom d'Allah ! Ce n'est point Ibrahim qui a cassé *l'ancien*... Malheur à moi !... Ne le frappez pas...
il est un ange de bonté... Frappez-moi plutôt, tuez-moi, je suis
un misérable ; c'est moi, moi seul qui ai brisé *l'ancien* !... »

En disant ces paroles entrecoupées de sanglots, il se jeta aux
pieds de son maître, dans l'attitude d'un coupable qui attend son
châtiment.

Les sœurs d'Ibrahim, que leur mère avait eu grand'peine à
contenir jusque-là, se rapprochèrent toutes au même instant de
leur père, et chacune de s'écrier : « Seigneur père, ce n'est pas

notre frère qui a cassé *l'ancien* ! Nous l'avons vu, c'est Aly, par mégarde ; nous étions là. Sur notre vie, cher père, Ibrahim est innocent ! »

C'était comme une avalanche assourdissante de témoignages et de justifications en faveur du courageux Ibrahim. Comment décrire cette scène émouvante ?

L'épouse et la mère du banquier avaient déjà délivré le généreux enfant du honteux supplice, et, le serrant tendrement sur leur poitrine, le couvraient tour à tour de larmes, de bénédictions et de baisers.

Daoude était interdit ; la déclaration formelle du vieux domestique qu'il voyait à ses pieds, les naïfs témoignages de ses filles, ne pouvaient lui laisser le moindre doute sur l'innocence d'Ibrahim et par conséquent sur sa générosité amicale ; sa noble conduite l'attendrissait au dernier point, et une indicible émotion remuait profondément son cœur. Il laissa tomber sa cravache à terre, et, croisant les doigts de ses mains, il portait ses regards, avec une expression indéfinissable, tantôt sur l'enfant, tantôt sur le vieil Aly prosterné, et les promenait ensuite sur tout son entourage, qui s'était resserré compacte autour de lui. Il semblait hésiter encore à croire à tant de courageuse abnégation de la part d'un enfant de onze ans. « Quoi ! balbutiait-il, Ibrahim n'a pas brisé mon vase ! oh ! serait-ce possible ! » Mais bientôt, se laissant tout à fait convaincre et ne pouvant contenir plus longtemps les mille sentiments qui agitaient son âme, il s'élance vers son enfant, le retire avec une douce violence des mains des deux femmes, le prend dans ses bras, va s'asseoir sur le divan, et, le pressant sur son cœur avec amour, il lui demande pardon de son aveugle colère, le couvre de baisers, lui fait mille caresses, pendant que des larmes de tendresse, de repentir et de bonheur coulent abondamment de ses yeux. Et il ne pleurait pas seul en ce moment : grand'mère, mère, sœurs, parents et domestiques, tous ceux enfin qui avaient assisté à ces diverses et touchantes scènes, émus autant que Daoude lui-même, sentaient de douces larmes mouiller leurs paupières. Et Aly, le pauvre vieil Aly?.. Tant d'émotions contraires l'avaient anéanti, et dans ce même instant on l'emportait évanoui hors de la salle.

Les compliments, les louanges, les félicitations dont Ibrahim fut aussitôt l'objet de la part de tous seraient chose trop longue à décrire ; mais ce qui doit être rapporté, ce sont les effets et les suites de sa généreuse conduite.

En premier lieu, elle dissipa complètement la colère du banquier et le toucha tellement que, ne voulant pas rester au-dessous de son fils, ou plutôt pour exalter son action, il fit venir auprès de lui le vieux domestique, et, en présence de tout le monde charmé, il lui accorda un entier pardon de sa maladresse, lui déclarant qu'il devait uniquement cette grâce au dévouement de son jeune ami. Celui-ci était déjà dans ses bras et échangeait avec lui les plus tendres paroles.

Après les premiers épanchements de l'admiration et de la joie de tous, Daoude alla baiser respectueusement la main de sa vénérable mère pour lui demander pardon de son emportement ; il exprima le désir que les fêtes eussent lieu plus brillantes que jamais et que rien ne manquât à leur splendeur.

« Oublions tout souvenir de contrariété, dit-il, rayonnant de joie, et ne songeons qu'à nous. Je ne considère plus comme malheureux un accident qui me permet d'apprécier toute la valeur du cœur de mon fils, dont je suis fier. Désormais j'aurai plus de plaisir à raconter sa noble action que je n'en éprouvais à parler du pauvre vase. Viens, mon cher Ibrahim, viens, que je t'embrasse et te bénisse de nouveau. »

Comme il restait encore quelques heures avant le coucher du soleil, le banquier décida qu'on finirait la journée par une joyeuse cavalcade sous la conduite du petit Ibrahim.

Cet exemple prouve une fois de plus que les bonnes actions en produisent d'autres, qu'elles trouvent souvent leur récompense même ici-bas, et que la générosité, la grandeur d'âme et le véritable courage désarment les plus grandes colères.

(D'après JÉRUSALÉMY.)

2. — Comment se venge un chrétien.

Il y a quelques années, par une soirée étouffante de juillet, au moment où la foule circulait dans les rues de Paris, un orage vint à éclater soudain et la ville se trouva en quelques instants inondée par une de ces averses qui ôtent aux piétons attardés le loisir de se montrer difficiles sur le choix d'un abri.

Trois jeunes gens qui se promenaient sur les boulevards furent charmés de trouver un refuge dans un cabinet de lecture, où la pluie avait attiré plus de monde qu'il ne pouvait raisonnablement en contenir. Au lieu de suivre l'exemple général, de prendre un livre ou un journal, ils s'engagèrent dans une conversation qui bientôt devint si bruyante, que chacun des assistants leur lança un regard mécontent, car c'est une véritable infraction à la liberté individuelle que le bruit dans un cabinet de lecture.

Cependant un lecteur seul n'avait encore donné aucune marque de déplaisir aux trois amis, bien qu'il fût assis à quelques pas d'eux, ce qui devait lui rendre leur présence d'autant plus incommode. Un énorme in-quarto était ouvert devant lui, sur le tapis vert de la table, et ses yeux ne le quittaient que pour se reporter sur un cahier de papier où il prenait des notes.

C'était un homme d'une trentaine d'années environ, à l'air

calme et méditatif, au front saillant et développé, dont les rides précoces trahissaient des veilles laborieuses, les nobles efforts d'une intelligence vaste et féconde. Il y avait dans toute sa personne un cachet de distinction difficile à méconnaître ; cependant ses vêtements, quoique d'un drap très fin, n'indiquaient aucune prétention au luxe ou à l'élégance, car la couleur en était sombre et la coupe sévère.

De temps en temps il abandonnait son travail pour se livrer à ses pensées, et parfois ses yeux s'animaient d'une de ces expressions qui décèlent une âme ardente et énergique ; mais aussitôt il les baissait vers la terre comme honteux de lui-même, et ses traits reprenaient la gravité qui leur était habituelle.

Son extérieur contrastait singulièrement avec celui des trois jeunes gens que nous venons de citer : ceux-ci continuaient à causer et à rire, sans s'inquiéter des murmures qu'une conduite si inconvenante excitait dans l'assemblée. Leur visage enflammé accusait les suites de l'intempérance ; néanmoins il était évident à leur tournure et à leur langage, qu'ils appartenaient à une classe élevée de la société.

L'un d'eux, Ernest Desmon, qui se faisait remarquer par la vivacité et la finesse de ses reparties, jetait souvent un coup d'œil furtif sur l'étranger ; puis une expression de dépit froissait ses lèvres, car il ne pouvait se dissimuler que ses traits d'esprit ne produisaient aucun effet sur lui ; cependant il voulait à tout prix attirer son attention, et, se penchant sur son épaule :

— Monsieur, lui dit-il, cet ouvrage doit être bien intéressant, car il paraît absorber toutes vos facultés.

Cette question, faite d'un ton assez impertinent, ne reçut point de réponse. Tout le sang d'Ernest se porta à son visage ; il avait surpris un sourire railleur sur celui de ses amis.

— Mon cheval bai est à toi, lui dit l'un d'eux à demi-voix, si tu parviens à obtenir une parole de cet homme impassible.

— Pourriez-vous reculer votre siège, Monsieur ? Il me gêne.

Ces mots furent prononcés par Ernest, qui venait effrontément d'approcher son tabouret de celui de l'étranger.

— J'ai eu l'honneur de vous dire que vous me gêniez, Monsieur, répéta-t-il avec un accent provocateur.

Celui auquel il s'adressait leva alors la tête, et Ernest put lire dans ses yeux fixés sur lui plus de compassion que de colère. Exaspéré au dernier point par cette modération, qu'il prit pour du dédain, il poussa rudement l'étranger avec son coude. Ce dernier se leva aussitôt dans l'intention de se retirer; mais le mouvement qu'il fit ayant ébranlé la table, l'écritoire dont il s'était servi roula sur Ernest, et ses habits furent inondés d'encre.

— S'il vous fallait une offense envers moi, s'écria-t-il en se dressant, pâle de courroux, devant sa victime, vous pouviez la choisir plus noble, Monsieur : ceci est une basse insulte, et je ne la souffrirai pas....

Ses amis voyant que les choses prenaient une tournure aussi sérieuse, l'interrompirent et cherchèrent à l'apaiser; mais il les repoussa rudement.

— Monsieur, dit à son tour l'étranger, d'un ton calme, bien qu'un léger tremblement agitât ses lèvres, recevez mes excuses pour un accident que le hasard seul a causé. Quant au mot « insulte », dont vous venez de vous servir, il me semble que si l'un de nous peut se l'appliquer, ce n'est pas vous.

Et son regard incisif parut sonder la conscience d'Ernest. Le jeune impertinent eut besoin de faire un violent effort sur lui-même, pour soutenir ce regard sans confusion; mais il s'était trop avancé pour consentir à reculer; d'ailleurs, humilié de la supériorité que l'étranger conservait sur lui, sa fureur ne connut plus de bornes.

— Monsieur, s'écria-t-il, je persiste à dire que je suis l'offensé, et vous m'en rendrez raison autrement que par de vaines excuses!

— C'est cependant la seule réparation qu'il soit en mon pou-

voir de vous faire. L'offense dont vous vous plaignez a été involontaire : je vous le répète, Monsieur ; n'est-ce point assez ?

— Et moi, je vous répète que cette réparation est insuffisante,
vous m'avez blessé dans mon honneur par un outrage détourné,
et cette affaire ne peut se vider que les armes à la main.

— Je ne me bats point en duel.

— Alors, vous êtes un lâche !

L'étranger pâlit, ses beaux traits se contractèrent visiblement,
et les témoins de cette scène croyaient déjà entendre sortir de
sa bouche les expressions d'une colère longtemps comprimée,
lorsque après avoir appuyé avec force la main sur son cœur, pour
en étouffer les battements, il dit d'une voix émue, mais douce,
en se tournant vers son agresseur :

— Vous m'avez insulté, jeune homme, grièvement insulté ;
mais puissiez-vous vous le pardonner comme je vous le par-
donne !

Puis il s'ouvrit un passage à travers la foule, et disparut.

Le sourire de triomphe qui se jouait sur les lèvres d'Ernest
s'évanouit aux dernières paroles de l'étranger, et quand ses yeux,
en le suivant, eurent cessé de le voir, il resta stupéfait, anéanti,
entre ses deux amis, qui ne savaient s'ils devaient le féliciter ou
le plaindre de sa victoire, tant la révolution qui s'était opérée en
lui était évidente et subite.

D'où provenait donc l'ascendant qu'exerçait sur son esprit un
homme qui avait souffert qu'on l'accusât de lâcheté sans laisser
échapper le moindre signe de colère ?... Manquer de courage
était un crime monstrueux pour Ernest, et cependant une secrète
intuition lui révélait dans l'étranger une âme noble et élevée,
un de ces êtres d'élite dont on serait fier d'obtenir l'estime, qu'on
voudrait pouvoir nommer son ami.

Ah ! pensait-il, si ce mot flétrissant de lâche ne se plaçait entre
nous, avec quelle joie j'irais lui dire que j'accepte son pardon,
que je l'implore une seconde fois, qu'il m'est nécessaire pour

calmer les reproches de ma conscience ; car vainement je cher-
cherais à me le dissimuler, tous les torts ont été de mon côté :
du moins cette sotte incartade me guérira à jamais de l'intempérance.

On voit que les qualités qu'Ernest devait à la nature et à une
bonne éducation, avaient été plutôt altérées que détruites par
une vie mondaine et dissipée. S'étant séparé de ses amis à la
porte du cabinet de lecture, il prit la première rue qui s'offrit
à lui et arriva insensiblement dans un quartier sombre et désert.
Tout entier à ses réflexions, sans but arrêté, il marchait d'un
pas rapide, ne regardant pas même autour de lui : il ne put donc
remarquer qu'un homme de mauvaise mine épiait sa démarche.

Bientôt cet homme l'aborde et lui demande l'heure. « La nuit
est trop obscure, répond étourdiment Ernest, pour que je consulte ma montre ; mais je suppose qu'il n'est pas loin de dix
heures. »

Cette phrase à peine achevée, il se sent saisir au collet par
un bras nerveux, son chapeau vole sur le pavé, et il reçoit sur
le crâne un coup violent qui l'étourdit. « Aux voleurs ! à l'assas-
sin ! » s'écrie-t-il. Puis une lutte inégale s'engage entre lui et les
scélérats, car maintenant ils sont deux.

Déjà il n'a plus de montre, mais sa bourse est encore en sa
possession.

— Finissons-en avec lui, dit l'un des voleurs, ses cris vont nous
perdre !

Puis, soudain, la pointe affilée d'un couteau est dirigée sur la
poitrine du malheureux Ernest : il se croit perdu lorsqu'il échappe
au danger par un secours inespéré. Un homme armé d'une canne
à épée, fond tout à coup sur les malfaiteurs, et, comme la lâcheté
accompagne généralement le crime, il ne tarde pas à les mettre
en fuite ; mais son sang coule, car il a reçu une blessure au
côté.

— Homme généreux, s'écrie Ernest, en lui serrant la main

avec force, vous avez exposé votre vie pour sauver la mienne... dites, comment puis-je reconnaître un tel service ?

— C'est à Dieu seul que votre reconnaissance doit s'adresser, répond son libérateur ; je n'ai été que l'instrument de sa volonté.

Au son de cette voix, Ernest se frappe le front avec violence.

« Infâme que j'étais, s'écrie-t-il, et moi qui l'accusais de lâcheté !....»

Monsieur, poursuit-il, en se tournant vers l'étranger qui vient aussi de le reconnaître, mon indigne conduite envers vous, la noblesse de la vôtre, m'ôtent tout moyen de justification : en opposant le pardon à l'injure, en m'enseignant ce que c'est que le vrai courage, vous m'avez rendu vil à mes yeux : n'importe, je vous remercie de la leçon, car je sens qu'elle ne sortira jamais de ma mémoire.

— Ne parlons plus du passé, réplique son compagnon d'un ton affectueux ; il n'est point de fautes qu'un sincère repentir n'efface, et le léger tort que vous croyez avoir à vous reprocher envers moi, cesse d'en être un, dès que vous l'avouez avec tant de franchise.

— J'accepte votre pardon, dit Ernest, en saisissant la main que lui présentait l'étranger : toute la générosité doit être de votre côté ; cependant, si je n'ai aucun droit à votre estime, croyez du moins, que je sais apprécier, honorer la vertu.

Tout plein de son émotion, Ernest suivait son libérateur sans s'apercevoir qu'il se dirigeait dans un quartier opposé au sien : ce n'est qu'en le voyant s'arrêter devant une maison située dans le faubourg Saint-Germain, qu'il reconnut sa distraction ; mais, avant de le quitter, il lui demanda la permission de venir lui rendre ses devoirs le lendemain.

— Vous ignorez que c'est vous engager à monter quatre étages, répondit l'étranger en souriant.

« Bon ! se dit Ernest en lui-même, il est pauvre, je suis riche...»

Puis, charmé de cette découverte et de la pensée qu'elle lui avait suggérée, il se disposa à prendre congé de son compagnon. En ce moment, la lumière d'un réverbère l'éclairait en entier. Ernest le vit pâle et chancelant, et il remarqua pour la première fois que son linge était taché de sang.

— Vous êtes blessé! s'écria-t-il. Oh! veuillez accepter l'appui de mon bras jusque chez vous : c'est comme une grâce que je vous demande.

Et tous deux entrèrent en silence dans la maison. Arrivé à son appartement, l'étranger se laissa tomber sur un siège, car sa blessure, bien que légère, avait épuisé ses forces. Ernest effrayé tira le cordon d'une sonnette, et presque aussitôt un vieillard à l'aspect vénérable, se montra sur le seuil de la porte restée ouverte.

— Qu'est-ce? s'écria-t-il en se précipitant vers le blessé; bonté divine! qui vous a mis en cet état, Monsieur le comte?

Puis il jeta sur Ernest un regard interrogateur et soupçonneux.

— Tranquillisez-vous, mon vieil ami, dit son maître, ce n'est qu'une égratignure, voyez! Il voulut entr'ouvrir ses vêtements ; mais il lui prit une défaillance qui l'en empêcha.

Il appelle cela une égratignure! reprit le vieillard en visitant la blessure. J'avais bien dit qu'il finirait par tomber dans quelque guet-apens, s'il persistait à aller seul la nuit dans ces quartiers déserts, vrais repaires de bandits! Mais Monsieur ne veut pas que je l'accompagne, il prétend faire ses bonnes œuvres lui-même et en secret; il craint, dit-il, d'exposer la vie de son vieil intendant, une vie qui n'est utile à personne, tandis que la sienne..... O mon Dieu! mon Dieu! Comme son sang coule...C'est pourtant lui que j'ai tenu tout petit dans mes bras, lui qui fait toute la joie de ma vieillesse; et dire que j'ai peut-être à trembler pour ses jours!

Pendant ce colloque, l'intendant déchirait à la hâte des ligatures dont il bandait la plaie de son maître ; puis il lui frottait les tempes avec du vinaigre.

— Au nom du Ciel ! Monsieur le comte, poursuivit-il, répondez à votre pauvre serviteur ; dites que vous voulez vivre pour lui, que vous ne vous exposerez plus.

— Si j'allais chercher un médecin ? s'écria Ernest, qui ne pouvait plus retenir les larmes que lui arrachaient à la fois les remords et l'attendrissement.

— Non, c'est inutile, dit le blessé, qui ouvrit les yeux, je me sens mieux. Puis il ajouta, en serrant la main de l'intendant : « Ne craignez rien, mon digne ami, une bonne nuit réparera mes forces, demain il n'y paraîtra plus. »

— Et vous, rêverez à quelque nouvelle imprudence ? Mais je déclare, moi, que si ce train de vie continue, j'en instruirai Madame votre tante, qui vous aime comme son fils, et elle vous déshéritera ! vous serez bien avancé, quand toute votre fortune aura été dissipée en charités ! Il ne vous restera plus rien pour soulager les pauvres ; vos enfants, comme vous les appelez, mourront de faim !..... Oh ! vous avez beau me faire des signes, poursuivit l'intendant qui s'échauffait de plus en plus, je ne me tairai pas : c'est une juste punition pour les inquiétudes que vous me causez tous les jours. Oui, Monsieur, dit-il en se tournant vers Ernest, M. le comte de Vaudrey, que vous voyez logé dans ce modeste appartement, a cinquante mille livres de rentes, et savez-vous à quoi il les emploie ?... A nourrir de nombreuses familles qu'il va dénicher, Dieu sait où, et lui se laisserait manquer presque du nécessaire, si je n'y mettais bon ordre en grappillant de côté et d'autre sur les fonds qui me passent par les mains ; car, comme il ne peut se multiplier, il faut bien qu'il me charge d'une partie de la distribution des aumônes.... Oh ! c'est un noble jeune homme, Monsieur, la bénédiction des pauvres, la gloire de sa famille !

Et l'intendant, vaincu par son émotion, s'essuya les yeux ; mais il est probable qu'il ne se serait par arrêté en si bon chemin, si le comte, qui avait recouvré entièrement ses sens, ne lui eût imposé silence.

Pendant ce temps, Ernest était en proie à une violente agitation ; tout son corps tremblait, et de grosses larmes inondaient ses joues ; enfin, incapable de se maîtriser davantage, il saisit la main de M. de Vaudrey, et la portant avec respect à ses lèvres :

— Oh ! votre pardon ! s'écria-t-il, votre pardon ! je veux encore l'entendre, car je sens que, sans lui, je vivrais misérable, mais apprenez-moi aussi où vous puisez tant de vertu ?

Le comte leva ses regards sur un Christ d'ivoire suspendu à la muraille, puis il les reporta avec humilité vers la terre.

— Eh bien ! je servirai le même Maître, poursuivit le jeune homme avec enthousiasme : j'abjure mes erreurs; vous serez mon guide, vous me ramènerez dans la bonne voie. Oh ! dites que vous consentez à devenir mon ami, mon frère...

M. de Vaudrey, pour toute réponse, ouvrit ses bras à Ernest, qui se précipita sur son sein.

3. — L'étrenne de la veuve.

DANS une mansarde de Paris, une femme vêtue de noir, dont les cheveux blanchis avant l'âge et le visage ravagé par les larmes attestaient de longues souffrances, travaillait à la lueur d'une petite lampe. Le malheur avait prématurément appesanti sur elle une main dirigée par Dieu.

Mme Dunoyer, orpheline dès sa naissance, appartenait à une bonne famille. Mariée à un riche négociant, elle n'envisagea et ne goûta durant quelques années que le charme d'une existence modeste, mais tranquille. Son mari était malheureusement plus loyal que prévoyant ; aussi le jour vint où il dut lui annoncer que lancé dans de fausses spéculations, il avait contracté d'immenses dettes. Elle ne balança pas. Sa dot fut sacrifiée ; elle n'hésita pas à priver de toute fortune le fils que Dieu lui avait donné, afin de lui conserver un nom sans tache. M. Dunoyer fut cruellement atteint par ce revers. Maudissant son imprudence, il se mit courageusement au travail, afin que sa femme et son fils ne souffrissent point de la nouvelle condition qui leur était faite. Mais, avec une grande âme, il avait une de ces organisations faibles et délicates qu'une secousse terrasse, et que l'énergie ne peut sauver. Il succomba à la tâche.

Mme Dunoyer ne se laissa point abattre ; pleine de résolution et de courage, elle remplaça dignement auprès de son fils le père qui lui manquait.

Pendant plusieurs années on la vit courbée sur de fatigants

ouvrages de couture qui assuraient son existence et celle de ce cher enfant. Elle le fit élever par des maîtres capables de lui donner à la fois la vie de l'intelligence et celle du cœur : elle s'imposa des privations et ruina sa santé par des veilles excessives, s'estimant suffisamment récompensée par l'amour de son fils unique. Lorsque le soir les réunissait, François s'asseyait aux pieds de sa mère qui se donnait un moment de relâche pour le contempler. Alors s'établissait entre eux une de ces délicieuses conversations dont on conserve le souvenir et le parfum, mais qu'on ne saurait redire. On parlait de sujets graves et élevés, mais surtout on épanchait son cœur et l'on se trouvait heureux.

Si François apprit beaucoup, s'il mérita des éloges pour ses examens brillamment soutenus, dont ses professeurs tirèrent gloire, ce que lui enseigna sa mère fut bien plus profond et plus précieux. Ce fut elle qui l'initia aux nobles sentiments, qui sema dans son cœur l'amour du sacrifice, qui lui montra le ciel en disant : « Toute force vient de là. » Ce fut elle, en un mot, qui d'un enfant fit un homme.

Un soir de la fin de décembre, Mme Dunoyer, appliquée au travail qui lui donnait du pain ainsi qu'à son fils, était presque joyeuse. « Dans deux jours, nous serons au premier janvier, se disait-elle, à ce jour où chacun donne ou reçoit des étrennes. Combien je suis heureuse de pouvoir en offrir à François ! Le pauvre enfant sera bien fier lorsqu'il aura cet ouvrage si désiré. C'est avec une grande joie que j'ai donné pour lui cet argent, prix de mes veilles. Mon François a si peu de joie en ce monde et ce qui lui vient de sa mère a tant de prix à ses yeux ! »

Mme Dunoyer continua son travail, souriant à l'idée du bonheur de son fils ; mais soudain une pensée vint attrister son front. « Que faire ? dit-elle à demi-voix, je suis si pauvre ! donner son étrenne à François et réserver celle du Pape ! » Un soupir suivit sa pensée. En associant le nom de son fils à l'idée qu'elle chérissait, elle laissa tomber une larme. Elle appuya ses deux mains sur son

cœur qui battait avec force et ajouta : « Si telle était votre volonté, mon Dieu, je n'aurais qu'à me soumettre. »

A ce moment, la porte s'ouvrit, et un jeune homme de dix-huit
ans entra. Le visage de la veuve recouvra sa sérénité lorsque son
fils lui eut dit : « Bonsoir, mère, voilà cinq heures que je ne vous
ai vue. » Elle appliqua ses lèvres sur le front qu'il lui présentait
avec l'empressement et l'abandon d'un enfant. Ces mots la firent
tressaillir, en lui révélant ce que serait l'absence. Elle se sentit
atteinte au cœur ; mais ce ne fut qu'un éclair. « Ton travail de
bureau ne te fatigue pas ? — Oh ! non, dit-il en prenant un siège
auprès de sa mère, car j'entrevois une carrière tout ouverte et le
bien-être pour vous. Encore un mois, et... Il s'arrêta comme si
une pensée nouvelle était venue se jeter à la traverse de celle qu'il
allait exprimer, puis il reprit : « Alors, vous cesserez de travailler, et Dieu sait si j'en serai heureux ! Quand je vois vos yeux
fatigués et vos joues pâlies par ce labeur, oh ! mère, je pleure-
rais comme un enfant. D'ailleurs, ajouta-t-il avec un accent dé-
couragé, ne suis-je pas comme un enfant, une charge et une inutilité ? Qu'est-ce que mon travail au bureau et ces copies que je
fais à mes moments perdus ? Encore, si un éditeur avait voulu
acheter mon manuscrit ! mais je suis jeune et inconnu, tous m'ont
refusé. Ne me grondez pas, car si vous saviez pourquoi je souhaite
avec tant d'ardeur l'aisance, si vous connaissiez mon secret désir... Mais à quoi bon vous attrister, mère, car si je vous disais
mon ambition, je vous briserais le cœur ! »

La voix du jeune homme avait un accent si douloureux, qu'une
larme s'échappa des paupières de Mme Dunoyer et tomba brûlante
sur la main que François avait posée sur les genoux de sa mère.
Il tressaillit, et relevant vivement la tête : — Je vous fais de la
peine, ma bonne mère, dit-il, oubliez mes paroles. Je serai toujours soumis à Dieu quoi qu'il arrive.

— Tu as raison, François, dit Mme Dunoyer que ces pensées
incohérentes, que ces sentiments agités paraissaient faire songer,

mais qui ne voulut pas questionner son fils ; ne te laisse pas décourager : il faut de la résignation. Dieu l'ordonne, et agir autrement serait lui désobéir. Il faut toujours accomplir la volonté de
Dieu, nous demandât-il ce qui semble impossible à notre pauvre
nature. Tu sais combien je t'aime, François, eh bien ! si le Seigneur te réclamait pour lui, sans hésitation, sans murmure, je di-
rais : « Mon Dieu, le voilà ! » et certes, mon fils, il n'y a pas de
sacrifice au-dessus de celui-là.

Mme Dunoyer s'était animée en parlant. Son ouvrage tomba sur
ses genoux, ses yeux se levèrent, rayonnant de la pensée qui les
animait : l'humble ouvrière, la mère tendre était vraiment la femme forte, une de ces saintes femmes que l'Ancien Testament nous
laisse entrevoir, et dont l'Évangile nous dessine les suaves traits.

Les yeux de François brillèrent : son regard s'arrêta sur sa
mère, ses lèvres s'ouvrirent comme pour laisser passer un aveu,
et cependant il se tut : « Je lui donnerais un coup mortel, mur-
mura-t-il en se levant : et pourtant Dieu le veut. »

Le jeune homme s'établit devant une petite table pour copier
de la musique, labeur ingrat mais nécessaire ; de temps en temps,
il secouait brusquement la tête comme pour bannir une pensée
triste ou un désir impossible ; il regardait sa mère avec une in-
finie tendresse et reprenait sa copie. Alors on n'entendait dans
l'étroite mansarde que le grincement de la plume sur le papier,
et le petit bruit que produisaient le dé et l'aiguille de l'ouvrière.

Peu à peu, l'enthousiasme s'était effacé du front de Mme Dunoyer ; sa pâleur était revenue et son visage restait empreint de
sa tristesse habituelle. De plus, son calme était altéré, car par
moments elle réprimait un soupir : un tressaillement involontaire
l'agitait, et lorsque François était absorbé par son travail, elle exa-
minait anxieusement ce visage aimé sur lequel elle avait toujours lu comme dans un livre ouvert. Cet examen ne la satisfai-
sait pas, car l'inquiétude du jeune homme ne pouvait échapper à
des yeux clairvoyants comme ceux d'une mère.

Après le repas, où l'on parla moins qu'à l'ordinaire, on se remit au travail et l'heure du repos arriva. La mère et le fils paraissaient l'avoir oublié. Leur tâche de la journée finie, ils s'assirent l'un près de l'autre devant le foyer éteint. Ils semblaient avoir mille choses à se dire, et cependant ils gardaient le silence, et il était évident que ce silence pesait à tous les deux.

— Mère, vous êtes triste, dit soudainement François. Je ne suis pour rien, je l'espère, dans votre chagrin.

— Toi, mon fils, toi, ma seule joie ! Non, non, tu ne m'as jamais attristée, mon François.

— Mais alors, bonne mère, pourquoi pleurer ?

— Je songe avec un sentiment pénible que l'on fait, demain, dans notre paroisse, une collecte pour le Pape. On recueille les étrennes de Pie IX, et chaque enfant, digne de ce nom, contribue à ce don fait au père commun. La petite fille de notre voisine, la repasseuse, m'a dit ce matin avec fierté : « Vous ne savez pas, madame, maman donnera cinq francs à M. le curé, lorsqu'il viendra quêter pour le bon Pape : quatre francs pour elle, et vingt sous pour moi, parce que j'ai sacrifié mes étrennes. » Quand je songe que je n'ai rien à donner pour Pie IX, pour ce vieillard lâchement persécuté, qui n'a, pour se défendre, qu'un petit nombre de bras, et, pour gouverner l'Église, que les offrandes de ses enfants fidèles, mon cœur se serre douloureusement.

Mais une autre pensée qu'elle ne disait pas, agitait aussi le cœur de la courageuse femme, car elle jeta un rapide regard sur son fils et passa la main sur ses yeux humides.

— Ma mère, vous vous trompez, car vous avez quelque chose à donner, dit François avec un ton qui indiquait une résolution subitement prise après de longues hésitations ; et il se leva pour venir s'agenouiller devant Mme Dunoyer ; vous avez quelque chose à offrir à Pie IX.

— Je ne puis rien, dit-elle avec découragement, et cependant Dieu sait que pour le maintien de ce trône, je donnerais ma vie.

En disant ces mots, Mme Dunoyer fixait sur François un œil ardent.

— Eh bien, mère, dit le jeune homme, en voilant son visage de ses mains, donnez autant que votre vie, donnez votre fils.

Il était debout, l'œil étincelant ; sa mère poussa un cri.

La mère et le fils étaient étroitement embrassés, et l'on pouvait entendre leurs soupirs. Des deux côtés le sacrifice était consommé.

— Mon Dieu, vous le voulez, dit la pauvre mère étouffant les sanglots qui soulevaient sa poitrine, vous le voulez. Depuis bien longtemps, je le pressentais et j'aurais dû m'y attendre...

Elle s'arrêta, car l'émotion lui enlevait la parole.

Mon Dieu, continua-t-elle, comme si elle se parlait à elle-même, pardonnez-moi mes hésitations. Vous ne voulez pas qu'une mère cesse tout d'un coup d'être mère. Oh ! François, tu vas me quitter, car je ne puis te marchander à Dieu. C'est une résolution déjà ancienne chez toi. Je le sentais sans oser te le dire. Le moment est venu ; que le saint Nom de Dieu soit béni ! Pars, mon enfant ; va où Dieu t'appelle.

François cachait ses larmes ; il ne voulait pas montrer sa douleur, car il se disait que ce n'est pas au fils à amollir le cœur de sa mère.

Bien avant dans la nuit, Mme Dunoyer et François s'entretinrent. La veuve rassurait son fils qui s'alarmait, cherchant pour elle des moyens d'existence. « Mais je travaillerai, disait-elle, et je pourrai me suffire. Va, François, ne t'inquiète pas de la vie de mon corps, mais, quand tu seras à Rome, occupe-toi de la vie de mon cœur, en m'aimant toujours, en priant pour moi, en me donnant souvent de tes nouvelles, en me prouvant que tu es toujours tel que je t'ai voulu : fidèle à Dieu et à ta mère. »

— O mère, je conserverai votre souvenir à toutes les heures ; jamais je ne vous quitterai par la pensée, toutes mes prières seront pour vous, et puis je vous écrirai de longues lettres qui vous feront presque oublier que je suis loin. D'ailleurs, votre plus puissante consolation sera de penser que je sers la plus noble des causes, et qu'à Rome, je ne fais qu'appliquer les conseils et qu'affirmer les principes que vous m'avez donnés.

Touchant entretien, dans lequel la mère dévore son immense affliction et le fils encourage et soutient la mère, alors qu'il sent son propre cœur défaillir ! Sans doute, les anges recueillaient leurs paroles pour les porter à Dieu, et mettaient la force et la résignation dans l'âme de la veuve, la résolution et l'enthousiasme dans l'âme de son fils, dans tous les deux l'amour sublime du sacrifice.

Le premier janvier, la mère et le fils allèrent au pied de l'autel faire agréer à Dieu l'héroïque étrenne (si toutefois on peut appeler de ce nom cette offrande sans prix), et prier ensemble avant le moment solennel des adieux.

Après la communion, Mme Dunoyer se sentit réconfortée ; une nouvelle vigueur circula dans son cœur affaibli : son âme recouvra une énergie virile ; ce n'était plus une pauvre mère qui pleurait, c'était une sainte héroïne au front de laquelle rayonnait le nimbe du sacrifice.

Le soir, lorsque François quitta les bras de sa mère, heureux, malgré sa douleur, car il comprenait la grandeur de sa mission à Rome, la noble femme ne pleurait plus. Son regard brillait, sa voix était assurée, son corps affaibli se redressait :

« Adieu, mon fils, je suis fière maintenant de te donner à Dieu. Prends, en souvenir de moi, ce livre des Évangiles et lis-le chaque jour. Lorsque tu y verras qu'une pauvre veuve déposait un denier dans le tronc du temple, songe à ta mère, et fais que le denier déposé aujourd'hui dans le trésor de l'Église devienne d'or. Sois un héros, mon fils, sois mieux que cela, sois un saint... »

Ceci se passait le premier janvier 1867. Le fils a fait son devoir en acceptant avec courage les ennuis de la vie de caserne, et en accomplissant des prodiges de valeur à Nérola, à Monte-Libretti, à Mentana.

Le 8 décembre, jour de l'Immaculée Conception de celle qui est le refuge de toutes les mères, Mme Dunoyer déposait aux pieds de la sainte Vierge le ruban rouge et jaune que le Saint-Père avait attaché lui-même sur la poitrine de son fils.

4. — Le mystère dévoilé.

L y a quelques années, dans une de nos grandes villes de France, mourait un professeur distingué, emportant avec lui les regrets des nombreux amis de sa personne et de son talent. Contrairement à toute logique, la carrière de l'enseignement est souvent la moins rétribuée. Un professeur n'obtient sa chaire qu'après de longues et opiniâtres études, et l'État se croit quitte envers lui en lui allouant un mince salaire, qui le met à peine à l'abri de la pauvreté. Cette anomalie choquante existe aussi pour ceux qui se vouent à l'enseignement privé. Les familles trouvent ordinairement que les professeurs qui se consument à orner l'intelligence de leurs enfants leur coûtent trop cher, tandis qu'elles dépensent, sans hésiter un instant, des sommes considérables pour mille futilités ruineuses dont elles pourraient aisément faire le sacrifice.

Donc, l'honorable professeur qui nous fournit le sujet du touchant récit que l'on va lire, mourut pauvre comme il avait vécu, ne laissant à ses deux fils que le bienfait d'une éducation solide et le souvenir de ses vertus.

Ces deux jeunes savants, déjà orphelins de leur mère, s'étaient fait, depuis quelques années, à Paris, une modeste position dans l'enseignement privé ; dès qu'ils apprirent la maladie de leur père et les sérieuses inquiétudes qu'elle inspirait, ils partirent aussitôt pour la ville où il résidait, et ils arrivèrent assez à temps pour recevoir sa dernière bénédiction.

— Mes chers enfants, leur dit le vénérable malade en étendant sur eux ses mains affaiblies, mes chers enfants, je remercie Dieu de la consolation que me procure votre présence à ce moment suprême où je vais quitter cette terre pour vous attendre dans un monde meilleur. Vous connaissez ma tendresse ; je n'ai rien épargné pour vous mettre en état de gagner honorablement votre vie. Je vous ai laissé le libre choix de votre position ; en optant pour l'état de votre père, vous avez fait acte de piété filiale, je vous en sais gré ; mais la carrière de l'enseignement, fertile en satisfactions morales et intellectuelles, conduit peu à l'aisance matérielle, surtout lorsque l'on a une famille à élever. Puissiez-vous n'en faire jamais la douloureuse expérience ! Je souffre cruellement de vous laisser ainsi sans fortune, mais je vous lègue un nom sans tache. Protégez ma mémoire, mes chers enfants, et veillez à ce que toutes mes dettes soient intégralement soldées. Dieu veuille que vous n'ayez aucun sacrifice à vous imposer pour faire honneur à mes engagements ! mais, quoi qu'il arrive, je meurs dans cette conviction que vous garderez toujours avec amour, avec respect, le souvenir de votre père, qui vous bénit bien tendrement et se réjouit d'expirer doucement dans vos bras.

Telles furent les dernières paroles de cet homme de bien, paroles souvent interrompues par l'affaiblissement de ses forces et par les sanglots de ses deux fils éplorés, qui se tenaient agenouillés près de son lit ; à peine achevait-il ses recommandations suprêmes, les nobles enfants s'empressèrent de le remercier hautement de ses sollicitudes constantes à leur égard, l'assurant du soin religieux avec lequel ils accompliraient ses volontés dernières. Le digne malade expira le sourire sur les lèvres, et dans ce sourire on lisait sa joie d'avoir été compris, sa joie de se survivre ainsi dans des cœurs dignes de lui.

Le lendemain des funérailles de leur père, et sous le poids d'une si profonde douleur, les frères B*** se rendirent en toute hâte auprès des créanciers du défunt pour arrêter le chiffre de ses dettes, s'élevant à une somme assez importante. Tout ce que contenait la demeure paternelle fut immédiatement estimé pour être mis en vente; mais cette estimation ne couvrait pas entièrement le passif de la succession, et laissait subsister un déficit d'un millier de francs environ, déficit que les nobles héritiers, fidèles aux instructions de leur père, s'empressèrent de soumettre aux créanciers, leur exposant qu'ils acceptaient la succession, et leur offrant de tout payer, pourvu qu'ils obtinssent quelques délais nécessités par l'exiguïté de leurs ressources personnelles. Les créanciers ont généralement le cœur dur; l'admirable désintéressement des deux frères ne fut pas compris tout d'abord par eux tous, et quelques-uns même s'oublièrent jusqu'à proférer des menaces, en exigeant un remboursement immédiat. Sur la représentation des plus sensés, il fut convenu que l'on s'en tiendrait aux estimations faites, et que le déficit serait comblé par les deux frères moyennant trois billets souscrits par eux, payables mois par mois à dater du jour même où cette délibération avait été prise.

Cet arrangement conclu, les deux frères retournèrent à Paris, où ils reprirent le train de leurs occupations ordinaires. M. Jules B***, qui était l'aîné, vivait du mince produit de quelques leçons particulières qui lui donnaient le nécessaire sans lui permettre de réaliser des économies. On comprend ce qu'il devait souffrir en pensant à l'insuffisance de ses moyens, et au paiement inévitable, sous peine de poursuites, qu'il s'était engagé à effectuer à si courte échéance. Comment faire? Pouvait-il s'adresser à ses amis? Ses amis étaient dans une position aussi précaire que la sienne. Pouvait-il compter sur son frère cadet? Le pauvre jeune homme était incapable de faire la moindre avance sans négliger les obligations qu'il avait à remplir lui-même pour son propre compte. Le cas était désespérant pour tout autre que pour un chrétien fervent et convaincu. Jules B***, se sentant sur le point de tomber dans un découragement funeste, se réfugia dans la prière; prosterné aux pieds de son crucifix, il resta quelques moments plongé dans une méditation profonde, et se releva bientôt le front plein de sérénité, illuminé d'une clarté soudaine, annonçant une grande résolution irrévocablement prise avec la fermeté d'un sage, avec la joie héroïque d'un martyr.

À partir de ce moment, Jules B*** reprit sa manière de vivre habituelle, donnant ses leçons avec son zèle accoutumé, consacrant à l'étude tous ses moments de liberté, et ne se réservant qu'une partie de ses soirées pour visiter ses amis, qui s'aperçurent bientôt de la disparition de son ancienne gaîté, n'attribuant toutefois ce changement passager qu'à la douleur récente qu'il venait d'éprouver en perdant son père.

— Mais où prends-tu donc tes repas, mon cher Jules? lui demandait un jour un de ses camarades. Depuis ton retour, nous ne t'avons pas vu une seule fois à la pension, ni pour le déjeuner, ni pour le dîner. Aurais-tu, par hasard, trouvé le moyen de vivre sans manger?

— Je n'ai rien découvert, répondit Jules; je prends maintenant mes repas chez moi, voilà tout.

— Tout cela est louche, reprenait un autre; il y a du mystère là-dessous. Non seulement Jules a rompu avec toutes ses anciennes habitudes, mais il devient invisible chez lui; son concierge a la consigne, et répond toujours invariablement que M. Jules est absent.

— Et sans doute, répliquait Jules; j'ai besoin d'être seul quelques jours, j'ai beaucoup d'arriéré dans mon travail, je répare le temps perdu.

Ces réponses ne satisfaisaient guère les amis de Jules ; leur curiosité fut encore excitée davantage quand ils apprirent que leur camarade, toujours triste et mystérieux, avait subitement déménagé pour se confiner dans un étroit logis, plus modeste encore que celui qu'il occupait, lequel n'avait rien de trop confortable assurément. Les commentaires allaient leur train, et la santé de Jules dépérissait toujours, et ses visites à ses camarades devenaient toujours plus rares, et son assiduité au travail augmentait sans cesse ; mais aussi, chaque fin de mois, les billets souscrits étaient régulièrement payés. Enfin, au bout de cinq ou six semaines de cette réclusion forcée, de cette disparition prolongée, l'un des intimes de Jules voulut s'enquérir par lui-même de l'état où se trouvait son ami. Ce dernier lui avait bien dit, pour éloigner ses visites et celles de ses camarades, qu'il ne pouvait recevoir personne pendant quelque temps, parce qu'il désirait n'être pas dérangé jusqu'à l'entier achèvement d'un travail qu'il lui importait beaucoup de finir ; ce ne pouvait être une raison valable. Jules était peut-être malade, et l'ami qui se rendait auprès de lui, étant élève en médecine, se croyait obligé d'aller au besoin lui offrir ses conseils et ses services.

Arrivé rue Taranne, devant la maison où logeait son ami, le jeune interne de l'Hôtel-Dieu de Paris monte, sur l'indication du concierge, au sixième et dernier étage. Il frappe à la porte d'une étroite mansarde donnant sur la cour ; une voix presque éteinte lui répond de l'intérieur. Il entre : quel douloureux spectacle ! Jules, ce brillant jeune homme qui naguère faisait le charme de toutes les réunions où il apparaissait, par sa gaîté, ses saillies et son érudition variée autant que solide, Jules était là, dans une chambre nue et délabrée, couché sur un méchant grabat trop court pour sa taille, ce qui l'obligeait à tenir ses jambes péniblement repliées sur elles-mêmes. Son visage était couvert d'une pâleur livide ; sa faiblesse extrême lui permettait à peine d'articuler quelques paroles en réponse aux questions que s'empressait de lui faire l'interne stupéfait en présence d'une telle misère:

— Comment! c'est vous, mon cher Jules, que je retrouve ainsi? Et vous avez pu méconnaître à ce point mon amitié, en me laissant ignorer vos peines et votre maladie? C'est bien mal, je vous assure, car j'aurais pu vous être utile au moins comme médecin.

— Je ne me croyais pas aussi sérieusement indisposé, répondit Jules. Je me suis traité à ma manière ; mais voyant que mon état empirait, j'étais décidé à vous mander près de moi au moment même où votre bon cœur vous a conduit ici.

— Alors ne perdons pas de temps, reprenait l'interne. Qui a pu causer l'état d'affaiblissement où je vous trouve? Le médecin est comme un confesseur ; il doit tout savoir pour appliquer plus sûrement le remède. Votre disparition soudaine depuis quelques mois, les privations évidentes que vous vous êtes imposées, tout cela indique des peines secrètes, des contrariétés intimes que vous avez eu tort de cacher à vos amis. Évidemment une gêne extrême a succédé à votre aisance habituelle, et cependant vous n'aviez point de dettes, et cependant le nombre de vos leçons n'a pas diminué. Expliquez-moi, de grâce, ce mystère.

Ce mystère, hélas ! c'était la nécessité de faire face aux engagements que l'honorable jeune homme avait pris dans le but de sauver l'honneur de son père. Pour prélever sur ses ressources ordinaires une somme aussi forte, il avait été obligé, depuis trois mois, non seulement de réduire son loyer et de doubler ses travaux, mais de retrancher sur sa nourriture, jusqu'à ne plus composer ses repas que d'un morceau de pain et d'un peu d'eau. Sa maladie n'avait pas d'autre cause que ce régime austère qui avait miné sa robuste constitution, et le jeune médecin, éclairé sur l'état de son malade, s'empressa de lui prodiguer les soins les plus touchants avec un zèle qu'augmentait encore l'admiration qu'il éprouvait pour un si beau dévouement.

Après un mois de traitement exactement observé, Jules B***, ayant repris une partie de ses forces, put sortir de sa retraite et reparaître dans les réunions amies qui regrettaient son absence. Grandes furent sa surprise et sa confusion, tant il était modeste, de s'entendre féliciter partout sur son admirable conduite. Le jeune médecin avait parlé, malgré l'injonction qui lui avait été faite de garder le silence ; il avait raconté hautement, et à qui voulait l'entendre, cette action héroïque, dont il comprenait toute la portée, dont il sentait tout le prix. Dès lors, on s'empressa à l'envie de venir en aide à Jules ; son courage et sa piété filiale reçurent la récompense qu'ils méritaient.

5. — Une résolution héroïque.

DONNER son superflu, c'est bien ; se priver pour donner à plus pauvre que soi, c'est encore mieux. Mais se donner soi-même et cela chaque jour et sans réserve, c'est le fait d'un courage et d'une abnégation sublimes...

Mme de B***, issue d'une très honorable famille, et jouissant d'une aisance suffisante pour se constituer de doux et agréables loisirs, passait littéralement sa vie à obliger les autres. Sa générosité, toujours en éveil pour soulager les misères même les plus éloignées du cercle habituel de ses connaissances, ne pouvait faire défaut à ceux de ses parents qui se trouvaient dans la peine.

Un jour, elle apprend qu'un de ses cousins, dont les deux enfants sont encore en bas âge, et dont la femme est elle-même dans un triste état de santé, vient de tomber dangereusement malade à son tour. A cette nouvelle douloureuse, elle se représente aussitôt le dénuement qui va pénétrer dans cette demeure, où le chef de la famille ne pourra plus de quelque temps travailler pour nourrir les siens ; immédiatement donc elle écrit à ses parents affligés une lettre pleine de consolations affectueuses, et dans laquelle, sans calculer ses propres besoins, elle avait eu soin de glisser un mandat d'assez importante valeur pour les aider à triompher de ces premiers moments d'épreuve. La maladie de son parent se prolongeant, elle prolongea ses largesses jusqu'à se mettre elle-même dans une véritable gêne, dont elle se consolait en pensant au soulagement qu'elle procurait ailleurs. Enfin, un jour une lettre lui est remise et lui annonce la mort de celui que ses bienfaits n'avaient pu conserver à la tendresse d'une femme désolée et de deux orphelins désormais sans soutien. A peine a-t-elle parcouru ce lugubre message, sa résolution est prise. Elle s'est rendu compte à l'instant de toute l'étendue du malheur qu'on vient de lui apprendre; et, jugeant que ses ressources ne peuvent suffire à soulager une aussi grande infortune, elle imagine, avec cet instinct du cœur qui ne trompe jamais, un de ces ingénieux stratagèmes dont la charité seule a le secret : elle écrit à la veuve de son parent défunt, la console de son mieux, et lui donne à entendre que sa petite famille peut compter sur un appui prochain et efficace, pourvu seulement que le projet qu'elle a conçu aboutisse à un bon résultat, ce qui paraît tout à fait probable. Cette missive rassurante était accompagnée, comme les précédentes, d'un secours abondant.

Quel était ce projet qui allait sauver toute une famille dans la détresse ? C'était le sacrifice de la personne et de la liberté de Mlle de B***, qui, pour procurer un peu de bien-être à ses protégés, n'avait point hésité à accepter un emploi d'institutrice, et se proposait de leur faire passer, sans qu'ils s'en doutassent, les émoluments attachés à ses nouvelles fonctions. Voici comment elle annonça à sa cousine le bienfaisant secours que cette pauvre veuve allait devoir à la ruse admirable d'un admirable dévouement :

« Ma bien chère cousine, — Grâce à Dieu, le projet dont je vous entretenais dans ma dernière lettre vient d'être heureusement réalisé. J'ai réussi à vous faire entrer, d'une manière purement nominale, dans une affaire qui ne vous expose à aucun risque, puisque vous n'aurez aucuns fonds à verser. L'entreprise, Dieu aidant, vous rapportera au moins pendant trois années un bénéfice annuel d'environ quinze cents francs. Je vous prie de ne pas me demander de plus amples explications à ce sujet, je serais un peu embarrassée pour traiter avec vous ces questions financières ; soyez seulement bien convaincue que la source de l'argent que vous recevrez est aussi honorable qu'elle est certaine. J'espère que votre santé s'améliorera et vous permettra d'augmenter par vous-même cette ressource providentielle qui vous arrive. En attendant, elle vous aidera à vous soigner, vous et vos chers enfants. Après ces trois années, pendant lesquelles le nécessaire vous est assuré, Dieu vous protégera sans doute d'une autre manière. Remercions-le et confions-nous à sa providence. »

La suite de cette lettre si touchante et si digne achève de révéler dans tout son jour l'excellent cœur de Mlle de B***, qui fit avec la simplicité d'un enfant une action vraiment sublime, et qui se contenta de répondre aux nombreux admirateurs de sa conduite : « Il fallait bien se gêner un peu pour remplir ce devoir d'humanité. »

6. — La première victoire d'un général français.

ARTHUR de F***, jeune officier de vingt-deux ans, venait de se présenter au régiment qui lui avait été désigné.

C'était un jeune homme d'une constitution frêle et délicate, d'un naturel doux et même parfois timide ; mais l'âme que renfermait cette enveloppe mensongère était forte et généreuse. Ses parents, pensant qu'un homme pouvait croire en Dieu et observer ses sublimes préceptes, même au milieu du tumulte des camps, s'étaient efforcés, avec succès, d'inspirer à leur fils les principes d'une religion éclairée. Arthur était sorti pur et intact des épreuves dangereuses par lesquelles il avait fallu passer durant son séjour à l'École militaire, tout en conservant parmi ses camarades une réputation d'honneur et de noble fermeté qui l'avait mis à l'abri de leurs plaisanteries. Le régiment auquel il avait été incorporé était établi dans une petite ville, en attendant une grande bataille qu'on prévoyait pour une époque rapprochée. A l'arrivée du jeune sous-lieutenant, les officiers étaient à table ; ils se levèrent, l'engagèrent à prendre place parmi eux, et lui firent d'abord l'honneur de leur repas, avec une cordialité toute fraternelle. Cependant le porte-drapeau du régiment, qui était un ancien soldat parvenu à ce grade par sa bravoure, et dont la haine grossière et aveugle s'étendait à tous les officiers sortis des écoles, se mit tout à coup à murmurer entre ses dents : « Voilà encore un bel officier qui nous arrive ! faites donc la guerre avec cela ! » Et il toisait le nouveau venu en souriant dédaigneusement et en haussant les épaules ! « Monsieur, s'écria Arthur qui l'avait entendu, les paroles que vous venez de prononcer me paraissent d'autant plus déplacées que vous ne m'avez point encore vu à l'œuvre. Quoi qu'il en soit, j'espère vous prouver bientôt qu'il n'est pas besoin d'être taillé en Hercule pour être un homme de cœur. — Si ce que je vous ai dit vous a blessé le moins du monde, répliqua le porte-drapeau, enchanté de trouver l'occasion d'un nouveau duel, je suis prêt à vous en rendre raison... Eh bien ! que répondez-vous à cela, Monsieur l'officier imberbe ? — Ce que je réponds, c'est que je me suis fait une loi de ne jamais prendre part à aucun combat singulier, soit comme acteur, soit comme témoin... — Vous voyez, Messieurs, interrompit le porte-drapeau triomphant, il refuse de se battre ! Les voilà bien tous, ces militaires qui portent des épaulettes qu'ils n'ont pas gagnées ! » Et en même temps il sortit en sifflant, et tous les officiers le suivirent, non sans jeter sur Arthur des regards de mépris. Oh ! alors il se livra un combat terrible dans l'âme de ce jeune homme qui ressentait vivement l'offense, mais à qui Dieu ordonnait de ne pas la venger ! Un instant il céda à la violence de son juste ressentiment, et s'élança vers la porte pour courir après celui qui l'avait offensé d'une manière si indigne. Ses yeux étincelaient, sa main pressait convulsivement la garde de son épée ; mais une gravure représentant le Christ marchant à la mort, accablé d'opprobres et d'outrages, le fit rentrer en lui-même ; il se résigna...

Pendant deux jours, il eut à passer par bien des épreuves ; ses camarades l'évitaient avec affectation ; ses supérieurs redoublaient pour lui de sévérité ; on ne manquait pas de faire en sa présence des allusions cruelles à la scène dont il avait été un des principaux acteurs ; on lui tournait le dos, on le montrait au doigt. Mais il se disait : « Si je suis, en ce moment, victime de l'injustice des hommes, du moins je suis en paix avec Dieu. »

Enfin, le jour de la bataille arriva. Au plus fort de la mêlée, un seul homme, entouré de soldats ennemis, se défendait d'une main

affaiblie ; il était déjà couvert de blessures ; le drapeau qu'il serrait convulsivement allait lui être arraché ; une minute encore et
cet homme était mort, et l'étendard de la France était outra-
geusement ravi. Tout à coup un jeune officier, couvert de sang et
de poussière, l'œil ardent, les cheveux épars, s'élance auprès du
blessé : « Courage, courage ! s'écrie-t-il, gloire à Dieu et vive la
France ! » Une minute a suffi, les assaillants sont frappés, ren-
versés, mis en fuite, et le drapeau est sauvé. Le porte-drapeau se
jeta au cou de son libérateur : « Camarade, s'écria-t-il, je vous
dois la vie. » Puis après l'avoir envisagé : « Que vois-je ?... Lieutenant, me pardonnerez-vous jamais ? » Et il tomba évanoui sur le
sol qu'il venait de teindre de son sang.

La bataille était gagnée. Le lendemain, un militaire, la tête
enveloppée et le bras en écharpe, apparut, soutenu par deux in-
firmiers, au moment où les officiers prenaient leur repas ; tous
se levèrent avec une sorte de respect à la vue de leur compagnon
d'armes. « Messieurs, dit-il d'une voix affaiblie par la souffrance
et par l'émotion, il y a quelques jours, j'ai insulté gravement l'un
de vous dans ce lieu même ; je reconnais mes torts, et je viens
lui demander pardon de l'offense que je lui ai faite ; au reste, il
s'en est déjà bien vengé, car il m'a sauvé la vie. » Tous les yeux
se tournèrent du côté du jeune officier décoré de la veille, qui
rougissait et pleurait à la fois : c'était Arthur.

A l'issue du combat, le porte-drapeau s'était hâté de déclarer
comment il lui devait la vie ; mais sa reconnaissance ne s'était
pas bornée là : il avait tenu encore à lui faire amende honorable
de ses grossières injures, en présence de ceux devant lesquels
elles avaient été proférées. « Ce n'est pas tout, ajouta-t-il, je viens
me mettre à votre discrétion, et vous offrir toutes les réparations
que vous pourrez désirer. »

— Puisqu'il en est ainsi, dit Arthur, je vais user de mon droit
dans toute sa rigueur. J'exigerai donc de vous deux choses. La
première, c'est que vous me donniez cordialement la main ;... la

seconde, c'est que vous ne vous battiez plus en duel. — Je le jure. » Et ils s'embrassèrent les larmes aux yeux. A partir de ce jour, Arthur fut aimé et respecté par tous les officiers de son régiment ; plusieurs même suivirent l'exemple de modération chrétienne qu'il leur avait donné. Depuis lors, le sous-lieutenant est devenu général, et il se plaît à conter son histoire.

7. — Une réponse de la Providence.

C'ÉTAIT à l'hôtel-de-ville de Paris, quelque temps avant la guerre de 1870. Des centaines de jeunes gens étaient réunis pour le tirage au sort.

Tout à coup on vit sortir de la salle un jeune ouvrier escorté d'une trentaine de braillards qui se moquaient de lui à qui mieux mieux. Et l'un d'eux de s'écrier : «Çà, vous autres, les amis, écoutez un peu la bonne histoire. Nous étions là, devant le bureau, et je venais de tirer le numéro que voici, un bon, comme vous voyez, lorsque le pierrot que vous voyez là et que j'ai l'honneur de vous présenter, s'avance à son tour. Au lieu de mettre la main dans l'urne, devinez ce qu'il fait. Je vous le donne en dix. Ce qu'il fait ? Il fait un grand signe de croix! » Et tous de rire bêtement. « Sur ce grand signe de croix, reprit le loustic, notre pierrot met la main dans l'urne. Savez-vous ce qu'il ramène ?... Ah! la bonne farce ! J'en rirai encore dans vingt ans. Il amène le numéro *deux !* »

Et pendant qu'ils continuaient tous à crier et à se moquer du pauvre jeune ouvrier, celui-ci marcha tranquillement vers deux femmes qui venaient au-devant de lui en pleurant. C'étaient sa mère et sa sœur. « Tout est perdu ! » leur dit-il, et leur montrant tristement son numéro : « Quelle douleur pour mon pauvre père infirme ! Mais que la volonté de Dieu soit faite ! Espérons qu'il ne nous abandonnera pas. » Et du revers de la main il essuya une grosse larme.

Un vieux monsieur avait tout vu, tout entendu. « Suivez-moi, » dit-il résolûment au jeune ouvrier. Celui-ci, le prenant pour quelque employé de l'hôtel de ville, congédia sa mère et la jeune fille. « Il y a donc encore une formalité à remplir ? dit-il à l'inconnu. — Oui, mon ami, répondit l'autre, suivez-moi ; avant une heure tout sera fini. » Et il le conduisit tout droit dans un bureau de remplacement, où devant le pauvre garçon, qui en croyait à peine à ses yeux et à ses oreilles, il tira de son portefeuille deux mille cinq cents francs en billets de banque, termina l'affaire séance tenante, et dit au jeune homme, en lui remettant sa feuille de libération : « Tenez, mon ami. Vous êtes un brave cœur. Continuez à être un courageux chrétien. Si le Ciel vous donne des enfants, vous leur raconterez l'histoire de votre signe de croix et le prix dont le bon Dieu l'a payé. »

Sans doute nous ne devons pas faire le bien en vue de la récompense temporelle, qui du reste n'est pas toujours aussi immédiate ni aussi sensible. Mais l'expérience confirme journellement cette vérité des Livres saints, que Dieu n'abandonne pas ceux qui mettent en lui leur confiance et accomplissent leurs devoirs sans respect humain ni faiblesse. Quelle force les jeunes gens ne puiseraient-ils pas dans cette pensée, s'ils s'en pénétraient et la méditaient fréquemment !

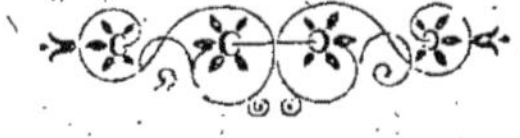

8. — Un travail opiniâtre vient à bout de tout.

ETTE belle pensée du poète Virgile [1] trouve son application aussi bien dans l'ordre moral et religieux que dans l'ordre matériel. Elle signifie que le succès est décidément assuré au courage, lorsqu'il a ce caractère d'énergie et de ténacité, qui ne se laisse arrêter par aucun obstacle. Et en effet, une volonté bien déterminée à pratiquer la vertu finit par surmonter toutes les répugnances de la nature ; une lutte acharnée et persistante contre le démon déjoué ses pièges et, avec l'aide de Dieu, rend inutiles ses plus terribles assauts ; une persévérance obstinée, infatigable, triomphe de tout ce qui s'oppose à l'accomplissement de ses desseins. Un français célèbre, Brémontier, [2] va nous offrir la preuve la plus frappante de cette puissance suprême d'une résolution ferme et constante à poursuivre les premiers efforts. C'est là un exemple salutaire pour la jeunesse, qui montre souvent une généreuse ardeur pour le bien, forme mille projets, se met à l'œuvre avec un entrain extraordinaire, mais malheureusement se décourage et se rebute dès que les difficultés se présentent. Mieux vaut un peu moins d'enthousiasme, et plus de ténacité : commencer, c'est bien ; continuer, c'est encore mieux, mais achever l'œuvre, voilà la perfection. La persévérance seule est couronnée.

Entre Bordeaux et Bayonne s'étend une côte basse et aride, que bat continuellement une mer irritée : les vagues ne cessent d'y

[1] *Labor omnia vincit improbus.*
[2] Né en 1738, mort en 1809.

apporter du sable qui forme des collines plus ou moins hautes : ces collines se déplacent, chassées par d'autres ; et les nouveaux sables qu'apportent les vagues de l'immense Océan poussent devant eux les anciens monceaux, qui envahissent le sol. Ainsi le sable s'avance lentement et progressivement à la conquête de cette malheureuse contrée ; au siècle dernier on constatait chaque année les progrès du fléau, et déjà les savants calculaient avec épouvante qu'avant trois siècles l'opulente cité de Bordeaux aurait été elle-même engloutie.

Brémontier, ingénieur des ponts et chaussées à Bordeaux, conçut le projet d'arrêter la marche progressive des sables, et de sauver ces régions désolées.

Couvrir ces collines mouvantes de forêts dont les racines s'enfonçant profondément dans les sables en empêcheraient le déplacement, et dont les massifs, s'étendant en épais rideaux le long de la mer, arrêteraient l'impétuosité des vents et des vagues et s'opposeraient à l'invasion de nouvelles montagnes sableuses, telle fut sa pensée. Mais comment la réaliser ? comment obtenir cette riche végétation sur des côtes éternellement battues par les vents âcres de l'Océan, ennemies de toute végétation, et dans un sable improductif, aussi pur et aussi fin, disait Brémontier lui-même, que du sable d'écritoire ?

Ce qui lui donna quelque espoir, c'est qu'il constata, à plusieurs centimètres de profondeur dans le sol, une couche d'humidité permanente : or l'humidité, comme l'ont reconnu les naturalistes, peut, dans certains cas, suffire à la végétation. Mais comment fixer les sables pendant les premières années nécessaires à la formation des arbres ? et quels arbres choisir ?

Sans négliger aucune des autres occupations que lui imposaient ses fonctions d'ingénieur en chef, Brémontier ne cessa de poursuivre la solution de ce double problème. On ne saurait dire par combien d'essais et d'expériences ce philanthrope infatigable arriva à son but. Il s'entourait, dans sa maison de campagne, d'une multitude de pots contenant des terres et des sables de toutes les espèces : il y semait des graines de plantes herbacées et ligneuses ; il calculait la durée de leur germination ; il étudiait leurs progrès relatifs ; il pesait les quantités d'eau dont il les abreuvait : et, lorsqu'il avait saisi quelques résultats probables, il se hâtait d'aller en faire l'essai sur les dunes : c'est ainsi qu'on nomme ces collines mouvantes.

Dans les commencements de son entreprise, il ne reçut aucun encouragement : c'est à peine s'il pouvait arracher à l'administration, pour ces travaux qui auraient exigé de grands secours, quelques sommes insignifiantes. On regardait son espoir comme un rêve : « C'était, disait-on, du temps perdu, de l'argent perdu ; c'était presque de la folie. Imposer une barrière à l'Océan immense ! empêcher le sable de se mouvoir sous l'influence des vents ! créer des forêts là où ne pouvait pousser un brin d'herbe ! quelle extravagance !... » Le déchaînement contre lui devenait universel : aux plaisanteries qui avaient accueilli les commencements de son œuvre, se mêlaient des cris de réprobation.

Brémontier s'en inquiétait peu. Il poursuivait ses travaux avec une infatigable ardeur. L'arbre fut trouvé : c'était le pin maritime ; ce pin affectionne les sables humides et résiste aux vents de l'Océan ; mais dans ses premières années il est d'une délicatesse extrême. Comment protéger les semis jusqu'à ce qu'ils fussent devenus assez forts pour se défendre eux-mêmes? Après plusieurs tâtonnements, Brémontier réussit à les protéger suffisamment par des rangs de palissades formées de piquets et de cloisonnages. Ce mode était sûr, mais dispendieux ; on était obligé d'exhausser les barrières à mesure que le sable les surmontait : leur action protectrice étant très bornée, il fallait les multiplier à l'infini. Chaque monticule était ainsi couvert de petites haies demi-circulaires, disposées comme les écailles d'un poisson.

Cet essai réussit ; Brémontier le simplifia bientôt, et l'économie qu'il obtint lui permit d'exécuter des travaux sur une plus grande échelle. Il faisait coucher tout simplement sur le sol les rameaux des arbres abattus dans les forêts voisines ; on les contenait avec un petit crochet de bois enfoncé dans le sable ; la graine des pins semée sous cette couverture levait parfaitement.

Un heureux hasard vint révéler à l'habile ingénieur un dernier moyen de perfectionnement. Parmi les branches ramassées dans les forêts se trouvaient des rameaux de genêt et d'ajonc : les graines de ces plantes, tombées sur le sol, vinrent à croître parmi les pins, les surmontèrent rapidement par leur végétation vigoureuse et toujours verdoyante, et cependant leur voisinage, au lieu d'être nuisible aux arbres naissants, leur donnait un abri salutaire. Sous des touffes de genêts que le froid ou les vents ont desséchés d'un côté, le jeune pin prospère et conserve la plus belle verdure.

Dès lors Brémontier est au comble de ses vœux ; ses travaux sont assurés ; leur exécution devient facile et prompte.

On mêle à la graine de pin une certaine quantité de graine de genêt et d'ajonc. Ces semences sont répandues sur le sable mobile de la dune ; par-dessus, on couche des branches d'arbres, des broussailles d'arbustes qui contiennent le sol. Au bout de quatre ou cinq ans, le genêt a atteint la hauteur de un à deux mètres ; ses touffes maintiennent le sable. Les branchages qui formaient la couverture pourrissent et se réduisent en poussière. Le pin prend le dessus, et, surmontant le genêt, élève dans les airs sa tige vigoureuse, tandis que sa racine pénètre jusqu'à cinq ou six mètres dans le sable. Une belle forêt est créée ; le sol est fixé.

Admirable résultat de la persévérance et du dévouement !

Mais un tel succès donnait un trop cruel démenti à la malveillance pour ne pas l'exaspérer jusqu'à la fureur. Des ennemis acharnés voulurent ravir à Brémontier le mérite de son invention et jusqu'à la direction des travaux, et sollicitèrent avec ardeur sa destitution. Les dénonciations anonymes pleuvaient de toutes parts ; on soulevait contre lui les populations ignorantes dont il allait devenir le bienfaiteur. Tandis qu'il allait à Paris porter les premiers pains de la résine extraite de ses plantations, et presser par l'évidence des résultats les secours du gouvernement, les habitants mêmes des communes qu'il voulait sauver d'une ruine imminente, ameutés par ses ennemis, ravageaient ses semis et mettaient le feu aux forêts naissantes.

Ce fait est douloureux à raconter. Du reste, il ne se produisit plus : l'envie reconnut son impuissance ; elle respecta l'œuvre et ne s'attaqua plus qu'à l'auteur ; mais ses vains murmures furent bientôt étouffés par un concert unanime de reconnaissance et d'admiration.

Une des œuvres les plus importantes de Brémontier est la conservation de Mimizan.

Mimizan était jadis une ville assez riche, avec un port fréquenté. La ville et le port avaient disparu sous les sables ; il ne restait plus que l'église, avec un groupe de maisons formant un village encore assez important. Depuis quelque temps les habitants vivaient tranquilles, lorsqu'un matin ils s'aperçurent avec effroi d'un mouvement qui avait eu lieu la nuit dans les dunes dont l'ancienne ville était recouverte : elles s'étaient approchées de l'église et avaient envahi le portail. Saisis d'épouvante, ils abandonnent leurs demeures et s'enfuient dans les bois. Brémontier accourt, il les réunit, il les encourage, il leur inspire la confiance dont il est lui-même animé. Le curé seconde ses efforts. « Je ne quitterai ni mon église ni mon presbytère, » dit ce généreux ecclésiastique, dont la maison, étant la plus voisine de l'église, était la plus menacée. Toute la population, ranimée, se met à l'œuvre sous la direction de ces deux hommes de bien. On revêt de palissades et de branches cloisonnées la dune menaçante ; des semis d'arbres verts la couvrent et la fixent. Au bout de quelques années, Mimizan n'avait plus rien à craindre ; plus tard, une belle forêt d'arbres verts entourait son église ; aujourd'hui, ses laborieux habitants élèvent de vastes édifices au pied de la dune qui devait les engloutir et qui les protège. Grâce à cet abri, qui arrête la fureur des vents, ils cultivent des jardins riants et productifs là où naguère s'étendait un triste désert.

Aujourd'hui, sur les dunes de Gascogne, l'État possède dix-huit mille hectares de belles forêts, semées par le procédé du savant ingénieur.

Au milieu de ces forêts et non loin de l'Océan, s'élève un monument à la mémoire de Brémontier. Ce monument, remarquable par sa simplicité, est un cippe en marbre, orné d'une couronne de chêne et portant une inscription.

Le voyageur que le pieux désir d'honorer la mémoire d'un homme de bien conduit dans ce lieu solitaire, s'assied au pied du monument : le triste murmure du vent qui agite les feuilles raides et aiguillées des pins, et le grondement de la mer orageuse, le plongent dans une profonde rêverie ; il songe aux grands services qu'a rendus Brémontier, aux traverses, aux obstacles, aux chagrins que lui suscita l'envie ; il reconnaît que, sûre d'arriver à son but, la vertu doit s'armer, contre tout ce qui contrarie ses efforts, de persévérance et de courage.

Et si lui-même, occupé de quelque grande œuvre d'utilité publique ou de bienfaisance, voit ses projets entravés, ses institutions dénaturées, son caractère méconnu, il se console en disant : « L'ouvrage de Brémontier subsiste ; les pins qu'il a plantés s'enfoncent profondément dans le sol, tandis que leur cime se perd dans les nues ; ces collines de sables qui marchaient à la conquête du pays, les voilà maintenant immobiles... Mais les détracteurs de l'homme de bien, ceux qui voulaient lasser sa persévérance, qui renversaient ses palissades et qui brûlaient ses plantations, où sont-ils ?... »

(D'après BARRAU.)

9. — Tout pour autrui, rien pour moi.

GEORGINA L*** était anglaise d'origine, issue d'une très honorable famille du comté de C***. Ses parents, possesseurs d'une belle fortune, lui firent donner une éducation distinguée. Bien que, d'après les lois anglaises, cette fortune patrimoniale dût passer tout entière au fils aîné, ce dernier était tenu d'assurer à sa sœur une pension viagère que son affection pour elle aurait sans doute proportionnée au rang qu'elle devait occuper dans le monde. La Providence avait d'autres desseins. Le père et la mère de Georgina moururent après avoir successivement perdu tous leurs biens, et la pauvre orpheline se trouva subitement dans une situation des plus difficiles. Son frère, débutant dans la carrière diplomatique, pouvait à peine se suffire à lui-même, et ses fonctions l'obligeaient à vivre éloigné de sa sœur. Georgina restait donc seule au monde, à peu près sans ressources, n'ayant plus pour parent qu'un oncle habitant des contrées lointaines et qui paraissait avoir totalement oublié les siens. Que faire ? accepter l'hospitalité illimitée que lui offraient des personnes amies, ou se créer une existence indépendante en tirant parti des talents divers qu'elle devait à l'éducation brillante qu'elle avait reçue, telle était l'unique alternative qui se présenta devant elle. Georgina avait le cœur haut placé ; elle préféra son indépendance, afin de n'être à charge à personne, et pria ceux qui lui portaient intérêt de l'aider à obtenir un emploi d'institutrice dans une famille riche et justement considérée. Une occasion favorable ne tarda pas à se présenter, et la jeune fille entra bientôt comme institutrice dans une des meilleures maisons de Londres, où elle fut accueillie avec la distinction qu'elle méritait.

Les premiers mois se passèrent sans qu'elle eût trop à souffrir de sa nouvelle position. Milady P***, mère des jeunes filles confiées à ses soins, connaissant les motifs qui l'avaient contrainte à accepter une condition inférieure à son rang et à sa naissance, s'appliquait par des égards affectueux à la lui rendre moins pénible. Ses élèves elles-mêmes atténuaient à ses yeux les difficultés de leurs caractères capricieux et volages par les marques de vive affection qu'elles ne cessaient de lui prodiguer, et la considération affectueuse dont lord P*** l'honorait lui-même achevait de la placer dans un milieu d'estime et de bienveillance dont tout se ressentait autour d'elle, jusqu'aux domestiques de la maison, qui ne pouvaient se dispenser de servir avec zèle une étrangère aussi favorisée des bonnes grâces de leurs maîtres. Mais toute médaille a son revers ; au bout de quelque temps on se gêna moins envers l'aimable et bonne institutrice, qui eut à essuyer plusieurs fois les boutades tracassières de milady, femme coquette et jalouse à l'excès. Georgina redoublait de douceur et d'aménité en présence de ces humiliations répétées, gardant au fond de son cœur, sans la laisser paraître, la peine qu'elle en ressentait ; et cette peine était d'autant plus vive qu'elle ne connaissait absolument personne à Naples, où résidait alors la famille chez laquelle la retenaient ses engagements toujours plus malaisés et plus assujettissants. Dès que milady P*** parut au dehors moins obséquieuse envers son institutrice, ses filles se crurent autorisées à changer aussi de ton vis-à-vis de leur maîtresse, et les domestiques, s'apercevant de ce changement, ne manquèrent pas de négliger tout à fait leur service ; à tel point que Georgina dut souvent se servir elle-même pour éviter toute récrimination et écarter toute occasion de querelle. Sa situation devenait intolérable ; pour toute consolation, il lui restait la prière, et elle priait beaucoup ; pour tout soulagement il lui restait ses larmes, et elle pleurait souvent au pied du crucifix suspendu dans sa chambre solitaire.

A toutes ces contrariétés d'intérieur il faut ajouter les souffrances d'amour-propre, les froissements légitimes, les affronts immérités que Georgina rencontrait à chaque instant dans cette société anglaise dont les mœurs sont guindées et empreintes d'une morgue aristocratique souvent insupportable, de telle sorte que les hautes classes affichent constamment un profond dédain pour les classes inférieures, et, prisant avant tout la fortune et la naissance, s'inquiètent peu des talents et des qualités du cœur. On conçoit, dans la position inférieure où Georgina était tombée, l'humble place qu'elle devait occuper au milieu de pareils salons, et quel devait être son isolement dans ce monde si fier et si somptueux. Son martyre durait depuis trois ans, lorsqu'une nouvelle inattendue vint mettre un terme à ses maux...

Un jour le consul de la Grande-Bretagne à Naples se présente chez Georgina L*** qu'il avait su apprécier et estimer à sa valeur. Sa joie était sincère ; il venait annoncer à la pauvre institutrice dédaignée, abreuvée d'humiliations constantes, que l'héritage inattendu d'un oncle la relevait désormais de son douloureux esclavage. Cet oncle, qui semblait perdu pour sa famille, venait de mourir en Australie, instituant Georgina L*** et son frère légataires universels de sa fortune, qui s'élevait à soixante mille francs de revenus à partager entre eux deux. Georgina reçut cette nouvelle avec calme et dignité ; mais dès que cet heureux événement fut connu au dehors, il arriva pour elle ce qui se produit toujours en pareille circonstance : pauvre, on la rebutait ; riche, elle ne pouvait plus suffire à toutes les congratulations, à toutes les prévenances, à tous les hommages dont elle était l'objet. Ainsi va le monde !... Elle comprit mieux que jamais le néant des vanités humaines, et une grande résolution se forma dans son esprit tandis que les commentaires allaient leur train sur l'usage probable qu'elle allait faire de sa fortune inespérée.

Cette résolution fut admirable, comme tout ce que la foi inspire, comme tout ce que la charité conseille et réalise. C'était
alors le début de la guerre de Crimée ; les épidémies, s'unissant
aux chances désastreuses des combats, décimaient les troupes
alliées de France et d'Angleterre, et ne laissaient pas un instant
de répit aux filles de Saint-Vincent de Paul qui se multipliaient
dans les ambulances pour panser les blessures et assister les cholériques gémissants sur leurs lits de douleur, où la mort ne les
épargnait guère. Les récits venus de ces plages lointaines et signalant les immenses services rendus par nos sœurs de charité
ne pouvaient manquer d'éveiller en Europe les plus ardentes
sympathies. Des dames protestantes anglaises en avaient été même
si profondément touchées, qu'elles avaient cru devoir, sous la
conduite de miss Nightingale, essayer d'imiter d'aussi héroïques
exemples. Notre jeune institutrice, devenue tout à coup libre et
riche par une grâce vraiment providentielle, ressentit plus que
personne ce besoin de se dévouer en reconnaissance du bienfait
inattendu qu'elle venait de recevoir, et, après une courte apparition à Londres pour le réglement définitif de ses affaires, elle se
rendit à Constantinople dans l'intention de s'unir aux bonnes
sœurs infirmières, dont elle partageait les sentiments dévoués,
d'autant mieux qu'elle appartenait elle-même à leur religion
toute de sacrifice, d'espérance et d'amour ; Georgina L*** avait le
bonheur d'être une enfant zélée de l'Église catholique romaine.
Aussitôt arrivée à Constantinople, la noble jeune fille sollicita la
faveur d'être admise, en qualité d'aide, parmi les sœurs de Saint-
Vincent de Paul, promettant de suivre exactement leur règle, de
vivre de leur vie, et de s'appliquer à toutes les fonctions que lui
désignerait la supérieure de cette communauté également bénie
de Dieu et des hommes. L'admission temporaire d'une étrangère
au sein d'une congrégation dont tous les membres sont liés par
des vœux irrévocables, à la suite de longues épreuves, contrariait
les usages reçus, et n'offrait pas de précédents ; mais comment

repousser un dévouement pareil, qui se présentait avec de si honorables garanties, et dans un moment où il était si nécessaire? On fit donc exception en faveur de miss L***, et l'autorisation qu'elle demandait lui fut accordée. Afin de se rapprocher autant que possible de la vie religieuse qu'elle embrassait pour un temps dont on ne pouvait prévoir la durée, elle se composa un costume particulier, rappelant, moins que celui qu'elle portait alors, le monde qu'elle abandonnait et où elle devait reprendre sa place un jour. On la vit bientôt apparaître dans les hôpitaux de Constantinople, revêtue d'une robe à longue pélerine bleue et d'un tablier de même couleur qu'elle échangeait contre un tablier blanc pour le service des malades ; une coiffure formée d'un large bandeau de tulle blanc recouvert d'un long voile bleu descendant sur ses épaules, et un col en percale blanche rabattu sur sa poitrine, complétaient son nouvel uniforme, qui, n'ôtant rien aux grâces de sa personne, ne donnait que plus de charme aux soins délicats de son infatigable charité.

Neuf mois durant, Georgina se livra, avec une ardeur qu'il fallait plutôt contenir qu'exciter, à ces travaux vraiment apostoliques, dignes des premiers siècles de l'Église, où les chrétiens n'avaient qu'un cœur et qu'une âme. Son dévouement éclatait surtout dans ses visites aux vaisseaux transformés en ambulances, dans lesquels on évacuait sur Constantinople les blessés et les malades recueillis sur les champs de bataille de la Crimée, où elle se serait résolument transportée sans la défense de la supérieure des sœurs de Saint-Vincent, qui jugeait avec raison que de pareilles fatigues auraient excédé ses forces déjà très compromises par les premiers élans de son zèle. Aux soins de tout genre que Georgina prodiguait à ses chers malades, il faut ajouter les innombrables largesses qu'elle leur faisait parvenir indirectement en cachant soigneusement leur source véritable. Tous les pauvres de Péra, de Galata, de Rebec avaient part aussi à ses intarissables aumônes. C'est ainsi qu'elle employait la brillante fortune dont l'avait gratifié son oncle, montrant à tous que l'argent, vil et grossier métal quand il favorise nos passions et nos vices, peut servir néanmoins à nous sanctifier nous-mêmes et à sauver nos semblables.

Après neuf mois d'apostolat, quand la fin de la guerre et des maux qu'elle entraîne à sa suite rendit sa présence désormais inutile, Georgina L*** songea à prendre quelque repos; mais ce repos, hélas ! ne fut qu'une longue maladie qu'elle supporta avec une patience au-dessus de tout éloge. Elle ne se montra pas moins généreuse à souffrir les autres épreuves qu'il plut à Dieu de lui envoyer et qui ajoutèrent à sa haute vertu le sceau de la perfection.

10. — Dévouement sublime d'un enfant.

VOICI, mes amis, écrit Laurent de Jussieu, l'histoire d'un enfant véritablement extraordinaire ; non point par une précocité d'esprit et de talent qui n'est qu'un don singulier et plus ou moins étonnant, mais, par une force de volonté, par une puissance de charité, de dévouement et de sacrifice, qui sont une grâce accordée par Dieu à ses créatures privilégiées.

Un pauvre ouvrier, nommé Pierre, avait cinq enfants, tous garçons, dont le plus âgé comptait à peine huit ans. Depuis quelques mois, le prix de tous les objets nécessaires à la vie était considérablement élevé. Pierre travaillait jour et nuit, et gagnait à grand'peine de quoi se procurer, au bout de la journée, un mince morceau de pain qu'il partageait en six parts, une pour chacun de ses fils, et une pour lui. Un jour, l'aîné de ses enfants, qui se nommait Joseph, ne voulut accepter qu'un quart de sa portion, c'est-à-dire tout juste ce qu'il fallait pour ne pas mourir de faim. « Je ne me sens pas très bien, dit-il à son père ; mangez le reste, ou partagez-le entre mes frères. »

PIERRE : Tu es malade, mon pauvre enfant ? Eh ! qu'as-tu ?

JOSEPH : Oh ! ce ne sera rien, mais je ne peux pas manger ; il vaut mieux que je me couche. »

Son père le mit au lit, et le lendemain matin, il alla prier un médecin de venir par charité visiter l'enfant malade. Le médecin, qui était un homme compatissant, se rendit aussitôt auprès de Joseph, et lui ayant tâté le pouls, ne trouva d'autre symptôme de maladie qu'une grande faiblesse. « Monsieur, dit Joseph, ne m'ordonnez aucun remède, car je ne puis rien prendre. »

LE MÉDECIN : Tu ne veux rien prendre, mon ami ! Et pourquoi ?

JOSEPH : Oh ! je vous en prie, ne me demandez pas pourquoi ; je ne le dirai jamais.

LE MÉDECIN : Bon ! tu ne feras pas le méchant, et tu obéiras à la volonté de ton père et à la mienne. Il ne faut pas que les enfants soient capricieux.

JOSEPH : Oh ! Monsieur, je vous assure que ce n'est pas un caprice.

LE MÉDECIN : Allons ! je ne veux pas te forcer à me dire ton secret ; mais je demanderai à ton père ce que signifie cette obstination à ne vouloir prendre aucun remède.

JOSEPH : De grâce, Monsieur, ne dites pas une pareille chose à mon père.

LE MÉDECIN : Alors, explique-toi donc, ou certainement je vais le lui dire.

JOSEPH : Oh ! plutôt !... oui ; plutôt, je préfère vous l'avouer. Mais d'abord, ayez la bonté de faire retirer mes frères.

Le médecin fit sortir les enfants, et Joseph lui parla ainsi :

« Si vous saviez, monsieur le médecin ! Dans ce temps de disette, mon pauvre père a bien de la peine à gagner un peu de pain. Je sens un chagrin affreux quand je vois ce bon père et mes jeunes frères souffrir faute de nourriture. Je suis l'aîné, j'ai plus de force que ces enfants, et je veux leur laisser manger ma part. C'est pour cela que je me suis mis au lit afin de rester plus facilement sans manger. »

Le médecin essuya ses yeux et dit : « Et toi, est-ce que tu n'as pas faim ? »

Joseph : Oh ! si ; mais au moins je n'ai pas la douleur de voir tant souffrir les autres.

Le médecin : Tu ne sais donc pas que tu mourras, si tu te prives de nourriture ?

Joseph : Je le sais bien ; mais je mourrai avec résignation. Mon père aura un enfant de moins à nourrir ; et moi, dans le ciel, je prierai le bon Dieu pour qu'il assiste mon pauvre père et mes pauvres frères. Seulement, je désirerais bien que vous eussiez la bonté d'amener près de moi un prêtre. J'ai peur d'avoir fait un mensonge en laissant croire que j'étais malade, et je ne voudrais pas mourir sans m'en être confessé et en avoir reçu l'absolution. »

Le charitable docteur, touché de la générosité et de la piété de cet enfant, le serra dans ses bras : « Non, mon ami, tu ne mourras pas, lui dit-il ; Dieu qui est le père de toutes ses créatures, veille sur celui qui souffre, qui travaille et qui prie. Ton père est bon et laborieux, toi tu pries et tu te dévoues ; Dieu ne vous abandonnera pas. »

Après avoir ainsi parlé, il courut à sa maison, et ne tarda pas à revenir, suivi d'un domestique chargé de toutes sortes de provisions. Il fit asseoir à une table le vertueux enfant avec ses frères, et leur père qui, en ce moment, revenait de son atelier. Jugez du plaisir que goûta cet honnête bienfaiteur, en voyant la joie de toute cette famille, et les couleurs reparaître sur les joues du petit Joseph !

Mais ce secours ne fut pas le seul : beaucoup de personnes cha-

Incendie de... temps... le feu, favorisé par un grand vent, suivant le bourg d'un... Bourg à l'anglaise... (P. 98)

ritables ayant appris le dévouement filial et fraternel du jeune
Joseph, s'empressèrent d'apporter à son père, celles-ci des vivres,
celles-là des vêtements, et quelques-unes de l'argent. La famille
de Pierre fut retirée de la misère; mais il n'accepta les bienfaits
de la charité que pendant la durée de la disette, et ne voulut plus
les recevoir aussitôt que son travail put suffire aux besoins de ses
enfants. Ceux-ci, toutefois, avaient acquis des protections qui leur
procurèrent une éducation avec laquelle ils furent en état d'aider
plus tard leur père, et de prospérer dans des professions honnêtes.

(Laurent de Jussieu.)

11. — Lutte et victoire.

EN 1685, on voyait, à l'extrémité de Venise, du côté de
la mer et presque sur les lagunes, une petite maison
d'une bien modeste apparence, qui semblait avoir été
bâtie, là, dans l'isolement, exprès pour éviter les bruits
tumultueux de la ville aux mille canaux. Deux personnes
l'habitaient : une bonne et vieille femme de soixante ans
environ, nommée Marietta, et un jeune homme dans la
force de l'âge, qu'on désignait sous le nom du *Pittore* (peintre)
aux environs, et, dans son intérieur, sous le nom de Marco.

Les paysans de Venise qui se rendaient, le matin, au marché
de la place de Saint-Marc, en passant devant cette habitation dont
les fenêtres étaient cachées par un mur qui clôturait un jardin,
se demandaient souvent, avec cette curiosité naturelle aux hommes
de la campagne, quels étaient les hôtes qui occupaient cette
étrange demeure. De là des commentaires exagérés sur leur

6

compte ; et, l'imagination aidant, on avait fini par rendre, dans l'opinion publique, ce lieu suspect. Seulement, de temps en temps, on voyait Marco enveloppé d'un large manteau, son feutre rabattu sur sa tête, sortir de grand matin, chargé d'un paquet qu'il tenait sous son bras, et, se dirigeant vers la ville, se perdre dans une de ses nombreuses ruelles. C'est tout ce que les curieux savaient de plus authentique sur son compte.

Si nous nous transportons maintenant par la pensée dans l'intérieur de l'artiste, nous voyons quatre modestes pièces ainsi distribuées : un atelier de peintre assez vaste, recevant le jour et la lumière par un ciel ouvert, pratiqué dans les combles ; une chambre à coucher attenant à l'atelier avec lequel elle communiquait au moyen d'une porte voilée par un tapis grossièrement fabriqué ; les deux autres pièces servaient à Marietta pour son usage personnel et celui des soins domestiques. Quant au petit jardin, il était destiné à produire, pendant toute l'année, des fleurs qu'affectionnait singulièrement le peintre.

Un soir du mois de juin de cette même année 1685, Marietta venait de soulever légèrement la tapisserie de l'atelier, et d'une voix douce, mélancolique et suppliante à la fois :

— Marco, mon fils, murmura-t-elle, Marco, écoute ta vieille nourrice, ta bonne mère...

Mais loin de se détourner pour répondre à l'invitation timide de Marietta, Marco était absorbé dans une profonde méditation. Devant lui s'ouvrait une magnifique Bible, soigneusement déposée sur une table en ébène : à sa droite se trouvait un chevalet sur lequel s'étalait une toile d'assez vaste dimension, et sur un banc on voyait une palette, des pinceaux, des couleurs et des crayons qui semblaient être placés là sous la main pour être utilisés. L'artiste seul paraissait n'avoir pas conscience de lui-même, tant ses pensées intimes le rendaient étranger aux choses qui l'entouraient.

Cependant, la vieille, que ce silence et cette absorption de

Marco rendaient plus impatiente à l'endroit de l'objet de ses visites inutiles, et après être venue plusieurs fois adresser en vain, une question à son fils, finit par se rapprocher de lui, et lui posant doucement la main sur sa tête :

— Mon fils, mon fils, ajouta-t-elle avec une persévérante insistance, mon fils, écoute-moi enfin.

— Mère, que faut-il? s'écria Marco, comme réveillé en sursaut d'un long assoupissement au contact de sa main et sous la vibration de sa douce parole.

— Il y a, mon fils, continua Marietta, que depuis trois jours le pain et la nourriture manquent au logis, et que la misère y devient plus horrible de jour en jour. Ce n'est pas pour moi, au reste, ajouta-t-elle sans discontinuer, que la souffrance m'effraye : je n'ai que peu de jours à vivre encore ; mais c'est pour toi, mon enfant, que je vois dépérir tous les jours. Qu'allons-nous devenir ?

— Mère, tranquillise-toi, répondit Marco, se levant de son siège, tranquillise-toi ; encore deux jours de souffrances et de privations, et tout sera dit.

Tout en prononçant ces paroles, il indiquait du doigt une page de la sainte Bible ouverte devant lui, et la toile et ses pinceaux.

— Mais deux jours, mon enfant, sont bien longs encore, alors surtout que, depuis dix ans, nous attendons dans la misère, les souffrances et les privations ; la lutte finit par devenir trop longue.

— Dieu, ma mère, nous recommande la résignation et la persévérance, répliqua Marco avec une sainte et patiente humilité. Ce n'est qu'après le combat que l'on remporte la victoire.

— Deux jours encore! murmura Marietta avec un certain désespoir dans l'âme ; que devenir aujourd'hui et demain ?

— Eh bien! mère, répondit Marco à cette exclamation, prends cet anneau dont me fit cadeau le duc Ranuccio, de Parme, et va le mettre en gage pour nous empêcher de mourir de faim.

Et sortant de son doigt un magnifique diamant, il le déposa entre les mains de Marietta, sa tendre nourrice.

Pour se faire une idée exacte de l'existence de la plupart des peintres italiens, à cette époque, il faut savoir combien l'art offrait peu de ressources à ceux qui le cultivaient. Des artistes qui seraient devenus des hommes d'un grand talent, comme Raphaël, Michel-Ange, le Titien, etc., étaient forcés, pour vivre, de voyager en Europe à la recherche de travaux à exécuter. Les couvents, les églises, les riches personnages, étaient les seuls qui pussent alors les occuper et les faire vivre. Mais comme le nombre des peintres voyageurs était considérable, il arrivait que les commandes manquaient à la plupart d'entre eux.

Marco, lui, n'appartenait point à cette classe de peintres nomades qui sillonnaient l'Europe dans tous les sens. Il n'avait jamais quitté l'Italie. Parme, Plaisance, la Toscane, avaient été les seuls endroits où ses œuvres commençaient à être connues. Et s'il se trouvait à Venise cette année 1685, c'est qu'il avait conçu le projet d'exécuter un chef-d'œuvre dont le sujet devait être puisé dans nos livres saints. On comprend que, pour arriver à sa réalisation, il ait eu besoin de la retraite, du silence et de la méditation dans lesquels nous le voyons plongé.

La Bible qui s'ouvrait sur sa table devant lui était marquée au passage où il est dit que « Jacob, revenant de chez Laban vers la demeure de son père, s'endormit sur une pierre. Pendant son sommeil et après avoir lutté avec un ange, il vit une échelle mystérieuse qui de la terre touchait au ciel. De cette échelle montaient et descendaient des anges. »

Marco avait pris pour sujet de son tableau ce passage, qu'il méditait depuis longtemps ; car l'art ne vit pas seulement d'inspiration, mais encore du travail de l'esprit.

La dernière visite que venait de lui faire sa nourrice pour lui donner connaissance de la détresse dans laquelle il se trouvait avait-elle réveillé son énergie, ou bien son œuvre était-elle arrivée, dans son esprit, à son dernier degré de maturité ? Nous l'ignorons.

Toujours est-il, qu'à peine Marietta était-elle sortie de son atelier, que Marco, saisissant respectueusement la sainte Bible ouverte sous ses yeux, et prenant sa palette et ses pinceaux, se mit immédiatement au travail. En moins de deux jours, comme il l'avait dit, on vit apparaître un véritable chef-d'œuvre de conception, d'entente et de coloris. Jacob luttant avec l'ange était une scène admirable.

Deux jours avaient suffi à l'artiste pour exécuter son chef-d'œuvre, dont le premier admirateur fut Marietta elle-même.

— Mère, dit Marco, s'empressant de conduire à son atelier sa nourrice dont l'opinion, pour lui, avait été toujours de bon augure, et la plaçant devant son tableau : mère, que penses-tu de mon œuvre ?

Marietta, en présence de cette toile qu'elle fixa de ses regards humides, joignit ses deux mains en signe d'admiration et se tourna vers Marco avec cette gravité fière qu'inspire à une mère le talent de son enfant :

— Mon fils, exclama-t-elle, que c'est beau ! Nous avons bien souffert ; maintenant la gloire et la fortune ne te feront plus défaut !

— Oui, mère, pour arriver au bonheur sur la terre, comme à la gloire dans le ciel, il faut lutter. Vois comme Jacob a lutté avec l'ange du Seigneur. Nous avons combattu ici-bas avec les souffrances, les misères et les privations, nous triompherons.

Le lendemain, Marco roula religieusement sa toile, et, accompagné de sa nourrice, se dirigea de Venise à Plaisance, dans le duché de Parme, où le duc de Ranuccio, son protecteur, venait de mourir. Lorsqu'il y arriva, la Cour était plongée dans le deuil.

La duchesse, Amélie d'Autriche, régente du duché, se trouvait en butte à des tracasseries domestiques, à des menaces étrangères, et de plus à la révolte d'une partie de ses sujets. Elle avait un de ces caractères énergiques qui, loin de se laisser abattre, se redressent fièrement contre les obstacles. Marco demanda une audience à la régente pour lui exposer son tableau ; elle lui fut accordée.

Les principaux personnages de la Cour étaient réunis autour de la duchesse, quand le peintre, s'inclinant, déroula devant elle son tableau biblique. Tous les regards se portèrent sur la toile qu'on ne cessait d'admirer à l'envi. La régente, prenant à son tour la parole :

— Messeigneurs, leur dit-elle, c'est un tableau qui nous dit deux choses : la première, que ce n'est que par la lutte qu'on peut triompher de ses ennemis ; (j'espère, avec l'aide de Dieu, triompher des nôtres ;) la seconde, que ce peintre est un grand maître. Ce tableau est un symbole et un chef-d'œuvre en même temps.

Puis se tournant vers l'artiste :

— Marco, vous avez été le protégé du défunt duc, je veux être aussi votre protectrice : je vous achète trente mille ducats ce tableau, et je vous attache à mon palais, en qualité de peintre ducal.

Marco, s'inclinant en signe d'assentiment, prit ensuite un crayon et signa au bas du tableau ces noms : Marco Ricci. C'est une des plus belles toiles signées de ce peintre célèbre. Les personnes qui ont voyagé en Italie ont pu admirer ce chef-d'œuvre dans la grande salle du palais ducal à Parme.

12. — Les débuts d'un amiral.

LES événements de la Révolution avaient enlevé à Mlle de Rigny toute sa famille. Retirée dans une habitation isolée, au milieu de la campagne, à l'âge de vingt ans, elle se voyait obligée de diriger les affaires de la maison et l'éducation d'un jeune frère, qui n'avait qu'elle pour appui. Elle destinait cet enfant à l'École polytechnique; mais comment l'y préparer? comment lui donner en même temps l'éducation littéraire? Les collèges alors avaient été détruits, et les maisons d'éducation, en petit nombre, qui commençaient à s'élever, ne paraissaient pas à Mlle de Rigny dignes de sa confiance. La tendresse fraternelle lui inspira le plus généreux dessein : elle résolut d'apprendre elle-même tout ce que son frère devait savoir, pour le lui enseigner. Quelque effrayant que ce travail dût paraître à une femme, elle s'y dévoua avec une ardeur persévérante, qui fut couronnée par le succès : la langue latine, la littérature ancienne et moderne, l'éloquence, l'histoire, les diverses branches des mathématiques, elle apprit tout, elle enseigna tout à son frère, et le jeune de Rigny fut admis à l'École polytechnique, sans avoir eu d'autre maître que sa sœur.

C'est ce même de Rigny qui, devenu amiral, commandait la flotte française à Navarin, et fut plus tard ministre de la marine.

13. — Un voyage nocturne en compagnie des loups.

A générosité de Mgr Peyramale n'avait d'égale que sa bravoure. Environ deux ou trois ans après son arrivée à Lourdes, il fut invité à assister à l'inauguration d'un chemin de croix, qui avait lieu dans une paroisse assez reculée de la montagne. On était au mois de février. Il s'y rendit avec l'un de ses vicaires. Tous deux prirent leur repas du soir chez le curé de cette paroisse, projetant de revenir ensuite à la clarté de la lune.

Mais, pendant qu'ils étaient à table, la neige se mit à tomber très épaisse; et, quand on voulut reprendre le chemin du retour, un immense linceul blanc couvrait la montagne, les gorges et les vallons. Après une bourrasque de quelques heures, le temps du reste était redevenu beau. Le ciel était clair, les étoiles brillantes, la lune dans tout son éclat. La gelée commençait.

— Impossible de partir la nuit avec un ou deux pieds de neige sous les semelles ! s'écria leur hôte. Je vous garde l'un et l'autre jusqu'à demain.

— Il n'y aurait vraiment pas moyen de reconnaître les sentiers et la route, avoua le vicaire, dissimulant peu son effroi.

— Restez, jeune homme ! dit le curé de Lourdes. Mais moi, c'est différent ; j'ai des malades, et il faut que je rentre. La montagne me connaît et je connais la montagne.

On insista vainement pour l'empêcher de s'aventurer ainsi. Que de dangers en effet n'allait-il pas courir ! Les brigands, les chiens, les loups, l'extrême facilité de s'égarer ou de s'enfoncer dans quelque trou couvert de neige, et, ce qui rendait ces périls

infiniment plus graves, l'absence de tout refuge, de tout secours...
Mais, la pensée des malades qu'il avait laissés à Lourdes et qui
pouvaient avoir besoin de son ministère, fut plus forte que toute
considération. Le vicaire alors s'offrit à l'accompagner.

— Inutile ! répondit le curé de Lourdes : vous n'avez pas le
pied montagnard ; et quant à moi, ma houlette pastorale me suffit.

Et prenant son énorme bâton recourbé, il descendit la pente
de la montagne.

Il avait dit vrai, du reste. Il connaissait la montagne et ne
s'égara point dans son chemin. Après avoir suivi les sentiers,
il parvint sur la grand'route ; mais il était encore à deux lieues
de Lourdes.

La beauté de la nuit, le spectacle grandiose de ce paysage
nocturne, de ces pics gigantesques qui brillaient comme de l'argent, de ces masses formidables qui semblaient soutenir le ciel,
le silence absolu de cette vaste solitude élevaient son âme vers
Dieu ; il s'abandonnait à la méditation et à de pieuses rêveries.

Tout à coup, il crut entendre derrière lui comme le bruit d'un
piétinement timide et très léger. Il se retourne et aperçoit à
vingt pas un loup dont les yeux faméliques flamboyaient dans
l'ombre. La neige gelée se brisait en craquant sous les pieds de
la bête, et produisait ce petit bruit qui avait mis en éveil l'oreille
très fine du prêtre voyageur.

L'abbé Peyramale continua son chemin, regardant de temps
en temps en arrière pour se rendre compte de l'attitude du personnage.

Le loup gardait mathématiquement la même distance, aussi
exacte que si elle eût été mesurée avec un compas. Quand
l'homme s'arrêtait, le loup s'arrêtait ; quand l'homme reprenait
sa marche, le loup reprenait la sienne.

A un certain moment, les pas du loup parurent plus accentués.
Le curé regarde et voit un second loup qui avait rejoint le premier. Se sentant en force, ils s'étaient rapprochés. La distance

n'était plus que de moitié, et le nombre était double : danger quadruple.

Le curé s'arrêta, les loups s'arrêtèrent. Il fit tourner dans sa main, avec une vigueur peu commune, sa houlette pastorale. Ils n'avancèrent pas, mais ne reculèrent pas. Il poursuivit son chemin : les loups persistèrent à l'accompagner. Cela dura une demi-lieue. A chaque instant il faisait volte-face, brandissant sa redoutable houlette, et la même scène recommençait.

Ce groupe hétérogène approchait de Lourdes cependant. On n'en était plus qu'à un kilomètre, lorsque survient un troisième loup gigantesque, et la bande raccourcit encore la distance de moitié. D'un bond elle pouvait s'élancer sur le voyageur.

Le prêtre voit le péril, et choisit aussitôt sa stratégie.

La route était large et belle, aucun obstacle imprévu ne pouvait se rencontrer sous le pied. Le curé de Lourdes prend le parti de continuer son chemin en allant à reculons, afin de présenter constamment sa face à l'ennemi, faisant toujours le moulinet avec son gros bâton ferré.

Les trois loups, espérant sans doute que l'homme ferait quelque faux pas et qu'ils pourraient se jeter sur lui, le suivirent jusque dans la grande rue de Lourdes, où l'un des habitants sortant de sa maison, aperçut cette étrange rentrée du doyen de Lourdes dans son doyenné.

— Qu'est-ce que cela ? Au secours ! s'écria le Lourdais, épouvanté à cet étonnant spectacle.

— Ce n'est rien, dit le curé, ce sont trois compagnons qui ont tenu à me faire la conduite. Maintenant qu'ils m'ont ramené jusque dans ma caverne, ils vont retourner dans leur presbytère.

Au bruit des fenêtres qui s'ouvraient et à l'aspect des lumières de la ville, les loups venaient en effet de prendre la fuite.

Voilà sans doute un modèle achevé de courage apostolique. « Le bon pasteur, dit Jésus-Christ, ne craint pas le loup ; au besoin il donne sa vie pour ses brebis. »

14. — Ernest de Manceville.

J'AVAIS bien fait fermer ma porte, bien défendu au portier de laisser monter personne..., car un des grands plaisirs de ceux qui vivent dans le monde, c'est souvent de s'en isoler et d'élever autour de soi comme une haute muraille, pour ne plus le voir et ne plus l'entendre.

Pour l'homme qui écrit, les deux muses qui l'inspirent le plus, ce sont le silence et le recueillement. Je croyais, il y a peu de temps, avoir arrangé ma journée pour travailler dans une profonde paix, sans allants et venants, sans visites insignifiantes, sans intrus, sans solliciteurs... Ma table bien propre, bien en ordre, avait été roulée près de mon grand fauteuil. Rien ne bruissait près de moi, si ce n'est le bois de hêtre de mon feu qui pétillait en brûlant. Après m'être frotté le front, je croyais avoir trouvé un bon sujet d'article... L'idée m'en était venue de la cloche de Saint-Ouen qui alors sonnait joyeusement un baptême..... Déjà des pensées roses comme l'enfance commençaient à me venir, quand j'entendis une voix qui disait dans la pièce voisine de mon cabinet :

— Il faut absolument que je lui parle.

— Mais, monsieur, je vous le répète, monsieur n'y est pas.

— Est-ce bien sûr ?

— Il est très certain que j'ai ordre de ne pas recevoir.

— Mais, moi ?

— Personne.

— Mais dites à votre maître que je n'ai qu'un mot à lui dire.

— Mon maître n'y étant pas, je ne puis lui parler...

En entendant si bien défendre ma porte, je m'applaudissais d'être obéi avec une telle fidélité, quand j'entendis la voix du visiteur ajouter ces mots :

— Si votre maître est chez lui, il vous en voudra de m'avoir si obstinément empêché de le voir ; ma visite, c'est une affaire de vie ou de mort pour quelqu'un.

— Entrez ! entrez vite, m'écriai-je en courant à ma porte. Que viens-je d'entendre ! « Affaire de vie ou de mort »; avez-vous dit !

— Oui, Ernest...

— Comment ? Ernest de Manceville...

— Lui-même.

— Eh bien ?

— Il a conçu le plus affreux dessein.

— Lequel ?

— Il veut se tuer...

— Caprice d'enfant !

— Sanglants caprices que les enfants réalisent aujourd'hui !

— Vous avez raison. Courons à lui.

Et bien vite, jetant ma robe de chambre, revêtant l'habit du matin, et prenant ma canne et mon chapeau, me voilà en route avec mon ami.

— Comment avez-vous su cette résolution d'Ernest ?

— Par sa tante, qui, sur son lit de mort, a reçu une lettre de lui ce matin ; il lui écrit : « Vous que j'aime comme une mère, vous qui me disiez, il y a peu de jours, que vous alliez mourir... Adieu, je mourrai avant vous, et en me pressant ainsi de partir, j'aurai eu une peine de moins, je n'aurai point eu la douleur de voir votre départ. »

— Mais quel chagrin a pu le décider à pareille résolution ?

— On ne sait : il a écrit à plusieurs de ses jeunes amis. Tous tremblent qu'il n'effectue ce fatal projet, projet dont il leur parlait souvent, même au sein de leurs plaisirs.

Vous sentez bien que nous ne nous arrêtions pas pour parler
ainsi ; bien loin de là, nous hâtions le pas tant que nous pouvions.
Au bout de quelques minutes, nous parvînmes au logement d'Ernest. En vérité, ce ne fut qu'avec tremblement que je mis la main
sur le marteau de sa porte. Autrefois on aurait pu ne pas croire
qu'un jeune homme de dix-huit ans voulût vraiment se donner la
mort. Mais aujourd'hui cette incrédulité n'est plus permise. Je
frappai donc avec force, et bientôt la porte me fut ouverte ; dans
l'escalier nous trouvâmes la pauvre tante d'Ernest que l'on descendait dans un fauteuil ; elle était si pâle, si baignée de larmes
que nous crûmes que l'œuvre sanglante était accomplie... Oh !
le malheureux ! le malheureux enfant ! s'écria la vieille dame
mourante : il a disparu, on ne sait où le trouver...

Alors de jeunes amis nous racontèrent toutes les démarches
infructueuses qu'ils avaient faites depuis ce matin.

— Où peut-il être allé?... se demandait tout le monde..

Tout à coup il me vint une pensée. Un ancien maître d'hôtel
de son père avait une maison, aux environs de la ville, et j'avais
su qu'Ernest aimait cette retraite. Il y allait de temps en temps,
surtout lorsqu'elle n'était pas louée ; sa solitude et sa sauvagerie
lui plaisaient. Je fis part à la tante du malheureux jeune homme
de l'idée qui m'était venue. Elle me dit : — Allez, prenez ma voiture qui est à la porte, je vous attends ici. Oh ! ramenez-le, ramenez-le !

Je ne m'étais pas trompé. Le vieux jardinier qui vint m'ouvrir
lorsque j'arrivai à la petite maisonnette me dit d'abord qu'il n'y
avait personne ; mais voyant ma figure bouleversée par l'inquiétude, il ajouta : « Il n'y a que M. Ernest qui s'est enfermé dans la
petite chambre d'en haut, et qui m'a défendu d'en approcher. »

— Où est cette chambre?

— Tout au haut de l'escalier.

Et, avec toute la vitesse qui me reste, je me mets à courir en
traversant le petit jardin. Arrivé à la porte, elle était fermée. Il

me fallut attendre le jardinier qui était allé chercher la clef.
J'appelais : Ernest! Ernest! c'est votre vieil ami ; c'est votre
vieille et bonne tante... Ouvrez-nous! ouvrez-nous... Personne ne
répondait. Et le jardinier arrivait lentement. Je courus au-devant
de lui, m'emparai de son trousseau de clefs. Je fus encore quelques instants avant de trouver celle qui pouvait ouvrir. Oh! comme
je m'impatientais! Combien me semblaient longues toutes les
minutes que je perdais ainsi!... Notre chétive vie en est là ; vient
un moment où une *seconde* de plus ou de moins peut vous sauver
ou vous perdre...

Enfin, me voici dans l'escalier, et ma voix ne cessait de crier :
Ernest! Ernest!... Ce nom ainsi répété, et arrivant à lui pouvait
détourner sa main armée pour le plus impie des projets.

Presque leste comme à vingt ans, tant mon amitié m'avait ra-
jeuni, j'arrive à la dernière marche de l'escalier... O horreur! ô
désespoir!

Une forte odeur de charbon s'exhale de la chambre dans le
corridor... Je ne doute plus, j'agite la porte... J'appelle encore...
Encore même silence! Une sueur froide tombe de mon front, mes
jambes fléchissent et chancellent... On dirait à me voir que l'ho-
micide vapeur a aussi agi sur moi... Mais non, c'était l'effroi, la
crainte, l'anxiété qui me rendaient tel.

La porte est enfoncée... Le voilà!

Voilà le fils de mon meilleur ami, le fils qui m'a été recommandé, le jeune homme auquel le monde et l'avenir souriaient, et
qui n'a plus voulu ni de l'avenir ni du monde...

Sa main est froide et glacée, ses lèvres sont bleuâtres ; ses yeux
à demi fermés ne laissent voir qu'un blanc terne et mort. Son
cœur bat-il encore?... Oh! de l'air! ma fortune, pour de l'air!...
Personne ne m'entend. Je brise la fenêtre calfeutrée avec soin et
je reviens au corps inanimé... La statue de marbre d'un tombeau
n'est ni plus blanche, ni plus froide que lui. Ma main cherche
son cœur. Une palpitation, une seule!... ma main la trouvera-t-

elle pour crier : Il vit encore ! Je cherche... je cherche... Enfin !
il me semble... Oui, oui, j'ai senti quelque chose remuer, s'agiter sous ma main ! C'est une palpitation de cœur : ... Il vit, il vit encore !

Mais il faut prendre bien garde... Cette lampe est si près de s'éteindre, que le moindre mouvement peut la faire expirer. Aussi, avec quel soin je cherchais à retenir cette vie qui n'avait plus qu'un faible souffle ! comme je cherchais à rappeler cette jeune âme qui s'en allait !... qui s'en allait tomber dans l'abîme des enfers !... A peine si une mère eût pu procéder plus délicatement que moi. Et pendant que je soignais ainsi Ernest, oh ! comme mon cœur priait pour lui !

Dieu m'entendit.

Je ne chercherai point à peindre toutes les peines, toutes les espérances mêlées d'angoisses que j'éprouvai, avant d'obtenir de ce pauvre jeune homme un regard et une parole... Enfin (oh ! je n'oublierai jamais ni ses yeux ni le son de sa voix), enfin il me dit :

— Puisque vous m'avez rendu la vie, il faut que vous me donniez assez de force pour en porter le fardeau.

— Vous l'aurez, cette force.

— Et où la prendrai-je ?

— Où elle est ! où vous ne l'avez pas encore cherchée... Mais aujourd'hui, cher enfant, que votre esprit se repose comme votre corps ! Pour vous faire aimer la vie, en arrivant chez vous, vous allez trouver déjà du bonheur... Votre vieille tante, en vous voyant, va ressaisir l'existence.

— Quand je n'avais plus que des demi-pensées, le souvenir de ses bontés flottait encore dans mes vestiges... Je me disais : « Ma mort avancera la sienne ; et j'en avais des remords. »

— Eh bien ! votre retour à la vie va raffermir sa vie, et vous en aurez de la joie.

Au bout de quelques jours, Ernest était tout à fait bien ; seu-

lement, une grande pâleur lui était restée ; c'était comme lorsqu'on arrive d'un pays lointain, on en rapporte quelque accent et
quelque usage étrangers ; lui, était presque descendu dans la
tombe, et il avait gardé la carnation des morts.

Pour lui faire reprendre sa vigueur, pour lui réchauffer le
cœur, je lui faisais faire du bien. Je le menais à la misère, pour
qu'il la secourût, et je lui conduisais ensuite la reconnaissance,
pour qu'elle le bénît.

C'était bien quelque chose, mais il restait encore sombre et rê-
veur. Le soleil qui fait vivre ne lui revenait pas.

Et quelle était la cause de ce cruel désenchantement, de ce
dégoût de l'existence, de cette lassitude de la vie ? En vérité,
dans un monde comme le nôtre, à une époque où certes *les vrais
malheurs* ne manquent pas, c'était pitié et enfantillage que *ses
malheurs à lui.* Dès son premier pas, il avait fait une chute ; dès
sa première amitié, il avait trouvé un faux ami ; dès sa première
tentative de gloire littéraire, il avait éprouvé un échec ; dans sa
première lutte, il avait été vaincu.

Vous, vieux et nombreux experts d'infortune et d'adversité,
vous auriez ri de malheurs semblables ; et, lui montrant vos profondes blessures, vous lui auriez dit : Jeune homme, tu n'as été
qu'*égratigné* et tu veux mourir ! Ah ! c'est lâcheté, pour si peu,
de vouloir quitter le champ de bataille ; regarde, nous, avec ces
horribles plaies, nous y restons bien !...

Un jour, je proposai à Ernest une promenade ; il accepta. Je
le menai chez un de mes vieux amis ; il demeurait à quelques
lieues de la ville. Notre voiture passa devant un beau château,
mais qui ne semblait occupé qu'à demi ; une partie des fenêtres
étaient bouchées, et l'on avait semé du froment et des pommes
de terre dans les avenues, dans les cours et jusqu'auprès du perron d'honneur... A quelques portées de fusil de cette demeure,
qui avait dû être belle, s'élevait une petite maison de garde. C'est
là que nous descendîmes ; dans le trajet de la ville à cette humble

maisonnette, j'avais raconté l'histoire de l'*homme fort* que nous allions voir.

« Le comte de B*** avait émigré en 1791. Un ancien homme d'affaires, auquel il avait rendu les plus grands services, avait acheté le château que nous voyions. D'abord, le comte n'avait pas douté que cette acquisition n'eût été faite dans l'intention de sauver ses biens de la « nation d'alors » et pour les lui rendre un jour... Il avait trop bien pensé de celui qui avait eu jadis toute sa confiance. La terre, une fois achetée, ne lui fut jamais rendue ; jamais le nouvel acquéreur ne voulut entendre la moindre proposition d'arrangement. De toute cette immense propriété les seules choses que l'homme d'affaires voulut rendre, ce furent quelques vieux cercueils qui se trouvèrent dans le caveau de la famille, lorsque la chapelle fut jetée bas.

« Le comte reçut ces cercueils avec piété et reconnaissance : c'étaient ceux de ses pères et celui de sa mère ; il les fit déposer dans le cimetière commun.

« De toute son ancienne fortune il ne lui restait que la maison du garde, avec quelques champs qui n'avaient point été vendus. Du temps de sa prospérité, Dieu lui avait accordé trois fils et une fille ; deux de ses fils furent tués au champ d'honneur, le troisième en duel... Horrible et torturante pensée pour un père chrétien ! Sa fille qui, de tout son ancien bonheur, lui était restée, comme un ange pour lui faire supporter la vie, vint à se marier : ce mariage apporta un peu d'aisance au comte de B***, que les maladies et les souffrances du corps étaient aussi venues visiter. Le mari de sa fille ne se contenta pas de sa modique fortune, il voulait l'accroître par l'industrie.

« Les gains, les profits devaient être si grands, si certains, qu'il fit engager dans son entreprise le peu de bien qui restait à son beau-père. Toute l'affaire a manqué, la ruine est tombée, comme la foudre, sur celui qui avait rêvé accroissement de fortune, et le malheureux gendre du comte s'est fait sauter la cervelle. Est-ce assez de malheurs pour un seul homme?... De son ancienne fortune, plus rien ! De ses fils plus un seul ! Sa fille lui restait : eh bien ! la voilà qui vient de mourir. Est-ce tout ? pas encore. Le comte vient de recevoir la signification de quitter la maison du garde, qui était devenue la sienne, maison située tout à côté de l'église où il avait été baptisé et marié, église où ses enfants avaient aussi reçu le baptême, où ils avaient fait leur première communion ; église qui protégeait les cercueils de ses pères et la tombe toute fraîche de sa fille... »

Voilà, en somme, toutes les cruelles adversités que j'avais racontées à Ernest, et, en les écoutant, il n'avait plus pensé *à lui*. C'était beaucoup, car ce qui fait le plus mourir, c'est l'égoïsme. Quand on ne vit que pour soi, on se dessèche, on ne pousse pas de racines, et le moindre vent nous abat.

Oh ! quand nous vîmes venir au-devant de nous le vieillard chrétien, que tant de coups de foudre avaient successivement frappé, je regardai mon jeune ami :... il n'était plus aussi pâle, et son regard ranimé disait tout autre chose que l'*ennui*.

Le comte de B*** avait appris par une lettre de moi la tentative de suicide d'Ernest ; il eut l'air de n'en rien savoir. Sans faire parade de tous les malheurs qu'il avait supportés avec un si rare courage, il raconta, avec une admirable simplicité, toutes *les épreuves que Dieu lui avait envoyées*. Et il termina son récit par ces mots qui frappèrent fortement Ernest :

— Si je n'avais vu la main de Dieu dans mes infortunes, c'eût été trop lourd, je n'aurais pu en supporter le poids ; mais ma mère et la religion m'avaient enseigné *que les peines nous viennent de notre Père céleste et ne nous sont envoyées par lui que pour nous éprouver, que pour savoir si nous sommes dignes du Ciel*. Cette pensée m'a fait supporter mes malheurs.

— Mais, demanda Ernest avec une grande émotion, où avez-vous pris la force de subir tant d'épreuves et d'en triompher ?

— Dans la RÉSIGNATION, répondit le vieillard ; la résignation,

c'est une des formes les plus sublimes du courage chrétien ; c'est
la grande science que l'on devrait enseigner à tous les hommes.
C'est la meilleure cuirasse contre les traits du malheur.

— Mais où la prendre ?

— A sa vraie source, au pied de la croix. Regardez Celui qui y
est attaché. Quel homme a autant souffert ? Celui-là aussi a connu
la fausse amitié, la trahison et l'ingratitude ; celui-là aussi a été
abandonné par ceux qui lui avaient dit : *à vous, pour jamais !* Celui-là était roi, était Dieu, et il a été mis plus bas que le dernier
des hommes ; celui-là avait droit à tous les diadèmes, et on lui a
donné une couronne d'épines ; celui-là avait un trône, on l'a attaché à une croix !... Jeune homme, quoi que vous soyez appelé
à souffrir, vous ne souffrirez jamais rien en comparaison !

Tenez, croyez-en ma longue et cruelle expérience, apprenez à
souffrir, c'est le métier d'un homme de cœur. Quand les peines
vous viennent, offrez-les à Dieu. Nos peines, voyez-vous, sont
comme les eaux de la mer : elles perdent de leur amertune en
s'élevant vers le ciel ; et quand elles retombent, elles sont chan-
gées en une rosée qui fertilise.

Ernest était sauvé ; il est devenu un bon et vaillant chrétien.

(D'après Walsh.)

15. — L'incendie de Clerval.

SUPPORTER avec résignation les maux que Dieu nous envoie, c'est là sans doute un exercice obligé du courage chrétien, mais les accepter avec un parfait abandon à sa volonté, lui en rendre des actions de grâces, c'est le sublime de la résignation, et il est difficile de concevoir que le courage puisse aller plus loin. Or, nous trouvons un exemple de cette haute vertu, non plus seulement dans tel ou tel personnage en particulier, mais dans toute une commune, à Clerval, et cet acte, (qui peut-être n'a pas son pareil dans toute l'histoire), s'est accompli, non dans un pays ou un siècle fort éloigné de nous, mais en France et au XVIIe siècle. L'année 1615, le 13 septembre, un violent incendie se déclara à Clerval. En peu de temps, le feu, favorisé par un grand vent, envahit le bourg d'un bout à l'autre, et toutes les maisons devinrent sa proie, toutes, moins l'église, qui ne dut sa conservation qu'à une protection visible du Ciel ; car elle était de toutes parts enveloppée par les flammes. En cette pénible circonstance, privés d'asile et de la plupart de leurs meubles, que firent les habitants ? Ce à quoi certainement on ne songerait guère aujourd'hui : *Ils remercièrent Dieu.* Non contents de ce premier acte de vertu, ou plutôt craignant que le sentiment qui l'avait inspiré ne s'évanouît trop tôt, ils résolurent d'en perpétuer le souvenir et les motifs, et pour cela ils instituèrent une fête annuelle, une fête d'actions de grâces pour un événement qui les avait tous réduits à la misère. On ne peut rien imaginer de plus héroïque.

Voici l'acte de fondation ou plutôt de rénovation de cette solennité, qui, aujourd'hui encore, s'observe religieusement à Clerval. Le fait est trop précieux pour tomber dans l'oubli :

« En l'hôtel de ville de Clerval, les sieurs majeur, premier et second échevins, conseillers de ville et notables, composant le corps de la magistrature de Clerval, représentant tous les bourgeois d'icelui, ayant été convoqués sans exception d'aucun, et tous assemblés en la manière ordinaire : après un grand coup de cloche et avertissement fait à chacun d'eux par les valet et sergent de ville, pour traiter audit hôtel des choses importantes concernant le bien public, le sieur Guillaume Labbey, avocat au parlement, maire en exercice pour la présente année audit Clerval, ayant prié très-instamment révérend sieur et discrète personne messire Alexandre-Ignace Petitot, docteur ès-droit et saints canons, très-digne et très-méritant prêtre, curé à Clerval ; discrètes personnes messire Jean Réal, messire Clément Tanchard, messire Pierre-Joseph Mouchet, messire Claude-Joseph Siroutot, aussi très-dignes et très-méritants prêtres ; ces quatre derniers représentant et composant le corps de la familiarité de l'église paroissiale de Saint-André audit Clerval, et tous bourgeois audit lieu, de se rencontrer aux présents jour et heure audit hôtel de ville, pour assister et donner leur opinion, conjointement avec lesdits sieurs du magistrat et notables, sur les propositions qu'on va établir ci-après, auxquelles révérend sieur curé et familiers de Clerval ici présents en ladite assemblée, de même qu'aux sieurs échevins et conseillers et notables dudit magistrat, représentant, comme on l'a dit, tous les bourgeois dudit Clerval, ledit sieur Labbey, en sa qualité de maire, aurait remontré :

« Qu'en l'année mil six cent quinze, treizième septembre, veille de la fête Exaltation de Sainte-Croix, la ville de Clerval aurait été incendiée par un feu si violent et si extraordinaire qu'aucune maison étant dans son enceinte n'a pu parer à sa fureur, si ce n'est la maison de Dieu, sur laquelle ce feu, par une déférence autant respectueuse que remarquable, n'osa agir ni attoucher, quoiqu'elle ait dû être comprise et enveloppée dans les flammes qui semblaient ne vouloir rien épargner. Tous les bourgeois de Clerval s'étant trouvés, dans peu de temps, sans biens, sans asile, dépouillés de toutes choses, autant saisis d'étonnement que pénétrés d'une frayeur sans égale, à la vue funeste d'un accident si prompt et encore plus imprévu, parmi la confusion de leurs esprits et de leurs pensées, ne laissèrent pas que de raisonner sur les causes d'un tel événement, et reconnurent que les desseins de Dieu étaient grands, dignes de leur admiration ; ayant ouvert les yeux sur eux-mêmes, ils réfléchirent qu'ils étaient hommes ; ils gémirent d'abord sous le poids de leurs misères et de leurs faiblesses ; ils ne cherchèrent aucune autre raison pour se convaincre d'un tel châtiment, toujours acceptable de la main du Seigneur, dont ils adorèrent pour lors les desseins toujours justes, toujours respectables.

« Dans aussi triste, aussi pitoyable conjoncture, loin de se livrer au désespoir, dont se trouvent ordinairement saisis les affligés, ils invoquèrent l'Esprit divin, qui console dans le temps même qu'il châtie, renouvelant en eux les sentiments du christianisme, dont les bourgeois de Clerval ont toujours fait profession de la manière la plus inviolable ; enfin, loin de marquer en ce temps aucun mécontentement, se sentirent, au contraire, animés d'un nouveau zèle ; ils reçurent avec tout le respect et la soumission possibles ce châtiment d'en haut, comme le gage de l'amour d'un bon père envers ses enfants, celui du plus grand des seigneurs envers son peuple fidèle.

« Ces bourgeois ne se contentèrent pas de se soumettre chacun en particulier aux ordres de la Providence ; mais, s'étant assemblés en la manière qu'on fait aujourd'hui, statuant et délibérant communément que, dans toute la suite des temps et par chacune année, à pareil jour, treizième septembre, veille d'Exaltation Sainte-Croix, à heure de neuf du matin, on porterait en triomphe par la ville le Saint des saints, le Dieu vivant, suivi de

tous les bourgeois ; que, pendant une messe solennelle qui serait
célébrée aussi par chacune année au retour de la procession, le
vénérable et le plus auguste sacrement de nos autels, l'Agneau
sans tache, serait exposé aux yeux d'un chacun, pour que, pros-
ternés en sa présence, lui rendant les hommages qui lui sont dus,
pénétrés d'une vive et sincère douleur du temps passé, à la vue
d'un Dieu irrité, on lui rende, en chantant ses louanges, *des actions de grâces d'un tel châtiment,* seul moyen efficace pour arracher de ses mains les verges dont les bourgeois avaient été châ-
tiés, sans exception d'aucun.

« Le sieur Labbey, continuant de parler à l'assemblée, lui aurait encore remontré qu'il n'avait pas trouvé dans les archives
que depuis un vœu aussi saint et aussi solennel la ville de Clerval ait été affligée d'un pareil malheur, depuis ledit incendie universel jusqu'à présent, hors les années dernières, dont on doit
être très-mémoratif : ce qui aurait fait dire au sieur Labbey que
les bourgeois d'aujourd'hui, s'étant relâchés peu à peu, étaient
sans doute tombés dans quelque désordre de leurs pères ; que
les fréquents incendies qui étaient survenus à Clerval, depuis
quinze années, étaient une marque certaine qu'ils s'étaient relâchés de la ferveur d'autrefois ; qu'il était dangereux qu'après
plusieurs avertissements de cette nature, les bourgeois d'aujour-
d'hui ou leur postérité ne subissent la peine qu'ont encourue en
l'année mil six cent quinze leurs ancêtres par un incendie général.

« Rien n'arrive que par la volonté de Dieu : on ne doit pas en
douter un moment. Sur ce principe, il a fait agir en mil sept cent
six un feu qui réduisit en cendres vingt maisons. La même chose
arriva encore deux autres fois. Dieu, toujours justement irrité,
envoya l'année dernière, treizième de septembre, veille d'Exaltation Sainte-Croix, un feu qui consuma par son activité, dans
le centre de la ville de Clerval, et en peu de temps, trois maisons,
qui, suivant sa nature, les vents dont il était agité, la situation

des lieux et la conjoncture du temps, au milieu de la nuit (tous les bourgeois privés de secours), aurait pu comprendre sous sa violence toutes les autres maisons qui environnaient ces trois premières, qui furent entièrement réduites en cendres. Cet incendie particulier serait devenu universel si le souverain Maître qui gouverne toutes choses n'avait encore suspendu pour quelque temps les châtiments qu'il exerce ordinairement sur ceux qu'il aime; il a envoyé aux bourgeois de Clerval, comme on l'a dit ci-devant, différentes afflictions; il lui a plu aussi de choisir par différentes fois pour cela la veille du jour qu'on célèbre la fête de la Sainte-Croix, suivant qu'on l'a remarqué par la tradition et les actes importants de cette ville, pour avertir sans doute un chacun, tant en général qu'en particulier, qu'il faut se préparer et se soumettre à souffrir, en portant sa croix à l'instar du fils de Dieu, qui doit être notre modèle.

« Il a été pareillement remontré à ladite assemblée, par ledit sieur Labbey, qu'on ne pouvait assez louer la sage conduite des anciens du lieu, ni assez admirer leur zèle pour la gloire de Dieu, en ordonnant tous les actes de vertu dont on vient de parler; qu'occupé du même zèle que celui de ses pères, il était non seulement d'avis qu'on renouvelle aujourd'hui un statut si bien établi par les anciens de Clerval, qu'ils ont laissé à leurs successeurs, pour assurance de leur attachement au service de Dieu; mais pour ne pas laisser l'ouvrage imparfait, enchérissant sur les pieuses intentions de ces derniers, le sieur Labbey a représenté à ladite assemblée qu'il était encore d'avis qu'au lieu de rendre seulement le culte à la divine Majesté tel qu'on l'a promis, en défendant à tous les bourgeois les œuvres serviles pendant lesdits offices, messe, procession, qu'on a coutume de faire chaque année et à chaque jour treizième septembre, tous les bourgeois dans toute la suite des temps passent le reste du jour en prières et en bonnes œuvres, au lieu de l'employer, comme on l'a fait jusqu'ici, aux œuvres domestiques, chacun suivant son état.

« Le sieur Labbey ayant soumis son sentiment et toutes ses remontrances à la disposition de toute l'assemblée, après l'avoir priée de favoriser ses intentions, ladite assemblée y satisfaisant et de l'avis, participation et consentement desdits révérends sieurs curé et familiers, lesdits sieurs échevins, conseillers de ville et notables, tous ici présents sans exception d'aucun, ont répondu que, n'ayant rien trouvé que de pieux et de juste dans lesdites remontrances pour marquer à la divine Majesté une plus particulière reconnaissance pour tout ce qui vient de sa part, ils souhaitaient avec empressement tout ce qui avait été promis, agréant, comme ils font dès maintenant et pour toujours, tout le contenu desdites remontrances, avouant et ratifiant tout ce qui a été fait par leurs ancêtres au sujet que dessus, ayant statué et délibéré qu'on continuerait non seulement pour toutes les années à venir, ladite procession, le sacrifice de la messe et autres actes de piété qu'on a eu coutume de faire chaque année, et à chacun jour treizième de septembre ; mais, satisfaisant au zèle dont ils se trouvent présentement remplis pour la gloire de Dieu, veulent, en la qualité qu'ils agissent, tant en leur nom qu'en celui de tous les bourgeois de Clerval, qu'ils représentent, qu'on célèbre et qu'on passe le restant de la journée de chacun jour treizième septembre comme on ferait un jour de fête ordonnée par l'Église, et cela pendant toutes lesdites années à venir sans interruption ; auquel jour on chantera vêpres suivies de la bénédiction du très-saint Sacrement : le tout pour implorer particulièrement ces jours la clémence et la miséricorde de Dieu, afin qu'il daigne recevoir tous les bourgeois de Clerval nés et à naître dans toute la suite des temps sous sa sainte garde et divine protection, en les préservant, s'il est avantageux pour eux, d'autres incendies, soit particuliers, soit généraux, tels que celui dont tant eux que leurs pères ont été affligés, invitant tout les autres leurs co-bourgeois, au nom desquels ils agissent comme au leur, d'adhérer et de donner la main à l'exécution d'un aussi méritoire et aussi pieux statut, n'entendant cependant astreindre les habitants et bourgeois de Clerval à faire la fête audit jour treizième septembre lorsqu'ils seront absents et hors des lieu et territoire dudit Clerval, auquel jour ils pourront travailler, si bon leur semble.

« En conséquence de tout quoi, il a été ordonné au secrétaire de la ville, ci-présent, de rédiger par écrit le présent statut dans le livre des délibérations : ce qu'il a fait instamment, à la vue de toute l'assemblée, pour être remis dans les archives de la ville, parmi les actes les plus fameux et les plus importants d'icelles pour perpétuer mémoire. Après lecture faite dudit statut par ledit secrétaire, un chacun l'a approuvé et confirmé nommément dans tous ses points et toute son étendue, ayant apposé au bas d'icelui leurs seings manuels : le tout fait et passé de la manière avant dite, audit hôtel de ville, ledit jour seizième avril mil sept cent dix-neuf... »

Suit l'indication des honoraires alloués au curé et aux familiers pour droit d'assistance à la messe et à la procession ; puis la pièce conclut ainsi :

« ... Le tout sous l'agrément de Sa Grandeur, Monseigneur l'archevêque de Besançon, qui est très humblement supplié d'autoriser tout ce que dessus.

« Fait en ledit hôtel, les jour, mois et an que dessus. »

Signé au registre : Alex.-Ignace Petitot, curé ; Jean Réal, prêtre-doyen ; P.-Joseph Mouchet, prêtre ; J. Siroutot, prêtre ; Tanchard, prêtre ; Siroutot, Labbey, Cachoz, C. Siroutot, J.-Petitot, Réal, Blondeau, C. Broiard, Dél. Guilloz, J.-Fr. Tanchard, P. Parrette, Thomas Perron, P.-Fr. Turissé, P. Berthoz, S. Roy, Briot, Mouchet.

Par ordonnance : N. Briot, secrétaire.

Magnifique exemple, répéterons-nous, de foi et de résignation chrétienne, donné par la religieuse cité de Clerval ! Peu de

villes pourraient offrir un monument plus digne d'être transmis
à la postérité. Aujourd'hui encore, le vœu de 1615 et de 1719 est
fidèlement observé : chaque année, le 13 septembre voit la population de Clerval accourir au temple pour remercier Dieu de
quatre incendies qui désolèrent jadis, au même jour, les habitations de ses ancêtres. Il y a dans le motif même de cette solennité
quelque chose de touchant, qui doit la rendre chère aux descendants de ces héros chrétiens.

Honneur aux siècles qui ont donné à la terre de si beaux spectacles ! Mais honneur aussi aux habitants de Clerval, qui maintiennent avec une religieuse fidélité une fête si opposée aux idées
de notre âge et si conforme à l'esprit de l'Évangile ! Puissent-ils
rester à jamais dignes de leurs pères !

(A. Devoille.)

16. — Une émule de sainte Apolline[1].

UNE jeune fille du Tyrol, du nom de Marie, fut rencontrée par le directeur du théâtre de Milan, pendant
qu'elle chantait, en gardant son troupeau, un cantique
à la sainte Vierge. Ravi de cette voix mélodieuse, et
comprenant tout le parti que l'art pouvait en tirer, il dit
à la jeune fille :

— Voulez-vous me conduire à votre mère ?

— Et mon troupeau, qui le gardera, Monsieur ?

— Abandonnez votre troupeau, je vous le payerai largement.

[1] Vierge martyre, à qui on brisa toutes les dents et on infligea d'autres cruels
supplices.

— Que voulez-vous donc à ma mère? dit Marie effrayée.

— La tirer de la misère et vous mettre sur le chemin de la fortune en vous faisant première cantatrice au théâtre.

— Vos promesses, dit Marie, ne sauraient me convenir. On ne peut faire son salut au théâtre. On s'y damne en damnant les autres. Je crois que Dieu et la sainte Vierge, ma patronne, me donneront le courage de préférer le salut de mon âme à la fortune.

Le directeur alla néanmoins parler à la mère, et quand Marie arriva, le traité était presque conclu. On donna à Marie la nuit pour réfléchir. La tentation fut grande. Marie ne songeait pas seulement aux parures, au plaisir, à la gloire qui l'attendaient; elle songeait à sa vieille mère dont elle pouvait soulager la misère. Mais elle se mit à prier la Reine du ciel. Une voix intérieure lui répond : « Ne consens pas, tu quitterais Jésus pour Satan. » Le matin arrive, elle fait connaître son refus. La mère gronde, elle se fâche, elle pleure, elle parle de l'emmener de force et finalement lui donne une heure pour s'apprêter.

Marie passa dans une pièce voisine. Ayant entendu dire que la perte des dents incisives change entièrement la voix, elle approche de la fenêtre et brise deux de ces dents contre l'angle de la pierre. Quand elle revient, elle apparaît heureuse plutôt que souffrante. Sa mère croit qu'elle a cédé. Mais le directeur avait déjà trouvé dans sa voix un changement que ses yeux expliquèrent bientôt. Il dut renoncer à son projet, non sans admirer le courage de la bergère, et il engagea la mère à ne plus persécuter une fille si digne d'estime et d'affection.

Quel héroïsme ! quel amour de Dieu ! Si Dieu nous demandait un pareil sacrifice !... Au moins donnons-lui donc le peu qu'il demande et attend de nous.

17. — Un cœur d'or dans un corps de fer.

VILLEMAIN raconte, dans ses *Souvenirs contemporains*, une touchante anecdote, qui donne une bien haute idée de l'esprit de dévouement, de discipline, de patience, d'humanité même dont se montraient animées les valeureuses légions avec lesquelles Napoléon Ier remporta de si nombreuses et si éclatantes victoires. Le fait se passait en Russie, lors de la désastreuse retraite qui suivit l'incendie de Moscou.

« L'Empereur, dit Villemain, qu'on vit si souvent à pied appuyé sur un bâton, à travers la neige, marchant plié sous une bise glaciale, avait cette fois passé la nuit dans sa voiture adossée à quelques débris sous un appentis de bois, où se tenaient alternativement couchés et debout, près d'un feu de bivouac, un petit nombre d'officiers supérieurs et de grenadiers qui se relayaient pour monter les dernières gardes. Des coups perdus de batteries volantes traversaient la plaine et rasaient par moment le quartier-général, dont les foyers furent recouverts de cendre, au milieu de la nuit, pour ôter un point de mire aux ennemis.

« A l'aube tardive du jour, sur un champ de neige semé de débris de chevaux et d'hommes, l'Empereur, baissant la glace de sa voiture, appela lui-même M. de Narbonne et lui dit d'une voix affaiblie : « Quelle nuit, mon cher général ! Elle n'a pas été plus « rude pour nos sentinelles que pour moi, qui l'ai passée à réflé- « chir sans sommeil. Voyez un peu cependant, qu'on les relève. Et « vous, venez à la distribution et prenez ceci pour vous ranimer ; « car le courage seul ne tient pas chaud, par ce froid de vingt-

« huit degrés. » Et en même temps, d'un vase chauffé à l'esprit de vin, qui était placé dans sa voiture, il verse dans une grande tasse un mélange bouillant de chocolat et de café.

« L'aide-de-camp reçut avec respect ce que lui offrait l'Empereur, et, ayant fait quelques pas en arrière de la voiture, il heurta presque un soldat de la garde couché sur un petit exhaussement de neige battue, serrant son fusil dans ses mains convulsives, et portant dans l'énergie de ses traits contractés une expression indicible de souffrance vaincue. Il se pencha vers lui : « Eh bien ! « mon brave, lui dit-il, voilà une mauvaise nuit passée ; mais en- « fin nous avons le jour, levons-nous ! » Le soldat fit un effort de puissante volonté, et parut cependant comme frappé d'engourdissement sur tous ses muscles tendus et immobiles. « Allons, il « faut s'aider un peu, reprit M. de Narbonne lui présentant le « breuvage encore chaud ; prenez ceci, nous en avons d'autre « au quartier-général. » Le soldat hésita avec une sorte de fierté respectueuse, porta la main à son bonnet de poil noir, puis reçut la tasse, et, l'ayant vidée d'un seul trait, il fit un nouvel et rude effort, se souleva, et, appuyé sur son fusil dont la crosse s'enfonça dans la neige durcie, par une secousse violente il se redressa de toute sa hauteur et parut ce qu'il était, un des plus vaillants grenadiers de la garde impériale. « Ah ! mon général, dit-il, comme « la faim et le froid démoralisent les hommes de cœur ! Est-ce « que j'aurais dû accepter cela de vous qui êtes mon ancien et qui « vous l'ôtez de la bouche pour moi ? Je vous en demande par- « don, et j'en suis tout honteux, ma foi, maintenant que j'ai l'es- « tomac chaud. — Allez, mon brave ; ce que j'ai fait là est bien « peu, et nous devons partager en frères le peu qui nous reste ; » Et en même temps M. de Narbonne, songeant que dans ses bagages ni dans sa bourse il n'avait plus rien de soixante mille francs que lui avait fait remettre l'Empereur en quittant Moscou (car il avait tout partagé sur la route à de pauvres officiers, durant ces derniers jours où on approchait d'une terre moins ennemie.

sur laquelle, avec de l'argent du moins, on trouverait le couvert et le pain), dit au soldat qui lui rendait respectueusement la coupe d'or : « Non, non, mon brave ; gardez ceci pour les frais « de route : le dehors vous appartient comme le dedans, et ne « vous sera pas moins utile en touchant la Pologne où nous allons « entrer. » Mais le soldat reculant d'un pas et faisant de nouveau le salut militaire : « Ah ! pour cela, dit-il, Dieu m'en garde, mon « général ; je n'ai jamais rien pris ni rien reçu au monde que ma « solde et ma distribution quand il y en a. » Et il déposa la coupe sur le chevet de neige battue qu'il venait de quitter.

« Le général insistant avec amitié, en s'excusant de n'avoir rien autre chose à offrir à un si vaillant homme, le soldat reprit la coupe, et sous sa main de fer, pressant du pouce en rond un des coins du vase, il en fit éclater un fragment : « Puisque vous l'ordonnez, dit-il, général, je garderai de cette tasse d'or ce petit Napoléon. Ce sera ma médaille à moi, qui me rappellera l'honneur que j'ai eu de monter la garde à pareille fête derrière la voiture de l'Empereur et d'être relevé par vous. » Puis, portant alertement les armes au général en signe d'adieu, comme s'il eût retrouvé toute sa vigueur, il s'avança à grands pas en tête de la voiture qui venait d'être attelée et s'ébranlait, en sillonnant péniblement la neige, à travers les débris du bivouac et les morts de la nuit. »

« Quels hommes ! ajoutait à demi-voix M. de Narbonne, un soir de février 1813, que ce récit lui échappa. Quelles âmes grandes et simples dans des corps endurcis à tout ! Et combien, avec de pareils soldats, on pouvait, sans folie, être tenté de la domination de l'Europe ! » Mais qu'est devenu ce vaillant soldat ? demande peut-être le lecteur attendri et charmé ; le général l'at-il revu ? est-ce qu'il n'a pas survécu à la retraite ? est-ce qu'il n'a pas été décoré de la Légion d'honneur ? A ces questions il nous est difficile de répondre avec précision. Dans l'ahurissement de la guerre, surtout d'une guerre comme celle de 1812, c'était

déjà beaucoup de s'intéresser un moment et de se souvenir une
heure. Tout ce dont se souvenait alors M. de Narbonne, c'est
que ce soldat était d'un village d'Alsace et se nommait Pierre Magin. Le général l'avait reconnu bien hâve, bien harassé, à un
autre bivouac ; puis il le perdit de vue dans une dernière alerte.
Peut-être était-il prisonnier. Il parla de lui une fois à l'Empereur,
et l'Empereur en fut touché. Ne croyons pas du reste que Pierre
Magin fût un être privilégié parmi tant d'autres ; c'était là l'esprit
de la vieille garde, voilà tout. Il faut honorer dans le brave Pierre
toute cette noble race d'hommes : il en est l'image et non l'exception. »

— Quels saints nous deviendrions, si nous avions le courage
de faire pour Jésus-Christ ce que ces guerriers intrépides faisaient si simplement, si naturellement, pour leur illustre chef !
Quelle belle place nous nous préparerions dans le ciel, si nous
savions imiter un tel héroïsme et surtout une si inébranlable
persévérance ! Humilions-nous et tâchons d'être plus généreux
à l'avenir ; il ne s'agit pas de plaire à un conquérant, mais à un
Dieu ; de gagner une médaille, mais la couronne éternelle !

Les trois navires entrent dans le port de la Rochelle. (P. 110).

18. — Les vrais enfants de la France.

ORSQUE Abd-el-Kader faisait des prisonniers ou recevait des déserteurs, il leur proposait d'abord d'embrasser l'islamisme. Les déserteurs ne refusaient guère. Abd-el-Kader d'ailleurs ne leur confiait des armes et n'était sûr d'eux qu'à cette condition. C'était aussi ce qui les rendait si odieux à nos soldats. Un de ces misérables ayant été tué dans une petite affaire à l'approche du bois des Oliviers, les soldats placèrent son cadavre sur le talus d'un ravin, et toute la colonne, en passant, lui jeta des exécrations, « parce qu'il avait renié Jésus-Christ. » Beaucoup de soldats français faits prisonniers sont morts martyrs, ayant volontairement et formellement préféré la mort à l'apostasie. Une fois, un poste qui s'était mal gardé fut surpris aux environs de la Maison-Carrée par les Arabes, qui pressèrent aussitôt ces hommes d'opter entre l'abjuration et la mort.

L'officier, après un moment de silence, consulta des yeux le tambour debout près de lui. « Lieutenant, dit l'héroïque soldat à voix haute, vous ferez ce que vous voudrez ; moi je ne renie pas mon baptême et mon Dieu. — Ni moi, reprit l'officier. — Ni moi ! — Ni moi ! — Ni moi ! s'écrièrent les uns après les autres, à l'exception de deux seulement, ces saints et glorieux enfants de la France. A l'exception des deux lâches, tous eurent la tête coupée. Les renégats furent emmenés à Tagdempt ; l'un d'eux y mourut ; l'autre put s'échapper et revint au camp français, où il rendit compte de ces faits. Nous en avons lu le rapport, signé du colonel Lamoricière, et, si nous avons bonne mémoire, écrit de sa main. Il doit se trouver dans les archives du gouvernement, à Alger.

(Louis VEUILLOT.)

19. — Xavier de Mérode.

DÈS sa jeunesse, le futur ministre de Pie IX montra une énergie de caractère qui ne sut jamais transiger avec le devoir ni se laisser effrayer par le respect humain. Il n'aurait pas manqué pour un empire à la loi de l'abstinence ou à la messe le dimanche lorsque ses voyages de vacances le conduisaient en des pays peu chrétiens. Entré dans la carrière militaire, il prit la grande résolution d'y remplir ses devoirs religieux avec la même fidélité ; et cette résolution, il sut la tenir en dépit de toutes les attaques et de tous les pièges. Sans doute, il y avait parfois dans sa résistance quelque chose d'un peu violent ; on aurait pu désirer que la douceur évangélique tempérât les brusques manifestations de sa loyauté et de sa franchise, mais on ne peut néanmoins s'empêcher d'admirer la force d'âme qui le caractérisait et dont il a laissé de si beaux exemples.

« Les camarades du jeune soldat, rapporte son biographe, étaient curieux de voir comment, avec son nom et ses habitudes pieuses, il supporterait le régime de l'école et les railleries de la licence et de l'irréligion. Il leur fit comprendre qu'il était ferme dans sa foi, capable de tout faire pour la défendre, mais incapable de gêner la liberté de personne, et jaloux de respecter dans autrui ce qu'il demandait pour lui-même. On l'avait éprouvé dès le premier jour. Un élève des plus impies, qui avait son lit à côté du sien, remarqua qu'il avait fait sa prière à genoux avant de se coucher. Cette prière n'avait duré que quelques minutes, mais c'en était assez pour déplaire à ce mauvais voisin. Le lendemain, il saisit le moment où Xavier se met à genoux et dit tout haut : « Moi, je fais ma prière à Vénus, et je me soucie fort peu de toutes vos patenôtres. » Xavier se retourne, et d'un ton sec et ferme : « Faites votre prière à qui il vous plaira, mais ne me marchez pas sur les talons. » Un autre alla plus loin. Pendant une classe de dessin, il tourna les bigots en ridicule et regarda Xavier d'un air railleur. Xavier lui demanda si c'était à lui qu'il adressait ses propos. « Oui, répondit l'autre. — Eh bien ! je vous répondrai en sortant de la leçon. » Une heure après, le défilé commence. Xavier, sortant des rangs, va droit à l'insulteur. « Il est donc vrai que vous avez voulu me provoquer ? — Oui, car je sais que les jésuites ne se battent pas en duel, et qu'ils soignent trop leur peau pour s'exposer à un coup d'épée. — En effet, mes principes, sinon ma peau, ne me permettent pas de me battre en duel et de tuer un homme pour de méchants propos ; mais puisque vous voulez une explication, je vous la donnerai en des termes dont vous vous souviendrez. Vous voyez mes deux mains, elles sont vastes et toujours à votre disposition. C'est par elles que je mettrais au besoin les insulteurs à la raison, mais aujourd'hui je vous les tends en bon camarade. » C'est ainsi que Xavier défendait sa religion à l'école militaire de Bruxelles. On était encore loin de soupçonner en lui l'âme patiente d'un prêtre. Mais saint Pierre, avant de souffrir pour Jésus-Christ, n'a-t-il pas signalé son zèle en coupant l'oreille à Malchus ? »

Quoique son caractère bouillant et impétueux l'exposât plus que personne aux duels, Xavier promit à Dieu d'éviter à tout prix une faute si grave et il tint religieusement parole. Mais il sut montrer sur le champ de bataille jusqu'où allait sa bravoure et étonner ses chefs eux-mêmes par son audace, son indomptable ardeur et son mépris de la vie.

20. — La source du vrai courage.

C'ÉTAIT la veille du jour mémorable où fut prise la tour Malakoff. Toutes les troupes désignées pour cette périlleuse attaque avaient quitté pendant la nuit leurs divers cantonnements et elles s'avançaient en ordre de bataille, pleines de cette noble ardeur, de cet entrain proverbial, qui forment le fond du caractère des soldats français, sans jamais se démentir, même dans les circonstances les plus pénibles.

Vers minuit, l'aumônier d'une division venait de rentrer sous sa tente après une journée des plus fatigantes, ayant, par un soleil brûlant, visité plus de dix-huit ambulances, et porté aux malades et aux mourants les secours de l'art en même temps que ceux de la religion ; car le digne homme avait fait toutes ses études chirurgicales, et était autant le médecin du corps que celui de l'âme.

Qu'ils sont admirables et dignes de nos respects, ces ouvriers militaires de la foi, qui, missionnaires guerriers, vont, au péril de leurs jours, conquérir des âmes à Dieu, au plus fort de la mêlée ! Infatigables, dévoués, modèles d'abnégation, les aumôniers de régiment partagent les privations, les dangers de nos troupes. Tour à tour le père ou l'ami du soldat, pour attirer sa confiance et le ramener au bien, ils savent, au besoin, parler avec bonhomie le langage des camps, et ont à la fois sur les lèvres des pardons et des sourires. Ces prêtres joignent le courage du lion à la douceur évangélique. Héros eux-mêmes, ils assistent les héros à l'heure suprême, les pansent, les bénissent sous le feu de l'ennemi, indifférents à la gloire, aux honneurs de ce monde, et n'aspirant qu'à la palme du martyre.

Tel était l'homme patient, énergique, dont nous parlons; toute l'armée a pu apprécier son mérite éminent et a connu son dévouement sans bornes. Nous le nommerons l'abbé Forbin, pour ne pas blesser sa modestie, si par hasard il venait à nous lire.

L'aumônier donc se jeta tout habillé sur son lit de camp, et appelant le soldat qui était attaché à son service :

— Picot, lui dit-il, tu viendras me réveiller à deux heures du matin ; tu m'amèneras mon cheval tout sellé. En faisant diligence, quoique je sois toujours mauvais cavalier, je pourrai rejoindre à temps l'armée avant le combat. Si pourtant, d'ici-là, quelqu'un avait besoin de mon ministère, ne crains pas d'interrompre mon sommeil, le prochain avant tout. Je tombe de lassitude, et un peu de repos en attendant la journée qui se prépare.... Il n'avait pas eu le temps d'achever la phrase commencée que déjà ses paupières appesanties se fermaient tandis que les dernières paroles expiraient sur ses lèvres.

Mais voilà que, peu de moments après, au milieu de ce premier sommeil si profond, Picot vint secouer fortement le pauvre aumônier en lui disant qu'un militaire demandait à se confesser sur-le-champ.

— Eh bien ! mon ami, dit le saint homme avec douceur, amène-le-moi tout de suite ; il ne faut jamais repousser le pénitent.

L'abbé Forbin se souleva sur le coude et vit, en effet, entrer dans la tente un soldat jeune et imberbe, un conscrit, sans doute, nouvellement arrivé de France. On jugeait cela à sa tenue négligée, à son air un peu gauche, et enfin à certains indices auxquels ne se trompent jamais les gens du métier.

Mon fils, dit le prêtre, permettez que je me lève et me prépare à vous entendre. Je cherchais à reprendre mes forces pour être sur la brèche dès demain.

Avec les apparences d'une vive piété, mais d'une voix saccadée, comme s'il était sous le coup d'une forte émotion, le jeune homme fit l'aveu de ses fautes.

— C'est bien, mon enfant, dit l'aumônier, quand celui-ci eut fini ; maintenant, faites un acte de contrition.

Mais au moment où le prêtre allait bénir le pénitent, il jeta les yeux sur l'habit du soldat, et, au comble de la surprise, en apercevant sur les boutons le numéro d'un régiment qui devait, au premier rang, faire partie de l'attaque, il s'écria :

— Comment se fait-il que vous soyez ici, mon ami, puisque votre bataillon a quitté ce plateau depuis trois heures au moins ?

— Monsieur l'abbé, répondit le militaire troublé, c'est que j'étais malade, et je n'ai pu suivre la marche.

Il tremblait la fièvre et on entendait par instants ses dents claquer dans sa bouche.

— Vous êtes malade ? Mais alors le chirurgien-major a dû vous délivrer un permis et vous faire porter à l'ambulance ? Pourquoi êtes-vous resté en arrière ? Expliquez-vous.

— Mon Père, reprit le conscrit en pleurant, je vais tout vous avouer. C'est la première fois que je dois aller au feu, et... j'ai peur !

— Peur !... un soldat français ! Je n'ai jamais entendu rien de pareil ; je me demande si c'est possible, si je rêve.

— C'est vrai pourtant, monsieur l'aumônier, et j'ai de bonnes raisons pour cela. Je sais que la première balle des Russes doit être pour moi, et ce n'est pas gai d'aller chercher une mort certaine quand on est jeune et qu'on tient à la vie.

— Par quel moyen êtes-vous venu jusqu'ici ? demanda l'abbé d'un ton plus doux.

— Au moment où le régiment se mettait en marche, je suis un peu resté en arrière. On n'y prit pas garde, car j'étais malade depuis le matin. Je me glissai ensuite contre un monceau de pierres, une masure en ruines que l'on aperçoit d'ici. Quand je jugeai que toutes les troupes avaient défilé, je sortis de ma cachette. Mais me trouvant seul dans la campagne, j'ai pensé à venir me confesser à vous et me recommander à Dieu.

— Comment, puisque vous avez de la foi, avez-vous pu obéir à un sentiment si bas? Quand votre pays vous envoie au loin défendre son honneur et son drapeau, vous osez vous dérober par la fuite à ce glorieux devoir? dites-moi, poltron, que deviendrait la France si tous ses enfants faisaient comme vous?

— Oh! monsieur le curé, je sais que j'ai tort; mais c'est plus fort que moi, j'ai peur.

— De quel département êtes-vous?

— Des Pyrénées-Orientales.

— Une population chaude et généreuse, pourtant. Vous mentez à votre origine. Que diraient vos compatriotes, s'ils apprenaient votre défection humiliante?

— Vous avez raison ; ils me renieraient.

— Quels sont vos parents?

— Mon père est un honnête cultivateur du pays et ma mère une sainte femme, qui prie bien sûr Dieu pour moi à cette heure-ci.

— Tous ces motifs devraient vous dicter une autre conduite.

— D'accord, monsieur l'aumônier. Mais je ne vous ai pas dit que lorsqu'il y a trois mois à peine, je venais dans mon village de tirer à la conscription, j'avais amené un mauvais numéro : c'est pourquoi je suis ici. Je sortais de la mairie avec de joyeux compagnons, et pour faire comme eux, j'avais mis des rubans roses à mon chapeau, quoique j'eusse le cœur bien triste. Voilà que nous rencontrons sur notre chemin la vieille Nouna, la Gitane, qui, dit-on, a le mauvais œil. Il me semble encore la voir, cette sorcière de malheur, courbée sous son bâton et ses cheveux gris au vent. Elle jeta sur moi son regard creux et terne en marmottant entre ses dents : « Le rose deviendra rouge, et la première prune de l'ennemi sera pour toi, Justin ; je ne te reverrai plus. » Vous voyez que tout cela est clair comme le jour :

cela signifie du sang, et si je me bats demain, je suis perdu !

— Et le devoir, mon fils, pour quoi le comptez-vous ? répliqua l'homme de Dieu. Fais ce que dois, advienne que pourra, dit la devise. Rappelez-vous, d'ailleurs, qu'un seul cheveu ne peut tomber de notre tête sans la permission du Ciel. Ce que disent les sorcières, ce sont des contes de bonne femme. Pas plus de raisonnements ; vous allez prendre votre sac et votre fusil et vous mettre en route sur-le-champ. Vous êtes jeune, robuste, dégourdi ; vous avez trois heures de retard seulement ; en jouant des jambes, vous pourrez rattraper vos camarades et arriver encore au bon moment.

— Tout cela est possible, monsieur l'abbé, je ne demanderais pas mieux à cette heure que de ne pas m'être caché derrière le tas de pierres, afin de me trouver dans les rangs. Mais si je retourne maintenant après avoir manqué à l'appel, sans motif, la veille d'une bataille, en arrivant je serai fusillé comme déserteur. Voilà mon sort, je le connais. Je suis sûr de mon fait : d'un côté la peine de mort ; de l'autre, la première balle des Russes, comme me l'a prédit la vieille.

— Allons, encore ! cela n'a pas le sens commun. C'est égal, je veux bien faire quelque chose pour vous, à condition que vous allez décamper au plus vite. Je vais écrire un mot à votre colonel que je connais particulièrement. Je lui dirai que vous êtes venu me trouver pour affaire de conscience, et vous ne serez pas inquiété pour votre absence. Mais il faudra que vous vous battiez comme un brave. Me le promettez-vous ?

— Merci, monsieur l'aumônier, répondit Justin tout ému, merci de me sauver la vie cette fois, quoique ce soit pour la perdre bientôt ; (c'était sa marotte ; rien ne pouvait lui ôter de l'esprit ce funeste pressentiment.)

L'abbé Forbin s'intéressait malgré lui à ce jeune conscrit. Il écrivit à la hâte quelques lignes au colonel Vert-bois et les remit au soldat en lui donnant sa bénédiction.

Quand celui-ci eut quitté la tente, le pauvre aumônier voulut reprendre son sommeil interrompu. Mais l'heure était passée. Le prêtre commençait à être agité de pensées confuses et tumultueuses. La nuit s'avançait, les premières lueurs de l'aube allaient donner le signal d'une bataille décisive. Et quels moments plus graves et plus solennels ! Il pensait, l'homme de paix, à tous les combats auxquels il avait déjà assisté depuis le commencement de la guerre : l'Alma, Inkermann, dates glorieuses et terribles. Il voyait passer dans sa mémoire ces illustres victimes, couchées sous la terre étrangère. Il nommait tout bas les nombreux héros dont il avait reçu les soupirs, accueilli les dernières volontés pour les porter, interprète fidèle, à leurs familles éplorées. Il acheva son court repos en récitant un *De Profundis* à l'intention de ces nobles âmes.

A deux heures, heure militaire, le cheval tout prêt attendait son maître à la porte de la tente. Le bon abbé avait fait toutes ses dispositions. Il prit son crucifix, sa trousse, et muni de tous les secours spirituels et temporels, il se mit en route seul, sous la protection de Dieu. Il savait qu'il n'avait qu'à suivre le droit chemin jusqu'à Sébastopol.

Il faisait une de ces nuits splendides, comme il y en a dans ces climats privilégiés. La lune répandait sur la campagne une clarté qui égalait presque celle du jour. Le prêtre eût pu lire son bréviaire à cette lampe d'argent. Mais il aima mieux prier et penser tour à tour. Il déplorait tout bas les dures nécessités de la guerre ; il songeait à tous ces bouillants courages occupés en ce moment de gloire et d'espérance, à ces magnanimes cœurs qui, à la fin du jour, auraient cessé de battre. Il frissonnait en se représentant le champ de bataille, hideux spectacle qui avait plus d'une fois attristé ses yeux et déchiré son âme. Ces cadavres défigurés, ces victimes mutilées, ces cris d'angoisse et de douleur : il s'identifiait à tout cela et aurait volontiers offert sa vie pour sauver tant de malheureux qui allaient être moissonnés avant l'âge. Il adres-

sait au Dieu de paix et d'amour une oraison mentale pour qu'il
fît cesser l'aveuglement des rois et des peuples, afin qu'on ne con-
nût un jour sur la terre que la loi divine de l'union et de la charité. Levant les yeux vers la voûte céleste, et voyant briller l'étoile
du matin *(Stella matutina)*, il recommandait à Notre-Dame des
Victoires, dans un fervent « Souvenez-vous », toute l'armée française.

A peine achevait-il la sublime prière de saint Bernard, quand
tout à coup il aperçut devant lui, assis sur une pierre, au bord
du chemin, un homme la tête appuyée dans ses mains. Étonné de
rencontrer quelqu'un dans cette solitude, il poussa son cheval et
fut bien plus surpris de se retrouver en face du soldat qu'il avait
confessé peu de temps auparavant et qu'il croyait déjà presque
arrivé au but.

— Que fais-tu encore là, malheureux ? dit l'aumônier d'un ton
sévère.

— Dame, monsieur, je me suis assis, car mes jambes se refusaient à aller plus loin. Je me faisais l'effet du mouton qui irait
de lui-même à la boucherie ; et je suis bien décidé à ne plus bou-
ger de là.

Le bon prêtre descendit précipitamment de cheval, et, s'approchant du jeune conscrit, il lui dit avec douceur :

— Si tes camarades te voyaient et t'entendaient, tu serais
déshonoré ! Allons, enfant, prends mon bras, je t'accompagnerai,
s'il le faut, jusqu'au champ de bataille, et tu verras qu'il est plus
cruel de se sentir la honte au front que de voir l'ennemi en face.

Le conscrit se laissa entraîner machinalement.

Ils cheminèrent d'abord en silence. Bientôt les premières lueurs
du jour vinrent éclairer le ciel : des bandes d'or et de pourpre
se formaient à l'horizon ; les étoiles pâlissaient : on eût dit que
la nuit repliait son voile semé de milliers d'astres, pour faire
place au jour.

— Quel spectacle sublime ! s'écria l'abbé. Regarde donc, mon garçon, dit-il au pauvre soldat, qui tenait la tête basse et son mouchoir sur sa figure inondée de larmes. Tu n'admires donc pas les œuvres de Dieu? Vois, mon fils, comme nous sommes peu de chose devant Célui qui a créé et qui régit cette immensité.

Et l'aumônier s'animait en parlant ainsi.

— C'est encore plus beau dans mon pays, murmura le soldat, quand au matin, notre brillant soleil se lève au-dessus de nos montagnes du Roussillon. Mais je ne reverrai plus mon pays!...

L'abbé n'entendit pas cette expression de regret du pauvre soldat, au souvenir de son pays natal, et il continua :

— Inclinons-nous devant cette main puissante qui tient la défaite et la victoire, et demandons-lui le don de force et de courage; car sans elle nous ne pouvons rien, infortunés que nous sommes. Voici l'aurore dans toute sa splendeur. Ami, tu n'admires donc pas le tableau qui se déroule devant toi ?

— Qu'est-ce que cela me fait, puisque c'est le dernier jour que le soleil luira pour moi ?

— Eh bien ! j'admets que tu aies raison. Il faut d'autant plus élever ta pensée là-haut, où nous serons remontés peut-être tous les deux ce soir. Et y a-t-il une mort plus enviable, plus glorieuse que celle de l'homme qui succombe en faisant son devoir?

L'homélie funèbre du bon abbé n'était pas faite pour électriser le pauvre conscrit. Justin tournait la tête tantôt à droite, tantôt à gauche, comme s'il cherchait une issue favorable pour s'échapper ; la peur reprenait le dessus. On entendait déjà un bruit sourd et des rumeurs confuses; on voyait s'élever une vapeur blanchâtre, ce qui annonçait le feu des cantines et l'approche des bivouacs. Au moment où le soldat, de nouveau sous le coup de sa panique, allait jeter son sac et son fusil pour être plus leste à la fuite, ils virent déboucher au détour d'un chemin quatre hommes et un caporal qui revenaient d'une corvée.

— Mes amis, cria l'abbé, qui avait deviné la coupable intention de son quasi-prisonnier, voici un jeune homme qui ne peut retrouver son régiment, accompagnez-le jusqu'aux lignes, et que Dieu vous protège tous.

Le militaire vit bien qu'il n'y avait plus à broncher. Il avait un air piteux en disant, d'un ton qu'il essaya de rendre dégagé :

— Adieu, monsieur l'aumônier. Ne m'oubliez pas dans vos prières.

Et son regard consterné semblait ajouter : « Je vais à la mort. » Tout à coup, l'abbé Forbin se frappa le front :

— Approche, mon enfant, cria-t-il, j'ai encore une recommandation à te faire.

Et il l'emmena un peu à l'écart.

— Est-ce que tu n'as pas sur toi une médaille de la Vierge ?

— Non, monsieur.

— Où avais-je donc l'esprit, de n'y avoir pas pensé plus tôt ? Je ne suis plus étonné maintenant de ta faiblesse et de tes irrésolutions. Tiens, mon enfant, ajouta-t-il en tirant d'un grand sac une médaille en argent suspendue à un cordonnet de soie noire, voilà ton préservatif, voilà ce qui te manquait pour avoir du cœur. C'est l'image bénite de Notre-Dame des Victoires. Marie n'abandonne jamais ses enfants fidèles. J'ai distribué plus de vingt mille de ces médailles depuis le commencement de la campagne, et elles ont porté bonheur à ceux qui se sont ainsi placés sous sa protection. Mets-la sur ta poitrine. Elle conjurera les balles ennemies et fera mentir les sottes prédictions de toutes les sorcières du monde. Mais il ne suffit pas de pendre cet objet à son cou, il faut avoir confiance en Dieu et invoquer sa sainte Mère au moment du danger.

Justin prit la médaille, remercia le digne abbé, et, déjà un peu rassuré en apparence, il suivit ses frères d'armes.

L'aumônier s'éloigna, de son côté, pour aller préparer et combiner, avant le combat, toutes les ressources de sa charité.

Quelques heures après, la lutte commençait. On se rappelle les péripéties de cette journée glorieuse et meurtrière où, tour à tour repoussés et vainqueurs, nous n'achetâmes la victoire qu'au prix des plus grands efforts et des plus douloureux sacrifices.

Le soir de cette mémorable bataille, le brave aumônier, après avoir payé de sa personne avec un courage et une abnégation qui ne peuvent être suggérés que par une force divine, venait de se retirer dans sa tente, lorsqu'on lui annonça le jeune soldat que nous connaissons.

— Pardon, monsieur l'abbé, de vous déranger à cette heure, dit Justin en entrant, mais je voulais demander de vos nouvelles, et je crois que vous ne serez pas fâché de savoir que je suis encore de ce monde. Je viens vous remercier de vos exhortations et surtout de votre médaille miraculeuse. Grâce à elle, je me suis battu comme les autres : je n'ai pas attrapé une égratignure. J'ai été nommé caporal sur la brèche. Ce n'est pas trop mal pour un début. Mais ce n'est pas à moi qu'il faut s'en prendre... Je ne savais pas ce que je faisais. Au premier coup de canon je me suis cru mort. Mais lorsque d'après vos conseils, j'ai invoqué la Reine des cieux, je n'étais plus le même homme. Entraîné par un élan irrésistible, je me suis porté en avant, en me disant à moi-même : « Justin, il faut faire ton devoir et mériter l'estime de tes chefs et le pardon de Monsieur l'aumônier. »

En écoutant le jeune conscrit, l'abbé Forbin remarqua l'immense changement qui s'était opéré en lui. L'éclair du courage brillait dans ses yeux ; ses narines dilatées semblaient encore aspirer l'odeur de la poudre : il était métamorphosé.

C'est qu'il avait reçu le baptême du feu, tel que le néophyte des premiers siècles de l'Église, lorsque après avoir abjuré l'erreur païenne il s'avançait rayonnant et transfiguré dans le cirque où l'attendait le glorieux martyre.

Le bon abbé Forbin ne pouvait en croire ni ses yeux, ni ses oreilles. Il félicita le nouveau caporal, lui serra cordialement la main, en proposant de demander au colonel si, par habitude, le

Méridional ne s'était pas vanté outre mesure. Le soir, sous la tente, l'aumônier parla de son protégé.

Comment donc ! dit le colonel Vert-bois, il s'est battu comme un lion ! Le premier à l'assaut ! rien ne pouvait le retenir... Son capitaine a été si content qu'il me l'a demandé pour caporal, et moi, j'ajouterai la médaille militaire. Ce garçon ira loin s'il se conduit toujours comme aujourd'hui.

Le pronostic s'est réalisé. Le conscrit de Sébastopol est maintenant un brave officier déjà arrivé, quoique jeune encore, à un grade assez élevé. La croix des braves brille sur sa poitrine ; mais sous le ruban rouge, on pourrait trouver la précieuse relique dont il ne s'est jamais séparé depuis. Il rencontre souvent le bon abbé, témoin et confident de son triste début, et il ne manque pas de lui dire :

— Monsieur l'aumônier, racontez mon histoire autant qu'il vous plaira, dites comme quoi vous m'avez sauvé de la honte et du déshonneur. Mais par égard pour mon pays et ma famille, ne prononcez jamais mon nom. Répétez bien haut seulement, d'après mon exemple, qu'il ne faut pas écouter les sots pressentiments et les préjugés vulgaires, et qu'en toute occasion, celui-là est sûr du succès et du triomphe qui place sa confiance en Notre-Dame des Victoires.

21. — Un seul mal est à craindre.

N témoin oculaire a rapporté cet épisode de la guerre de 1870.

Depuis quelques jours, Soissons était en proie au bombardement. Les bombes pleuvaient sur la ville et surtout sur l'hôpital, malgré les protestations des habitants et du commandant de la place, malgré le drapeau de la convention de Genève qui flottait sur le dôme de cet établissement.

Une bombe tombe sur la sainte maison ; un violent incendie se déclare ; un détachement du 15ᵉ de ligne, sous le commandement de deux officiers, est envoyé non seulement pour combattre l'incendie, mais pour arracher à une mort horrible des vieillards, des femmes et des enfants éperdus, qui s'étaient réfugiés dans les caves de l'hospice.

Une jeune religieuse, d'une vingtaine d'années au plus, surveille seule ce transport. Tout à coup une bombe tombe avec un bruit épouvantable au milieu de la salle : les pompiers et les soldats, jeunes recrues encore inexpérimentées, se sauvent effrayés. La religieuse reste impassible, ne s'occupant que de ses chers malades.

Tandis que les deux officiers, muets d'admiration, contemplaient cette sainte fille, l'un d'eux aperçoit dans un coin de la salle quelques soldats qui s'étaient réfugiés derrière les lits, cherchant un abri contre les éclats du terrible projectile ; il ne peut s'empêcher de lancer un juron des plus énergiques.

A ces mots la religieuse s'élance vers l'officier, et joignant les mains, elle s'écrie :

— Oh ! monsieur, je vous en supplie, ne jurez pas ici !

Que faut-il admirer le plus chez cette héroïque religieuse, de son courage ou de sa foi ? Femme sublime, elle oublie la mort à laquelle elle est exposée, pour conjurer l'explosion de paroles qui offensent la pureté de ses oreilles ! « Je ne crains qu'une seule chose, disait autrefois saint Jean Chrysostome, le péché. »

22. — Le devoir avant tout.

UNE pauvre fille, domestique dans une honorable famille, conduisait à la promenade un jeune enfant, objet de la tendre sollicitude de ses parents, dont il était l'orgueil et la joie. Tout à coup, par suite d'une distraction rapide et involontaire, l'enfant échappe à sa surveillante et va étourdiment s'engager sur la voie publique, où les roues d'une voiture lancée à grande vitesse menacent de l'atteindre sans qu'il ait le temps de les éviter. Haletante, éperdue, la bonne servante a bientôt compris l'imminence du danger et l'impossibilité d'une retraite qui sauverait l'enfant confié à ses soins. Elle ne balance pas ; puisqu'il faut qu'un malheur arrive, c'est elle qui le subira tout entier, dût-elle mourir sur place ou rester infirme jusqu'à la fin de ses jours, et avec la rapidité de l'éclair, la voilà qui se précipite tête baissée sous les roues de la voiture, couvrant ainsi de son corps le pauvre petit être qui lui souriait sans se douter du péril qu'il avait couru et du dévouement sublime qu'il venait d'inspirer. Tout cela fut conçu et exécuté, comme on le pense bien, avec une promptitude extrême ; les roues effleuraient déjà l'enfant quand l'intrépide servante, se jetant en travers de la chaussée, parvint à le garantir. Aussi le conducteur, n'ayant eu le temps de voir ni l'une ni l'autre des deux victimes qu'il allait broyer sous son char, continua sa course à fond de train, et l'héroïque fille resta gisante sur le pavé, les deux jambes brisées, mais radieuse et fière, et montrant dans ses bras, sain et sauf, l'enfant pour lequel elle avait si résolument sacrifié sa vie.

A la vue de cette douloureuse scène, la foule accourt, s'amasse, s'attendrit et éclate en cris d'admiration ; on apporte une civière, on y place la glorieuse blessée, qui ne pousse aucune plainte malgré les souffrances qu'elle endure, et on la conduit au domicile de ses maîtres. Ces derniers, émus et ravis en présence d'un dévouement si pur, la félicitent, l'entourent des soins les plus touchants, et couvrant de baisers l'enfant qui leur est rendu, s'empressent d'adopter comme membre de leur famille celle qui vient d'être pour lui autant que la plus tendre des mères et la plus excellente des sœurs.

Ce n'est point tout. Cette anecdote a son épilogue.

La famille du petit Moïse, sauvé non des eaux, mais de ces flots roulants de véhicules qui encombrent nos grandes cités, se fait un devoir d'écrire à la mère de la servante si dévouée qui venait de leur rendre plus que la vie en leur conservant un enfant bien-aimé. Cette bonne femme de la campagne est un de ces types d'avant les révolutions de l'esprit moderne, femme de tête et de cœur, cachant sous sa simplicité rustique une intelligence d'autant plus remarquable qu'elle ne lui sert qu'à comprendre le bien et à le pratiquer sans détours. Cette vaillante chrétienne du village, où la foi ne connaît ni les biais de la conscience, ni les ménagements de la parole, apprend donc par une lettre que sa fille, celle que son cœur ne cesse d'entourer de loin de la plus vive

tendresse, vient d'être victime d'un affreux accident, dont les
conséquences funestes la laisseront infirme pour le reste de ses
jours ; mais on lui raconte, avec une reconnaissance facile à comprendre, la cause de ce triste événement. Que répond cette mère
aussi admirable que la mère des Machabées ?... « Ma fille a fait
son devoir ; si elle avait fait autrement, je la renierais pour mon
enfant. »

Heureuse la France, s'écrie Claudius Hébrard, en rapportant
ce trait, si elle possède encore beaucoup de chrétiens et de chrétiennes de cette force, assez experts dans la science du devoir
pour ne ressentir jamais ni joie ni peine ici-bas en dehors des
vues de la Providence, et pour mettre en pratique cette belle ma-
xime de Mme de Sévigné : « Quel mal peut-il arriver à une personne qui sait que Dieu fait tout et qui aime tout ce que Dieu fait?»

Heureux les jeunes gens, ajouterons-nous, qui ont une si juste
et si parfaite notion du devoir, et qui surtout comprennent que
le *devoir du chrétien* doit s'accomplir, lui aussi, en dépit de tous
les sacrifices et de tous les obstacles ! Hé quoi ! voilà une personne du peuple qui s'expose volontairement à la mort pour une
simple créature, et nous, nous hésiterions à nous imposer la
moindre peine pour le Créateur ? Si tel devoir nous oblige à renoncer à une partie de plaisir, à surmonter un peu de respect
humain, nous sacrifierions le devoir plutôt que ce vil plaisir ou
ce misérable amour-propre ? Ah ! lorsqu'il s'agit de nos devoirs
envers Dieu, gardons-nous de méconnaître ce que la foi et la raison nous prescrivent d'un commun accord ; soyons logiques,
soyons conséquents avec nous-mêmes, et montrons autant de
courage, d'empressement et de généreuse ardeur à accomplir
ces derniers devoirs, les plus impérieux et les plus sacrés de tous,
qu'on en met dans le monde à s'acquitter des devoirs profession-
nels ou même des simples convenances de société.

23. — Bon soldat et bon chrétien.

E jour de la Pentecôte de l'année 1852, un soldat du 37e de ligne, caserné aux baraques du Luxembourg, se présentait, dès la pointe du jour, à la porte du quartier, pour demander à sortir.

— Où allez-vous ? lui demande le sergent de planton.

— A la messe, répond sans hésiter le militaire.

— A la messe ! Est-ce qu'un soldat va à la messe ?

— Et pourquoi, sergent, un soldat n'irait-il pas à la messe tout comme un autre ? Est-ce qu'il n'a pas des devoirs religieux à remplir tout aussi bien qu'un bourgeois ?

— Bien dit, continua le sergent, mais si vous n'allez les remplir qu'avec ma permission, vous attendrez longtemps ici avant que je vous laisse sortir.

— Alors je vais employer un autre moyen pour y parvenir.

— Tout comme il vous plaira ; quant à moi, je ne vous laisse pas sortir de la caserne.

Le pieux militaire dont il est ici question était depuis peu de temps l'homme de confiance d'un capitaine du même régiment ; sa première pensée fut d'aller lui demander la permission qui lui était nécessaire. Mais comment s'y prendre ? Il était encore de très grand matin ; le capitaine dormait sans doute encore. Le réveiller, ne serait-ce pas le mettre de mauvaise humeur, et le disposer à refuser la demande qu'il voulait lui faire ? Cependant aucun autre moyen ne s'offre à sa pensée, et il se détermine à le tenter. En ouvrant la porte du capitaine, le cœur lui battait fort, au pauvre soldat, car il désirait vivement obtenir sa permission.

Le voilà qui marche tout doucement, sur la pointe des pieds, comme un voleur qui craint d'être entendu. Il avance cependant..., il avance ; il est enfin près du lit, et il entend les ronflements du capitaine. L'éveillera-t-il ? ne l'éveillera-t-il pas ? Comment va-t-il être reçu ? Toutes questions délicates, qu'il ne sait comment résoudre. Enfin, le temps presse, il ne veut pas manquer sa sortie, il ne veut pas au moins avoir à se reprocher de n'avoir pas tout tenté pour l'obtenir ; il prend son parti. — Capitaine, dit-il d'une voix basse, capitaine !

En s'entendant ainsi appeler, celui-ci lève la tête et se frotte les yeux :

— Tiens, dit-il, c'est vous ! Par quel hasard si matin ? vous n'avez pas coutume d'entrer à cette heure.

— C'est vrai, capitaine ; aussi je vous demande pardon de vous déranger de si bonne heure ; mais le sergent de planton n'a pas voulu me laisser sortir sans permission, et comme j'ai absolument besoin de m'absenter quelques instants, j'ai pris la liberté de venir vous demander cette permission.

— Mais quelle affaire pressante vous appelle dehors, si matin ?

— Je ne veux rien avoir de caché pour vous, capitaine, et je vais vous le dire. C'est aujourd'hui le saint jour de la Pentecôte, et je ne voudrais pas laisser passer une si grande fête, sans entendre la messe.

— Ce dessein est louable, mon ami : mais il y a des messes jusqu'à midi, et je ne vois pas la nécessité de sortir à cette heure pour en entendre une.

Le bon militaire, qui espérait que sa première raison suffirait pour lui obtenir sa permission, resta un moment comme confus, et semblable à un homme qui hésite à faire un aveu dont il sent cependant la nécessité. Ne voyant pas d'autre moyen d'obtenir sa demande, il s'enhardit enfin.

— Eh bien ! capitaine, dit-il, puisqu'il le faut, je vous dirai tout, et j'espère que vous ne vous moquerez pas de moi. C'est que je ne compte pas seulement entendre la sainte messe ; j'espère avoir aussi le bonheur d'y communier, et je voudrais être rentré pour l'heure du déjeuner ; car vous savez qu'autrement il faudrait m'en passer.

Aussi surpris qu'édifié de cette confidence, le capitaine se leva sur son séant, et s'adressant au brave soldat, il lui dit :

— Eh bien ! mon bon ami, loin de me moquer de vous, je vous félicite de votre sainte conduite ; mais, dites-moi, êtes-vous dans l'habitude de fréquenter les sacrements ?

— Oui, mon capitaine, j'ai ce bonheur.

Charmé de cette déclaration de son soldat, mais craignant d'être dupe de quelque hypocrisie, le capitaine lui dit :

— Je veux croire à vos paroles, qui me paraissent sincères, mon ami ; et cependant je ne serais pas fâché d'en avoir une preuve certaine. Je vais vous donner la permission que vous me demandez ; mais à la condition que vous me rapporterez un billet de confession. Allez donc, allez à la messe ; je me recommande à vos prières, pensez à moi dans votre communion.

Le pieux militaire partit, le cœur rempli de joie, et après avoir eu le bonheur de communier à la messe qu'il entendit, il alla trouver son confesseur auquel il raconta ce qui venait de lui arriver, et qui le forçait à lui demander un billet de confession. Le saint prêtre le félicita de sa conduite, et lui accorda sans peine l'objet de sa demande.

Aussitôt après sa rentrée au quartier, il alla trouver le capitaine, auquel il remit le billet demandé. Cet excellent officier, qui lui-même aimait et pratiquait sa religion, lui témoigna vivement tout le plaisir qu'il éprouvait, en le trouvant dans d'aussi louables dispositions. Après lui avoir donné comme gage d'amitié un joli livre de prières, et une médaille bénite de la Sainte Vierge, il le fit asseoir auprès de lui, et le questionna sur sa famille, sur son enfance et sur l'éducation qu'il avait reçue.

— Si j'ai pu conserver mes principes, lui répondit celui-ci, et

si j'ai pu avoir la force de fuir tous les vices qui entraînent tant
de malheureux dans la misère et souvent dans le crime, c'est que
j'ai eu le double bonheur d'avoir des parents chrétiens, qui ne
m'ont donné que de bons exemples, et d'être élevé chez les Frères
de la doctrine chrétienne, qui ne m'ont appris que de bonnes
choses, et donné que de sages conseils.

— Comment se fait-il, lui dit alors l'officier, que, pieux comme
vous l'êtes, vous paraissiez ignorer que vous avez dans votre régiment beaucoup de camarades qui partagent vos sentiments, et
sont, comme vous, de fervents chrétiens?

— Vous me ravissez de joie en m'apprenant cette nouvelle,
mon capitaine ; mais il y a peu de temps que je suis dans ce régiment, et je l'ignorais tout à fait.

— Eh bien! mon ami, je m'applaudis d'avoir à vous l'apprendre.
Je pourrais vous citer beaucoup d'exemples de piété, qu'ils
donnent sans fausse honte ; mais nous n'avons pas le temps, et je
me bornerai à un seul. La petite ville d'Argenteuil, près de Paris,
possède une relique très précieuse, qu'elle conserve depuis fort
longtemps ; c'est la sainte tunique de Notre-Seigneur Jésus-Christ.
Tous les ans, on la promène processionnellement en triomphe
dans la paroisse. Cette année, tous ceux de nos bons militaires
qui l'ont pu, s'y sont rendus, et ont demandé la permission de
porter eux-mêmes la châsse qui renferme cet inestimable dépôt.
Cette permission leur ayant été accordée, ils attirèrent tous les
regards de la population par leur attitude religieuse pendant
toute la cérémonie. Mais l'édification fut à son comble, lorsqu'au
moment de la communion, pendant la messe qui suivit la procession, on les vit tous se dépouiller de leurs armes, et se rendre à
la sainte table avec un recueillement qui eût fait honneur aux
moines les plus pieux.

— Je ne connais pas encore ces braves militaires, dit notre
jeune homme ; mais, d'avance, je les aime, et très certainement
je leur demanderai la permission d'être des leurs.

— Je vous y engage, mon ami ; plus vous serez nombreux, mieux vous prouverez aux incrédules qu'on peut être, tout à la fois, et bon soldat et bon chrétien.

(D'Exauvillez.)

24. — Le père qui meurt pour sauver son fils.

A l'époque de la Terreur, des milliers d'innocents étaient renfermés dans les cachots, condamnés à mort sans distinction ni d'âge, ni de sexe, ni de condition ; il ne leur restait plus qu'à répondre au dernier appel du geôlier et à monter sur la fatale charrette ; encore à peine quelquefois les juges avaient-ils le loisir et la volonté de s'assurer de l'identité de ceux que la hache attendait : entassés pêle-mêle, ils mouraient aussi pêle-mêle.

A cette époque un jeune homme, nommé Loizerolles, comparut devant le tribunal révolutionnaire ; il fut condamné. Son père l'avait suivi dans la prison ; il n'avait pas voulu se séparer de son fils. Vieillard à cheveux blancs, il voulait soutenir le jeune homme dans sa dernière épreuve. Le jour où la sentence devait être accomplie, fatigué de ses émotions, abattu, accablé, le jeune homme s'était endormi dans son cachot. Son père veillait près de lui. Tout à coup le verrou crie, le guichet s'ouvre : le geôlier, accompagné de soldats, se présente une liste à la main, et appelle à tour de rôle les malheureux dont la dernière heure a sonné.

Il appelle : « Loizerolles ! » personne ne répond. Une seconde fois : « Loizerolles ! » même silence.... le père seul a entendu cet appel de la mort. C'est son fils qu'on réclame, son fils dont un heureux sommeil a engourdi les sens. Une pensée soudaine brille à l'esprit du vieillard : on appelle le fils, c'est le père qui répondra.

Cette inspiration de dévouement, il l'accomplit en silence. Il se présente, et se met à la file des condamnés qui vont partir pour l'échafaud.

Mais, avant de quitter la prison, il revient encore vers son fils, et, se penchant vers lui : « Dors, mon fils, dit-il, dors du sommeil heureux qui te caché la vue de ton père qui va mourir pour toi ; oh ! ne te réveille pas trop tôt, attends que le sacrifice soit accompli ! » Il ne l'embrassa point; de peur de le réveiller ; et, s'adressant à voix basse à un de ses compagnons de captivité qui le considérait les yeux pleins de larmes, il lui dit : « Oh ! je vous en conjure, quand il s'éveillera, quand il saura la vérité fatale, calmez-le; empêchez que son désespoir imprudent ne rende mon sacrifice inutile ; instruisez-le de la dernière volonté d'un père qui a droit d'être obéi. Je lui ordonne de se résigner, et lui défends de compromettre cette vie que je lui rends au prix de la mienne. »

Le père alors sort de la prison avec la foule des condamnés ; il monte sur l'échafaud, et là, présentant sa tête à la hache, il murmure ces derniers mots : « O mon Dieu ! veillez sur mon fils ! »

L'heureux fils fut sauvé : on se borna au tribunal à effacer sur l'acte d'accusation le mot de fils pour y substituer celui de père. L'exécution de l'héroïque vieillard eut lieu le 27 juillet 1794.

25. — Aufredi.

L fut un temps où la ville de la Rochelle, active, riche, puissante, couvrait la mer de ses vaisseaux.

A cette heureuse époque de son histoire, un de ses négociants les plus distingués était en même temps un de ses citoyens les plus éclairés et les plus vertueux. Il se nommait Aufredi.

Par l'union si rare d'une probité austère et d'une bonté indulgente, d'une rigide économie et d'une bienfaisance inépuisable, Aufredi avait gagné tous les cœurs, en même temps qu'il augmentait considérablement sa fortune.. Il n'avait point d'enfants : des parents plus ou moins éloignés lui en tenaient lieu. Il avait pour eux la générosité d'un père : il les aidait dans toutes leurs entreprises ; s'ils se trouvaient dans une position heureuse, c'était surtout grâce à ses bons conseils et aux secours d'argent qu'il ne leur avait jamais refusés : aussi faisaient-ils tous éclater pour lui la plus vive reconnaissance ; ils exagéraient même les services qu'il leur avait rendus ; ils cherchaient à lui faire croire qu'ils lui devaient tout, parce qu'ils savaient qu'une belle âme s'attache toujours à proportion du bien qu'elle a fait.

« Oh ! disaient-ils, si le Ciel nous présentait une occasion de vous prouver notre reconnaissance ! » Cette occasion s'offrit.

Le malheur fondit sur Aufredi, terrible et prompt comme la foudre. La guerre éclata. De douze navires qu'il avait sur des mers lointaines, sept furent pris par des croiseurs anglais, deux périrent en cherchant à leur échapper, trois se perdirent, du moins on n'en eut pas de nouvelles ; on sut seulement que le port où ils s'étaient réfugiés, dans les grandes Indes, avait été incendié par les Anglais.

Ces nouvelles arrivèrent coup sur coup dans l'espace de quelques jours. Aufredi était ruiné : il avait passé, avec une effrayante rapidité, de l'opulence à la misère. Que devenir ?

Il était seul dans sa vaste maison, déjà vendue, et qu'il fallait quitter : seul, il attendait, avec une fiévreuse impatience, la visite de ses parents ; ses parents ne vinrent pas. Que dis-je ? il n'avait plus de parents, tous le reniaient depuis qu'il était malheureux. « Il est vrai, disaient-ils, que nous avons eu quelques relations avec cet imprudent, qui a si mal dirigé ses affaires : nous avions la bonté de l'accueillir, mais nous ne sommes point ses parents. Dieu merci. » L'un d'entre eux, qui portait le même nom que son bienfaiteur, avait trouvé cette ingénieuse explication pour décliner la parenté : « Jusqu'où va l'orgueil des gens ! cet Aufredi n'a-t-il pas eu l'audace de retrancher une *f* de son nom, pour faire croire qu'il appartient à notre famille ? Son véritable nom est *Auffredi* par deux *f*. »

Aufredi avait supporté les coups de la fortune avec la fermeté d'un sage ; l'ingratitude de ses parents brisa son cœur : il tomba dangereusement malade. On le transporta dans une misérable chambre d'une pauvre maison, où la longue durée de sa maladie épuisa les faibles ressources qui lui restaient. Aucun de ses parents ne vint le voir, ni ne s'informa de sa santé ; mais les pauvres ouvriers qui habitaient dans son voisinage lui prodiguèrent des soins aussi assidus que désintéressés. Grâce à eux, il revint à la vie, faible, mais un peu consolé. Les bons traitements qu'il avait reçus de ces hommes simples lui avaient réchauffé le cœur. Son courage se ranima ; il se promit de supporter chrétiennement l'adversité.

« Désormais, dit-il, les pauvres seront mes amis ; c'est avec eux que je veux vivre ; comme eux je travaillerai de mes mains. Dans ce monde brillant qui m'a abandonné, il n'y a plus de place pour moi : eh bien ! Aufredi ne s'abaissera pas jusqu'à implorer leur pitié, je vivrai d'un pain noir que j'aurai gagné. »

Il alla se placer sur le port, avec une médaille de cuivre à sa boutonnière, et là il faisait les commissions des capitaines de navires étrangers; la connaissance qu'il avait de leurs diverses langues lui rendit ce métier assez lucratif. Les autres commissionnaires lui témoignaient toujours le plus profond respect ; ils ne souffraient pas qu'il se chargeât d'un fardeau trop lourd, et le lui enlevaient souvent, malgré lui, pour le porter à son profit : lui, de son côté, en leur servant d'interprète, rendait leur besogne plus facile ; c'était entre eux et lui un continuel échange de bons offices.

En le voyant passer sur le port ou dans les rues, chargé de quelque ballot, ses parents détournaient les yeux et haussaient les épaules, en murmurant ces mots : « Quelle honte ! » Mais les hommes de sens et de cœur l'admiraient : « Quel noble courage ! » disaient-ils ; et les jeunes gens en passant auprès de lui, le saluaient plus profondément qu'au temps de sa prospérité.

Pendant quatre ans Aufredi mena cette existence, si pénible et si admirable à la fois.

Un jour d'été, la mer était calme, et chacun de ses flots réfléchissait les feux du soleil couchant ; une brise, chargée des fortes senteurs de la mer, soufflait doucement, et toute la population élégante de la Rochelle, se promenant sur le port, goûtait les charmes d'une belle soirée. On signale trois navires ; aussitôt toutes les lorgnettes se dirigent vers l'entrée de la rade. A quelle nation appartiennent les trois bricks qu'on aperçoit à peine ? Grand sujet de vives causeries. « Ce sont des Norvégiens, dit l'un, chargés sans doute de sapin et de goudron. — Je reconnais l'allure des Hollandais, dit un autre : attendons-nous à voir débarquer les épiceries des Moluques, le thé du Japon. » D'autres émettaient différents avis, lorsqu'un vieux marin, qui depuis quelques instants observait les navires dans un profond silence, s'écrie d'une voix émue : « Non, messieurs, non, vous êtes tous dans l'erreur : ces enfants de l'Océan, que vous voyez là, ont été baptisés à la Rochelle. Je ne puis m'y tromper, ce sont des navires de notre port.

— De notre port ! s'écrie-t-on de toutes parts ; mais aucune de nos maisons n'attend de navires ; qu'est-il donc arrivé? » L'attention redouble, l'anxiété s'y joint ; tous les yeux sont fixés sur les trois bricks qui s'approchent rapidement : « Aufredi !... s'écrie le vieux marin, ce sont les trois navires d'Aufredi qu'on a crus perdus il y a quatre ans ! »

Les trois navires entrent dans le port ; et, aux acclamations d'une foule immense, les trois capitaines arrivent à terre. Leur premier mouvement est de baiser, dans un transport d'enthousiasme, le sol sacré de la patrie. Ils se relèvent : à peine peuvent-ils répondre aux questions dont on les accable : « Oui, nous avons échappé aux Anglais ; oui, nous avons fait deux fois le tour du monde, souvent poursuivis, échappant toujours, vendant, achetant, revendant avec succès ; et, Dieu aidant, nous apportons à notre excellent patron un assez bon denier, trois millions. Vive Aufredi ! vive la Rochelle ! »

Cette nouvelle se propage dans la ville avec la rapidité de l'éclair. Escortés de la foule, les trois officiers cherchent Aufredi ; ils trouvent leur patron avec un ballot sur ses épaules et une médaille de cuivre à sa veste.

« Quoi ! c'est en cet état !... Quoi ! les Rochellois?... Quoi ! vos parents !... » Ils n'en peuvent dire davantage ; l'indignation et les larmes étouffent leur voix.

« Amis, fidèles amis, disait Aufredi d'un air serein, d'une voix calme, c'est donc ainsi qu'à travers tant de dangers vous avez sauvé et décuplé ma fortune ! Oh ! cette fortune devrait être tout entière à vous : acceptez-en du moins le tiers, que vous partagerez avec vos marins. »

Tout le monde, dans la Rochelle, applaudit à cette libéralité.

Aufredi, redevenu riche, ne pouvait manquer ni d'amis ni d'approbateurs.

« Un million ! un million ! disaient les honnêtes gens qui se trouvaient tout à coup redevenus ses parents ; mais c'est exorbitant ! Comment notre oncle (car c'est notre oncle) peut-il causer un si grand préjudice à sa famille ! — Et surtout, ajoutait l'homme aux deux *f,* à celui de ses neveux qui seul porte son nom, qui seul peut perpétuer ce nom honorable ! »

Ils osèrent retourner auprès de lui et lui faire leur cour, non pas dans l'intimité, c'eût été trop impudent, mais dans les salons de son ancienne demeure, immédiatement rachetée et qu'il s'était vu contraint d'ouvrir à la foule qui venait le complimenter. Ils avaient craint que le premier moment de l'entrevue ne fût terrible, ils s'étaient trompés : Aufredi les reçut avec une politesse glacée, qu'ils prirent pour un reste de mécontentement, facile à vaincre. L'assemblée était nombreuse et brillante.

Après avoir reçu leurs compliments empressés, Aufredi s'adressa à ceux qui l'entouraient :

« Dans ce moment solennel, dit-il, je veux, devant l'élite de mes concitoyens, déclarer mes immuables résolutions. »

A ces mots tous les cousins sentirent leurs cœurs battre d'impatience et en même temps d'effroi : leur arrêt allait sortir de la bouche de leur parent.

« J'ai recouvré, par la faveur du Ciel, une belle fortune. Accablé par l'âge, épuisé par la fatigue, je n'en jouirai pas longtemps ; je veux tout donner à mon excellente famille, à ceux que j'aime à appeler, selon leur âge, mes enfants et mes frères. »

Les cousins deviennent radieux.

« Oui, ma famille, reprit Aufredi d'une voix émue, mon excellente famille ; sachez que j'appelle de ce nom les pauvres ouvriers de la Rochelle : ce sont là mes parents ; ils ont été des frères, des enfants pour moi : à eux les affections de mon cœur, à eux toute la fortune que Dieu m'a rendue. »

Quel désespoir pour les cousins ! la sueur découlait de leurs fronts livides. Les regards de tous les assistants étaient fixés sur eux avec une expression ironique. Il fallut avaler jusqu'à la lie cet amer calice, et écouter le reste de ce cruel discours :

« Je divise ma fortune en trois parties égales. Le premier tiers sera distribué, dès à présent, entre tous ceux qui m'ont donné des soins pendant ma maladie, qui m'ont aidé sur le port dans mon métier pénible, qui ont ranimé, par des marques d'intérêt, mon âme découragée.

« Les deux autres tiers, je les garde... (Les cousins, à ces mots, respirèrent ; un faible espoir brilla dans leurs yeux) je les garde pour construire et pour doter un hospice réservé exclusivement aux pauvres ouvriers de la Rochelle et aux familles des commerçants qui tomberaient dans le malheur : le travail, hélas ! et la probité ne suffisent pas toujours pour préserver de la misère ! »

La construction et la direction de cet établissement charitable occupèrent les derniers jours du vertueux négociant. L'hôpital d'Aufredi s'élève encore aujourd'hui dans la Rochelle, toujours riche de la dotation que son fondateur lui a léguée, et accueillant exclusivement les infortunes auxquelles ce digne négociant l'a consacré.

Il y a beaucoup d'analogie entre la situation du chrétien et celle du courageux Aufredi. Plus heureux que lui, nous avons été tirés de l'état d'abaissement, auquel nous avait réduits le péché, par le divin Rédempteur, qui nous a rendu nos droits à l'héritage céleste. Nous ne pourrons néanmoins en jouir sans commencer par lutter ici-bas avec énergie et persévérance. « Personne, dit l'Apôtre, ne sera couronné, s'il n'a légitimement combattu. »

26. — Un vrai brave.

VERS la fin du dix-huitième siècle, étudiait dans l'Université de Padoue un jeune homme non moins illustre par sa noblesse que distingué par ses talents et ses aimables vertus.

Parmi celles-ci, la modestie et l'humilité brillaient d'un si vif éclat qu'elles excitaient la jalousie de ses condisciples fanfarons, jeunes gens très mondains, qui ne cessaient de l'outrager, lui disant avec une ironie pleine d'amertume : « Mon ami, ta place ne serait-elle pas dans un cloître? Tu es plus fait pour vivre parmi les chartreux qu'avec des chevaliers! »

Un jour, ces insultes habituelles des étudiants contre notre jeune homme furent poussées à un tel degré d'insolence qu'un d'entre eux, indigné de le voir supporter avec douceur ces cruelles moqueries, le traita d'homme vil, de lâche, et lui reprocha avec une extrême violence de ne pas provoquer en duel ceux qui lui prodiguaient de pareils outrages.

— Pourquoi leur demander raison de ces insultes par un duel? répondit notre modeste jeune homme.

— Pour leur arracher la langue, dit l'interlocuteur.

— Dieu me le défend, répliqua le jeune homme.

— Alors, si on vous attaquait, vous ne vous battriez pas, et vous vous laisseriez mettre en pièces comme un poulet?

— Oh! dans ce cas, repartit le jeune homme, ces braves verraient que la pointe de mon épée est aussi acérée que la leur.

— Bah! vous serez toujours un homme sans honneur, qui n'a pas de sang dans les veines.

Là s'arrêta le dialogue. Le groupe tapageur se dispersa.

Quelques jours s'écoulèrent, et voilà qu'une nuit, tandis que notre pieux étudiant regagnait son logis, il se voit tout à coup assailli par deux gaillards qui lui crient, l'épée à la main :

— Halte-là, ou tu es mort !

Le jeune gentilhomme fait alors un pas en arrière, tire son épée du fourreau, s'avance hardiment contre ses adversaires, attaque tantôt l'un, tantôt l'autre, les déconcerte, les désarme et les contraint de prendre honteusement la fuite.

Le jeune étudiant, qui n'était pas fanfaron, garda la chose pour lui, et ne parla à personne de cette aventure, mais il ne put la tenir tellement cachée qu'elle ne transpirât et n'arrivât aux oreilles des étudiants de l'Université. Ceux-ci dès lors furent pour lui pleins de respect, et se gardèrent bien de lui adresser la moindre parole inconvenante.

Notre jeune homme ne cessa pas pour cela d'être toujours humble. Dieu avait des desseins sur lui ; il le gardait pour écrire son nom dans les annales de l'Église, qui, aujourd'hui, le vénère dans ses temples et l'appelle : *Saint François de Sales.*

27. — La vieillesse d'Anquetil.

La neige tombait à gros flocons dans les rues de Paris. Les passants étaient rares ; seulement, de distance en distance, on apercevait quelques hommes marchant en secouant la couronne de frimas déposée sur leurs chapeaux et la couche blanche étendue sur leurs habits.

M. de V***, surpris par le mauvais temps, se hâtait d'aller retrouver l'abri de son toit, quand son attention fut attirée par

un vieillard dont la mise délabrée, les pas chancelants, semblaient accuser la souffrance de l'âge et de la misère. Cependant
l'expression d'une noble indépendance rayonnait sur ce front vénérable, à demi caché par des cheveux aussi blancs que la neige
dont ils étaient semés. Sa main nue et ridée s'appuyait sur une
canne, soutien de ses jambes affaiblies. Le froid avait rougi et engourdi cette main ; il paraissait ne pas le sentir, et son visage annonçait une forte préoccupation.

Vivement ému à l'aspect de l'infortune qui semblait appesan-
tie sur la tête du vieillard, et présumant qu'une certaine honte
l'empêchait d'implorer les secours des passants, M. de V*** s'approcha de lui, une pièce d'argent à la main ; mais, au moment
de présenter son aumône, un souvenir confus s'offre à sa mémoire : les traits de cet homme se lient pour lui à quelque acte
du passé ; il cherche, il hésite et dit :

— Ne me trompé-je point ? seriez-vous Anquetil-Duperron ?

— C'est mon nom, répond le vieillard.

C'était en effet l'illustre voyageur du dernier siècle dont l'existence tout entière fut consacrée au savoir ; celui qui, pour réaliser
ses grandes espérances, s'était assujetti aux plus austères privations ; qui, pauvre, dénué d'appui, avait parcouru les contrées de
l'Asie, traversé des plaines brûlantes habitées par des tigres, où
des guides perfides tentèrent de l'égarer ; qui, à force de patience et de courage, et au risque de sa vie, était parvenu à pénétrer dans les retraites mystérieuses des disciples de Zoroastre,
et en avait rapporté chez nous les documents les plus précieux
pour la science.

M. de V*** se trouvait près de sa maison ; il invita le noble vieillard à venir s'y reposer. Anquetil le suivit.

Un brasier ardent qui brillait dans la cheminée fit épanouir le
cœur et le visage de M. de V*** ; malgré les sollicitations de ce
dernier, Anquetil s'était assis à l'écart auprès de la fenêtre.

— Ne soyez pas surpris, dit-il, de voir que je n'éprouve ni les

besoins ni les plaisirs des autres hommes. Le froid, la faim me
sont connus; je les supporte sans de vives douleurs. Privé de
fortune comme je l'ai toujours été, dévoré de l'amour du savoir,
j'ai dû me faire une existence qui n'est pas la vie commune. Cela
s'est opéré sans un plan arrêté de ma part, mais par la seule
force des choses. Il me faut peu pour la vie du corps; quant à
mon esprit, sa pâture est abondante. »

M. de V*** se sentait pénétré d'admiration pour cette force
stoïque puisée dans l'amour de la science et le noble mépris des
richesses.

Après avoir exprimé à Anquetil la satisfaction qu'il ressentait
de l'avoir retrouvé, il lui témoigna le désir de renouer avec lui
des relations dont il s'honorait. Le savant répondit à ce désir par
une manifestation de sympathie.

Quelques jours après, M. de V*** était chez Anquetil. Il le trouva dans une grande chambre dont l'ameublement se composait
d'un vieux bureau devant lequel travaillait le vieillard, assis sur
un fauteuil de maroquin tellement usé qu'on en eût en vain cher-
ché la primitive couleur. Dans la partie opposée de la chambre
était une petite table en sapin servant aux repas d'Anquetil. A
droite et à gauche de la table se voyait une chaise de paille. Enfin, huit rayons couverts de livres non reliés et une petite pendule
complétaient le mobilier du savant. Son lit se trouvait dans un
cabinet attenant à la grande pièce.

Le froid dont on se sentait saisi en entrant dans ce réduit déla-
bré ajoutait à la tristesse qu'il inspirait.

En homme du monde, M. de V*** ne laissa rien paraître de ce
qu'il éprouvait, et Anquetil le reçut sans embarras, avec une simplicité digne et confiante.

La conversation s'engagea sur les voyages d'Anquetil. Celui-ci
parla avec intérêt des pays qu'il avait parcourus, des observations
consignées dans ses notes.

Un coup frappé à la porte interrompit l'entretien.

Anquetil alla ouvrir et prit des mains de sa portière la tasse de lait et le petit pain qu'elle lui montait chaque matin.

— C'est mon déjeuner, qu'on m'apporte, dit-il en posant sur la table la tasse et le pain.

— On pourvoit de la même sorte à votre dîner? demanda M. de V***.

— Oui, cette femme m'achète habituellement un autre petit pain et deux sous de fromage. Et voici ma cave, ajouta-t-il en souriant et désignant une cruche et un verre placés sous la table.

Malgré la douce sérénité du savant, M. de V*** avait le cœur serré en écoutant ces détails d'une vie austère.

— Ne comptez-vous pas un peu trop sur votre bonne santé, en la soumettant à ce régime sévère ?

— J'y compte, il est vrai, comme auxiliaire de mes travaux, mais non pour déterminer le chiffre de ce que j'accorde à ma nourriture. Ce chiffre est réglé par une raison majeure : la nécessité.

Après avoir prononcé ces paroles avec une parfaite indifférence, Anquetil reprit le premier sujet de leur entretien.

En quittant le savant, M. de V*** ne songea plus qu'à chercher les moyens d'améliorer une situation qui lui semblait insupportable, et qui l'eût été, en effet, pour tout homme non possédé d'une de ces passions dominantes qui ne laissent de sensibilité pour soi-même que ce qu'il en faut pour jouir des satisfactions procurées par cette passion.

Il était d'ailleurs difficile de faire accepter un bienfait, tout déguisé qu'il fût, à cette fière indépendance qui souffrait peu et ne rougissait point de la pauvreté.

Cependant une heureuse idée s'offrit à l'esprit de M. de V***. Il attendit impatiemment quinze jours avant de la mettre à exécution, craignant d'attirer le soupçon sur un empressement trop marqué.

Dans sa seconde visite à Anquetil, après s'être entretenu de choses étrangères au sujet qui l'amenait, il dit au vieillard :

— Il me faut avouer que ma visite d'aujourd'hui est un peu intéressée.

— Comment cela ? dit Anquetil.

— La première fois que je vins vous voir, je remarquai votre pendule. Sa forme ancienne, sa matière, toute simple qu'elle est, en font un objet de prix pour les amateurs de ce genre d'objets.

— Vraiment ! répliqua Anquetil avec cette naïve crédulité commune à l'ignorance candide et aux cœurs nobles et droits.

— Certainement, reprend M. de V***, je viens, au nom d'un de mes amis qui possède une de ces curieuses collections, vous offrir cent écus de cette pendule.

— Elle ne m'a coûté que vingt francs chez un marchand de vieux meubles, où vous en trouveriez peut-être du même genre.

— Cela est incertain, et puis ce ne serait pas celle-ci, qui est vraiment admirable.

— Eh bien ! si vous y tenez, prenez-la et donnez-moi en échange une montre d'argent. J'y verrai également l'heure.

Cet arrangement ne faisait pas le compte de M. de V***, qui voulait faire une générosité à Anquetil. Il objecta que son ami ne consentirait pas à priver le propriétaire d'un meuble si remarquable sans lui faire accepter un dédommagement.

— Alors n'en parlons plus, dit Anquetil.

M. de V*** connaissait le ministre de l'intérieur ; il lui fit connaître la position du savant orientaliste, son héroïque désintéressement.

Déjà des hommes qui professaient une grande admiration pour Anquetil avaient sollicité une récompense des travaux de l'illustre voyageur.

Le ministre répondit à la requête de M. de V*** en lui apprenant qu'une lettre venait d'être adressée au traducteur du *Zend-Avesta* pour l'instruire de sa nomination à l'Institut.... Une pension de douze cents francs est attachée au titre de membre de l'Institut.

Quand M. de V*** alla féliciter Anquetil d'un acte de justice qui s'était trop fait attendre, le vieillard lui dit :

« Que voulez-vous que je fasse de douze cents francs par an ajoutés à ce que j'ai ? Trouvez-moi du moins dans le quartier une pauvre famille que je puisse faire profiter de mon superflu. »

Lorsque nous voyons un vieillard puiser dans le seul amour de la science assez de courage et de caractère pour s'imposer de telles privations, et rester si parfaitement détaché du désir des richesses, du luxe et même du confortable le plus élémentaire, ne devons-nous pas rougir de nous faire tant prier pour pratiquer quelques légères mortifications? L'amour de Jésus-Christ, l'intérêt de notre âme ne devraient-ils pas être plus puissants que ces motifs tout humains pour nous déterminer à embrasser hardiment la pratique de la pénitence, du renoncement, de l'humilité, qui sont le fondement du véritable Christianisme ?

28. — Le crucifix des Tuileries.

AUX sanglantes journées de février 1848, un étudiant de Paris donna un mémorable exemple d'intrépidité chrétienne. C'était au moment où l'émeute se porta avec une sorte de fureur au palais des Tuileries. Sous les ordres de quelques meneurs exaltés, la foule envahissante traverse les grands salons, les appartements somptueux. Les glaces sautent en mille éclats, les meubles sont brisés, leurs débris volent par les fenêtres et vont grossir un amas condamné au feu. Le trône de la salle des maréchaux est porté en dérisoire triomphe jusqu'au milieu de la cour, et mille couteaux le déchiquètent comme un damier.

Dans la chambre de la reine, un magnifique Christ en ivoire va être profané. Il est encore debout sur le prie-Dieu d'ébène. Un ouvrier saisit l'image du Crucifié, quand un élève de l'École polytechnique s'élance et d'un geste impératif impose le silence et le respect aux destructeurs. « La place de ce Christ est à Notre-Dame ! s'écrie-t-il, c'est là que nous allons le porter. »

Les émeutiers regardent avec étonnement, avec admiration le jeune homme, qui s'empare de la sainte image ; on se range autour de lui, on l'escorte l'arme au bras, jusqu'à la basilique, et ce trait de courage, raconté par tous les journaux, fait le tour du monde.

Ce mâle chrétien se nommait Casimir de Sausey. Natif de Roanne, il entra plus tard dans le corps des ingénieurs des ponts et chaussées, mérita la croix de la Légion d'honneur par ses travaux distingués et il est mort pieusement à Digne en 1882. Notre-Seigneur ne l'a pas renié devant son Père éternel.

29. — Plutôt martyr qu'apostat !

CHACUN sait avec quel courage, quelle apostolique fermeté, d'innombrables prêtres ont souffert les tourments les plus iniques et la mort même, à l'époque de la Révolution française, plutôt que de trahir leur conscience. Ces beaux exemples ont été souvent racontés à la jeunesse ; aussi nous bornerons-nous dans ce recueil à un seul récit de ce genre dont les détails sont pour ainsi dire inédits. C'est la relation de l'abbé Terraillon, curé d'Amplepuis, au diocèse de Lyon.

« Je vous laisse à penser combien il m'a été pénible de vous faire l'histoire que vous me demandez de ma conduite pendant la Révolution, et surtout d'entrer dans certains détails où mon amour-propre a pu trouver de quoi se satisfaire. J'ai hésité plusieurs fois. Cependant, comme c'est l'ouvrage de la grâce, et non le mien, que je vais raconter ; que c'est la main du Seigneur qui m'a soutenu au milieu des épreuves les plus difficiles où je me suis vu réduit, je lui en attribue toute la gloire ; et, tant que je vivrai, je le bénirai de m'avoir conservé la foi, et lui rendrai de continuelles actions de grâces pour les bienfaits sans nombre dont il m'a comblé, malgré toute mon indignité. J'ai eu l'avantage de marcher sur les traces des saints, et je n'ai pas encore la sainteté.

« Ayant été forcé d'abandonner le séminaire de Saint-Irénée, au mois de janvier 1791, je me retirai à Montbrison. Ce fut là que M. Gazaniol, mon supérieur, m'écrivit, au mois de mars suivant, de me rendre à une ordination secrète que devait faire Mgr l'évêque de Sarept avant de quitter le diocèse. Tout le monde sait qu'il était obligé de se retirer pour éviter les persécutions atroces que lui suscita le fameux Vitet, maire de Lyon. Cette auguste cérémonie eut lieu pendant la nuit dans l'église paroissiale de Saint-Germain au Mont-d'or. J'y reçus le sous-diaconat. Il me semble que Mgr de Sarept ordonna huit diacres, sept prêtres, et que le lendemain il prit la fuite.

« La loi de déportation ayant été mise à exécution dans le courant de l'année, les prêtres catholiques devinrent très rares, surtout dans le Forez. M. de Castillon, vicaire général, m'envoya la permission de distribuer aux fidèles la sainte Eucharistie ; je remplis cet office en accompagnant les prêtres aux environs de Montbrison. Ces messieurs confessaient pendant la nuit, et, quand venait le matin, j'allais aux différentes maisons où les fidèles s'étaient réunis, leur donner la communion. Comme je n'étais pas encore prêtre, j'avais moins à redouter la surveillance des méchants. Lorsque la ville de Lyon essaya, en 1793, de secouer le joug de l'oppression, je m'y retirai avec d'autres ecclésiastiques comme dans un lieu de sûreté, et non pas pour y porter les armes. J'y restai tout le temps que dura le siège. Nous y rendîmes plusieurs visites au général de Précy, qui eut la bonté de nous donner des billets d'exemption, à la faveur desquels nous pouvions nous promener par la ville, sans courir le danger d'être arrêtés. Il nous disait souvent : « Messieurs, priez pour nous ; c'est votre état. »

« Cependant, il nous engageait à faire la garde dans l'intérieur de la ville. On avait formé dans la cour de l'Archevêché un corps de vétérans dont j'eus l'honneur d'être membre ; je fus même nommé caporal. Je me rappellerai toute ma vie avec quel zèle je remplissais cette place importante. Il y avait, entre autres, un vieux prêtre qui disait son bréviaire quand il était en faction. Parfois il m'arrivait, quand j'allais le remplacer par un autre factionnaire, de lui entendre dire : « Attendez un moment, je n'ai pas fini mes Matines. »

« C'était un spectacle curieux et édifiant tout à la fois de voir ce brave homme se promener de long en large, le bréviaire d'une main et le fusil de l'autre. Enfin, lorsque la ville fut réduite à la triste nécessité de faire le dernier effort et de tenter une sortie, ne sachant à quel saint me vouer, ni quel parti prendre, je me rendis comme les autres à l'hôtel de ville, la nuit du 8 au 9 octobre, et nous suivîmes la troupe jusqu'au bois d'Alix, où nous passâmes la nuit suivante avec le brave général de Précy. Le lendemain, chacun prit la fuite, en disant : *Sauve qui peut !* Les habitants de la campagne, armés de fourches et d'autres instruments meurtriers, nous poursuivaient comme des bêtes féroces. De tout côté on entendait sonner le tocsin. Heureusement que nous rencontrâmes un bois, je ne sais dans quelle paroisse, où nous nous cachâmes le reste de la journée, et là se passèrent les plus tristes scènes. Ces furieux envoyaient des chiens au milieu du bois pour nous découvrir, et, à mesure qu'on trouvait des Lyonnais, on les massacrait. On ne se contentait pas de les dépouiller, on les saignait avec des couteaux, on les assommait avec des massues comme des animaux sauvages.

« A l'approche de la nuit, un paysan nous aperçut dans un fossé où nous étions couchés, tout couverts de feuilles et de mousse. « Mes amis, dit-il, ne craignez pas, venez chez moi ; « soyez tranquilles, je réponds de vous. » Mais à peine fûmes-nous entrés qu'il alla chercher un détachement de gardes nationales qui nous firent prendre le chemin de Villefranche. Quand nous fûmes sur le point de nous mettre en route, j'éprouvai une si grande faiblesse, qu'il me devint impossible de marcher. Fatigué par le voyage et privé de nourriture depuis deux jours, je fus contraint de passer la nuit dans le corps de garde du Bois-d'Oingt et de me séparer de mes camarades d'infortune. Le lendemain on vint me prendre et me conduire au dépôt de Villefranche. Cette journée fut pour moi des plus tragiques. On commença par me dépouiller, et on me frappa à coups de sabre pour me faire avancer. Lorsque j'arrivai à un petit village dont j'ignore le nom, la municipalité fut convoquée pour délibérer sur mon sort. Quelqu'un s'imagina que j'étais prêtre et le dit aux autres. Il n'en fallut pas davantage pour augmenter leur fureur.

« — Allons, dirent-ils, il faut le fusiller ; il n'ira pas plus loin.

« Dix hommes sont commandés pour cette opération et obéissent de bon cœur. On me conduit au milieu d'un champ. J'étais à genoux, attendant le coup de la mort, lorsque tout à coup, et il était temps, arrive le procureur de la commune, qui crie à haute voix et de toutes ses forces :

« — Arrêtez, citoyens ; qu'allez-vous faire ? Nous est-il permis de nous faire justice nous-mêmes ? Je ne le crois pas. Il faut que ce brigand aille subir la peine de ses crimes sur la place des Terreaux.

« — Mais c'est un calottin, c'est un réfractaire ; il est utile pour le bien de la société de nous en défaire.

« Dans l'intervalle, on manda le curé constitutionnel pour m'examiner de près et s'assurer par lui-même si j'étais de sa connaissance. J'eus l'avantage de n'être pas connu de lui, et il fut convenu que je continuerais ma route pour Villefranche. Ce petit voyage ne fut qu'une agonie prolongée par les mauvais traitements et les menaces continuelles dont j'étais accablé. Quel plaisir enfin d'entrer dans une prison où je trouvais en même temps mes amis et la sûreté pour mes jours !

« Quelques semaines s'étant écoulées, nous fûmes conduits à Lyon dans les belles prisons de Saint-Joseph, où nous passâmes environ trois mois. J'avais le bonheur d'avoir avec moi deux vertueux ecclésiastiques qui faisaient toute ma consolation. Heureusement pour moi, on ne trouva aucune dénonciation sur mon compte. D'ailleurs, comme j'avais eu la précaution de prendre un habillement de paysan, je parlais presque toujours le langage de la campagne, non seulement avec le reste des prisonniers, qui ne me connaissaient pas, mais encore et surtout devant la fameuse Commission des Sept, qui était chargée de nous juger, en sorte que mon interrogatoire ne fut pas long.

« — Comment t'appelles-tu ?

« — Comme mon père.

« — De quel pays es-tu ?

« — De chez nous.

« — Qu'as-tu fait pendant le siège ?

« — J'ai crevé de faim.

« Ces trois réponses que je leur fis en patois, leur donnèrent à entendre que j'étais du nombre de ces paysans que les Lyonnais avaient amenés à Lyon. Ils dirent entre eux :

« — Quel est ce *pétra* qu'on a conduit près de nous ? Il faut le renvoyer.

« J'entendais tout bas cette conversation. Ils finirent par me faire dire le nom de mon père, et m'envoyèrent à la bonne cave, d'où je sortis le décadi suivant, avec un jugement qui me rendit le titre de citoyen français, que j'avais perdu. Quel honneur pour moi de devenir citoyen !

« Cinq mois après, dans le courant de juin 1794, M. Linsolas, vicaire général du diocèse, m'envoya à Saint-Maurice en Valais, auprès de Mgr d'Aviau, archevêque de Vienne, pour recevoir la prêtrise. Fort du jugement rendu en ma faveur, je me fis délivrer un passe-port et j'arrivai en Suisse le jeudi avant la Pentecôte. Mgr d'Aviau m'ordonna le lundi suivant, et me fit partir tout de suite pour la France. Il m'envoya le même jour coucher à Vevey, sur le lac de Genève, où s'étaient réfugiées plusieurs dames de Lyon, dont les époux avaient péri pendant le siège. Le lendemain, je leur dis ma première messe ; je fus tout à la fois édifié de leur piété à y assister et de la dévotion avec laquelle elles approchèrent de la sainte table. Je pris ensuite la route de Lyon, et fus envoyé en mission auprès de M. Magdinier de Sainte-Agathe, qui se trouvait alors chargé de cinquante à soixante paroisses. C'était un champ bien vaste pour un jeune prêtre sans talent et sans expérience.

« Deux mois après mon entrée au saint ministère, pendant que je visitais des malades du côté de Tarare, comme je sortais d'une maison, sur les trois heures du soir, entre Joug et Violey, pour me rendre à Sainte-Agathe, à peine fus-je arrivé au sommet de la montagne que j'aperçus un détachement de quinze à vingt dragons ou gendarmes, qui conduisaient des prisonniers. Mon premier mouvement fut de me précipiter dans la colline ; mais aussitôt que j'eus considéré de quel côté je m'échapperais, deux gendarmes se trouvèrent près de moi. Ils avaient, sans doute, donné un coup d'éperon un peu violent.

« — Ton passe-port, me dirent-ils.

« Je sors promptement de ma poche une feuille de papier mal écrite, croyant qu'ils ne sauraient pas lire.

« — Ce passe-port ne vaut rien, il faut le fouiller ; parions
que c'est un calottin.

« Pendant qu'ils descendaient de cheval, je pris vite mon bréviaire à la main, et leur dis :

« — Eh bien ! mes amis, j'en ai un autre qui sera meilleur
et mieux écrit ; le voici, examinez-le.

« — Ah ! s'écrièrent-ils, bravo ! bravo ! C'est un calottin, c'est
le curé de la montagne. Venez promptement, dirent-ils aux autres ;
nous le tenons, il faut lui couper la tête. C'est un brigand, c'est
un scélérat.

« Cependant ils remirent leur sabre dans le fourreau. Comme
j'avais le Saint-Sacrement dans une petite bourse suspendue à
mon cou, j'eus soin de le faire glisser de côté sous l'aisselle du
bras gauche, pendant qu'ils me fouillaient, et par ce moyen j'eus
l'avantage d'éviter une profanation. Ils m'enchaînèrent ensuite
par le cou avec une grosse chaîne en fer, et m'emmenèrent en
chantant le *Libera me*. Arrivés à Tarare, nous fûmes conduits à
la maison commune, où se trouvaient un nommé Teillard, agent
national du district de Villefranche, la municipalité tout entière,
la gendarmerie et un grand concours de peuple. Comme nous en-
trions, il fut dit au magistrat administrateur qu'on amenait le
curé et le vicaire de la montagne. Le vicaire était un jeune
homme qui m'accompagnait dans mes voyages, et qui eut le malheur de participer à mon infortune.

« Bravo ! dit le magistrat, cette prise vaut au moins cinquante
mille écus pour la république.

« Alors de vifs applaudissements, des cris de joie retentirent
dans toute la chambre, et l'on commença mon interrogatoire,
dont voici à peu près la teneur :

« — Comment t'appelles-tu ?

« — Étienne-Marie Terraillon.

« — Et de quelle paroisse es-tu ?

« — De Panissières.

« — Quel est le lieu de ta demeure ?

« — Je ne puis te le dire.

« — Tu es donc prêtre ?

« — Oui, citoyen, par la grâce de Dieu.

« J'entendis alors que maître Teillard faisait écrire à son secrétaire, dans le procès-verbal, les mots *ci-devant prêtre*.

« Crois-tu que je veuille renoncer à mon état et apostasier ma religion, comme tant d'autres ? A Dieu ne plaise que je viole jamais les engagements que j'ai pris envers le Seigneur ! Efface vite les mots *ci-devant prêtre*, car je suis prêtre catholique, et je le serai jusqu'à la mort.

« L'agent continua :

« — Où étais-tu curé ou vicaire ?

« — Je n'ai jamais été ni l'un ni l'autre.

« — Tu n'as donc pas été fonctionnaire public ?

« — Non, citoyen.

« — Depuis quand es-tu prêtre ?

« — Depuis la Révolution.

« — Et qui t'a ordonné prêtre ?

« — Un évêque catholique.

« — Bon ! Et en quel endroit ?

« — Oh ! doucement ; je ne puis te le dire, c'est mon secret.

« — Cependant il faut que tu nous le dises.

« — Non, citoyen ; vous ne le saurez pas.

« — Pourquoi t'es-tu fait ordonner prêtre dans ces derniers temps ?

« — Pour le soutien de la religion catholique, apostolique et romaine.

« — Tu désires donc la contre-révolution ?

« — Non, citoyen ; je ne voudrais voir périr personne. Je désire la paix et l'union avec tout le monde.

« — As-tu quelquefois dit la messe ?

« — Oui, citoyen, j'ai eu le bonheur de la dire.

« — Tu n'es donc pas protestant ?

« — Non, citoyen ; je suis catholique, apostolique et romain.

« — Et romain aussi ?

« — Oui, citoyen.

« — Tu ne crains donc pas la mort ?

« — Je n'ai rien à me reprocher, pour la craindre ; il n'y a que le crime qui fasse appréhender de mourir. Au reste, il ne m'arrivera que ce que Dieu voudra.

« — Tu crois donc que nous fassions des martyrs ? Nous ne faisons mourir personne pour sa religion.

« — Et pourquoi donc, lui répondis-je, faites-vous mourir les gens ? Quel crime leur imputez-vous, sinon d'être chrétiens et catholiques ? Au surplus, nous n'avons qu'une mort à faire, et vous mourrez aussi bien que moi.

« — Mais dis-moi, continua l'agent : tu prétends que tu es romain ; tu crois donc au pape ?

« — Oui, certainement ; je le regarde comme le chef visible de l'Église catholique.

« — Mais, de bonne foi, tu nous crois donc tous damnés ?

« — Non, citoyen ; à Dieu ne plaise que je damne personne ! Je dis seulement que chacun sera puni ou récompensé selon ses œuvres.

« On me fit ensuite mille instances pour me faire renoncer à mon état et à ma religion, en me promettant de me rendre sur-le-champ la liberté. Comme j'étais un peu fatigué pendant cet interrogatoire, qui fut très long, et que, par oubli sans doute, on ne m'avait pas présenté de siège pour me reposer, j'allai m'asseoir sur le bureau, à côté du secrétaire, et lui offris une prise de tabac. J'en présentai de même au citoyen Teillard, aussi honnêtement qu'il me fut possible. Je me risquai jusqu'à lui demander mon bréviaire, mais il refusa de me le rendre, et quand le procès-verbal fut rédigé, je le signai. J'entendis alors quelqu'un d'entre eux qui disait tout bas :

« — Ce malheureux signe sa mort.

« Après l'interrogatoire, on nous conduisit dans un cachot ténébreux, sous une tour sans fenêtres, fermé par deux ou trois grosses portes à verrous. Nous couchâmes là sur un peu de paille toute pourrie. Le lendemain cependant, plusieurs personnes charitables eurent la faculté de nous venir voir pour nous rendre service. Je fus encore conduit à l'audience, et il me fallut subir un nouvel interrogatoire. Ce fut à l'occasion d'une femme que j'avais mariée deux jours auparavant, à une messe célébrée à minuit dans une maison, et dont l'acte de bénédiction se trouva mêlé à un paquet de papiers qu'on avait pris dans ma poche. Ces malheureux avaient été, pendant la nuit, chercher cette femme chez elle, et ils auraient aussi amené le mari, s'ils avaient pu. Dès qu'elle parut à l'audience, le citoyen Teillard lui dit, en se tournant vers moi :

« — Connais-tu cet homme ?

« — Non, citoyen, dit-elle en tremblant, je ne le connais pas ; je ne l'ai jamais vu.

« — N'est-ce pas lui qui t'a mariée avant-hier ?

« — Non, citoyen, il ne m'a jamais mariée.

« Je craignais qu'elle ne déclarât la maison où j'avais dit la messe. Alors, voyant l'embarras de cette femme, qui n'osait pas dire la vérité par crainte des tourments, je pris la parole en ces termes :

« — Citoyens, vous m'avez amené cette femme bien mal à propos. Vous l'avez tellement effrayée qu'elle n'a pu dire la vérité devant vous. Vous lui avez imputé un crime dont je suis seul coupable. La vérité est que je lui ai donné la bénédiction nuptiale, mais je m'oblige à porter moi-même toute la peine de ce délit. En conséquence, je vous supplie de la mettre en liberté. Quant à moi, je suis résolu à subir la peine que vous voudrez m'infliger.

« Le citoyen me répondit :

« — Et signeras-tu cette déclaration?

« — Oui, sans doute, je la signerai.

« Aussitôt on dressa un procès-verbal que je signai et cette bonne femme obtint sa liberté.

« Lorsque je fus de retour à la prison, deux vertueuses personnes m'apportèrent un matelas, deux draps et une couverture. Ces divers objets furent ensuite confisqués au profit de la république, et les personnes qui me les avaient prêtés se virent obligées de se cacher, parce qu'on menaçait de les incarcérer. Un jeune homme de mon pays étant venu supplier le citoyen Teillard de me mettre en liberté, fut immédiatement mis au cachot avec moi, et il lui en coûta soixante-dix francs pour avoir sa liberté.

« Le dimanche suivant, fête du Saint-Rosaire, 4 octobre, je me le rappellerai toute ma vie, on nous vint avertir qu'il fallait partir, et on ne nous donna pas le temps de faire notre prière. Nous sortîmes du cachot, et arrivâmes à une cour qui se trouva remplie de peuple. Je croyais que nous partirions sur-le-champ ; point du tout. On m'apporta un paquet d'ornements sacerdotaux, en me disant de m'en revêtir. Je pensais qu'on voulait me faire dire la messe et que les citoyens qui étaient là auraient la dévotion d'y assister.

« — Allons, me dit brusquement un gendarme, pas tant de façons ; habille-toi promptement.

« — Je n'en ferai rien, lui dis-je ; il ne m'est pas permis de me moquer de la religion.

« Alors, d'un air menaçant, ils me revêtirent d'une aube, d'un cordon, d'une étole et d'une pesante chasuble. Ce fut le fameux Janson qui m'habilla lui-même ; il avait, sans doute, été sacristain dans quelque église. Mais ce ne fut pas tout. Survint maître Teillard avec un grand écriteau qui servit à envelopper mon chapeau, et qui contenait en gros caractères ces paroles : *Pontife romain.* Le chapeau de mon disciple portait un autre écri-

teau, sur lequel on lisait : *Génie de la cour de Rome.* Comme ils
ne m'avaient point donné de manipule, ils y suppléèrent par une
grosse chaîne de fer qu'ils attachèrent ensuite à un de leurs chevaux. Nous traversâmes ainsi la ville de Tarare à deux reprises
différentes. On s'était imaginé que les habitants applaudiraient
à cette conduite impie, mais ce fut tout le contraire; chacun se
retirait chez soi en gémissant et les yeux baignés de larmes. Je
n'entendis qu'une seule voix qui semblait louer ces gens-là de
leur zèle patriotique. La marche fut toujours accompagnée du
chant du *Libera me* et du *De profundis.* Ce fut maître Janson qui
se distingua le plus par sa belle voix. Nous marchions processionnellement à la tête de quelques jeunes gens et de plusieurs
pères de famille qu'on avait arrêtés sur la montagne. Quand
nous arrivâmes à la place de la Madeleine, l'agent national, mécontent de n'avoir pas été applaudi autant qu'il aurait souhaité
de l'être, en témoigna toute son indignation, adressa les plus vifs
reproches aux habitants de Tarare de ce qu'ils n'approuvaient
pas sa manière de faire, et ajouta :

« — Il paraît, citoyens, que vous êtes déjà tous fanatisés, mais
on vous mettra à la raison.

« Et nous partîmes ainsi pour Villefranche.

« Personne ne nous insulta pendant la route. Les passants gé-
missaient sur notre sort. Beaucoup de bonnes femmes faisaient
ce qu'on appelle *la révérence,* et même le signe de la croix, en
nous rencontrant. Les charretiers me tiraient leur chapeau, sans
faire aucune mention des gendarmes qui nous accompagnaient.
En passant par Pontcharra, nous n'entendîmes que des gémissements, des cris lamentables. J'ouïs plusieurs fois répéter ces
mots : « Nous sommes donc arrivés à la fin du monde? » Il faut
observer qu'on ne cessa pas de chanter, surtout en passant près
des villages et des habitations, ni de se moquer de la religion
chrétienne, de ses maximes et de ses sacrements. Ils demandaient quelquefois aux passants s'ils voulaient se confesser. Quand

11

nous arrivâmes à Bagnols, ils voulurent s'arrêter dans un cabaret pour boire, mais non point pour me faire prendre un instant
de repos. J'étais tout baigné de sueur. Ils me firent entrer dans
une chambre où j'étais certainement bien gardé, et, malgré cela
ils ne voulurent pas me déchaîner de façon à ce que je pusse
prendre un peu de nourriture que la maîtresse de la maison eut
la bonté de me donner. Tous les habitants du village se portèrent sur la place pour nous voir, mais le plus grand nombre se
retirait en gémissant. Enfin, nous arrivâmes à Villefranche au
coucher du soleil. L'agent national avait pris les devants avec
quelques dragons pour avertir la ville de notre arrivée. C'était,
sans doute, afin de nous faire rendre les honneurs que nous mé-
ritions. Nous trouvâmes, en effet, la grande rue toute couverte
d'une foule qui s'y était rendue pour voir une curiosité. Les uns
nous insultaient par des cris menaçants, les autres riaient de
toutes leurs forces. J'en vis néanmoins à des fenêtres plusieurs
qui versaient des larmes, mais je ne levais pas souvent les yeux.
Un certain nombre criait : « Il faut l'assommer ! à la guillotine
le coquin ! etc. » Je crus que je n'arriverais pas jusqu'à la prison.
Le lendemain on me certifia qu'ils avaient formé le projet de me
lapider. Les dragons qui me conduisaient m'avaient, pour ainsi
dire, abandonné au milieu de la populace. Les uns avaient
avancé, les autres reculé. Je vis plusieurs pierres passer sur ma
tête ; une seule me tomba sur l'épaule gauche. Cependant cette
scène me fit doubler le pas, et nous arrivâmes à la prison.

« — Grâce à Dieu, me dis-je alors à moi-même, me voilà en
sûreté pour quelques jours au moins.

« En entrant à la cuisine, je dis au geôlier :

« — Bonsoir, mon ami, je reviens chez vous ; vous me recon-
naissez, sans doute. Mon retour est une preuve que je suis content de vous.

« Il eut la bonté de me donner un coup de main pour me débarrasser des ornements dont j'étais chargé, et me conduisit dans

ma chambre, où je fus très bien. Je fus soulagé par un grand
nombre de personnes charitables qui me venaient voir tous les
jours et que je n'oublierai jamais ; je voudrais bien pouvoir les
connaître pour leur marquer toute ma reconnaissance. Au bout
de huit jours, maître Teillard, indigné, jaloux des bons services
qui m'étaient rendus, défendit, sous les peines les plus sévères,
aux braves gens de Villefranche de me rendre visite, et le geôlier
Sautan eut ordre de ne rien laisser passer pour mon compte. Les
fidèles alors firent une quête secrète dans la ville et me la trans-
mirent. J'avais l'avantage de remplir les devoirs de la religion
avec un grand nombre de prisonniers qui pensaient bien. Il me
fallait confesser presque tous les jours. Continuellement il nous
arrivait du midi de la France des prisonniers que l'on traduisait
devant les tribunaux de Paris. Cependant le district, s'étant
aperçu de ma conduite, me dénonça au représentant Pochole, à
l'époque de son passage à Villefranche. J'eus l'honneur de sa
visite dans ma chambre. Après une morale très vive qu'il me fit
au sujet des prisonniers que j'avais confessés et, disait-il, fanatisés, la conclusion de son discours amena un ordre de me faire
enfermer dans un cachot où je ne restai pas néanmoins fort
longtemps. J'avais gagné la bienveillance du geôlier, et il avait
beaucoup de bonté pour moi. Il m'avait confié le registre de la
prison, en sorte que je lui rendis de grands services.

« Au bout de deux mois, je fus conduit à Lyon, dans les prisons
de Roanne, où je continuai à exercer le saint ministère auprès
des prisonniers jusqu'à la Noël, époque de ma délivrance, que
la municipalité de ma paroisse avait sollicitée auprès du représentant Pochole. Ce dernier, sachant très bien que j'étais prêtre,
me délivra, sur une pétition dans laquelle on m'avait donné la
qualité de cultivateur. Depuis ce temps-là, je continuai à travailler à la vigne du Seigneur... »

30. — Un merveilleux stratagème.

’HISTOIRE de l’expédition française contre le Maroc, sous Louis-Philippe, contient un épisode qui démontre d’une manière frappante la puissance de l’énergie morale, même dans les situations désespérées ou les maux réputés incurables. Il y a là une leçon dont chacun pourrait profiter.

A peine la division du général Iusuf s’était-elle établie sur le lieu de campement, que le choléra se déclara ; les malheureux soldats tombaient littéralement et s’entassaient pêle-mêle, les uns morts, les autres mourants, dans l’emplacement choisi pour l’ambulance. A côté de mille à douze cents cholériques qui se débattaient contre les étreintes du fléau, gisaient trois ou quatre cents cadavres.

La mortalité devenait effrayante et le découragement complet. Aux premières atteintes de l’épidémie, les malades perdaient déjà tout espoir de guérison ; ils ne se plaignaient point, de peur d’être enlevés et d’aller grossir l’affreux courant de victimes qui aboutissait à l’ambulance.

Vivement impressionné par un pareil spectacle, le général Iusuf se décide à agir sur le moral des soldats et à opérer une diversion ; il retourne en quelque sorte la situation : l’ambulance est dissoute, les malades sont ramenés à leur compagnie, et chaque compagnie devient une ambulance où s’organisent des secours mutuels.

Cette nouvelle se répand, et vite les figures s’épanouissent. Le général sent qu’il a frappé juste et se livre à son idée. Sur ses ordres, chaque malade est enlevé par trois hommes valides ; deux placés à ses côtés le soutiennent de manière à le maintenir debout, tandis que le troisième, placé derrière, combine ses efforts avec l'action des premiers. Dans cette situation, malgré sa faiblesse et son accablement, le malade est contraint de marcher, de parcourir une distance considérable, qui va jusqu'à plusieurs kilomètres.

Les premiers pas étaient très difficiles et très pénibles ; cependant peu à peu la circulation se rétablissait ; la chaleur et même les forces revenaient dans les membres déjà froids du cholérique ; en un mot, la période de réaction était obtenue. Plus d'un soldat dont la tête était douloureusement penchée sur la poitrine au départ se redressait au retour et accusait un grand soulagement.

A partir de ce moment le camp prit une animation générale ; le choléra était bien réellement vaincu. Ce fut une renaissance des corps et des esprits. On avait perdu trois cent soixante-douze hommes le jour où ces mesures furent prises ; le lendemain il n'en mourut que quarante et le surlendemain quatorze.

Chaque soir, de grands feux s'allumèrent et furent entourés par des cercles de chanteurs. Quelques victimes isolées tombèrent encore au milieu des bruits du camp ; mais le moral était retrempé, la gaîté revenue, et presque aussitôt ces mêmes hommes, maîtres de toutes les hauteurs des Beni-Snassen, faisaient retentir des fanfares de victoire sur les crêtes de ces montagnes réputées inaccessibles.

31. — Le jeune navigateur.

L y a quelques années, les pilotes du port d'Agde aperçurent en mer, vers le déclin du jour, un navire d'environ cent tonneaux, la goëlette *la Reprise*, qui faisait voile vers le port. La mâture semblait en désordre et les flancs du navire portaient la trace d'un choc violent, d'un récent abordage. Quand les pilotes approchèrent, ils virent avec étonnement que le bâtiment marchait tout seul, pour ainsi dire ; du moins le pont semblait désert : ni capitaine, ni timonier, ni matelots. On n'apercevait qu'un mousse allant, venant de tribord à bâbord, passant de la barre aux amures, et faisant à lui seul tout le service d'un équipage. Dans un coin du navire on voyait bien aussi un pauvre homme couché, pâle et tremblant, hors d'état de se tenir debout. Bientôt *la Reprise* entrait à Agde, et la ville apprenait que, trente-six heures auparavant, la nuit, par une de ces épaisses brumes qui font s'entre-heurter les navires en pleine mer comme les passants dans nos étroites rues, ce petit bâtiment, étant au large, avait subi le choc d'un grand brick de fort tonnage ; que le capitaine épouvanté, croyant sentir couler bas sa goëlette, s'était élancé sur le brick en s'accrochant aux cordages et appelant à lui tout son monde. Deux matelots et deux novices l'avaient aussitôt suivi...

Pourquoi ce jeune mousse, de tous le plus agile, n'avait-il pas imité leur exemple? C'est qu'il y avait à bord un malheureux incapable de se sauver. Perret, c'était le nom du mousse, s'était senti saisi de compassion ; la vue de ce malade l'avait comme enchaîné et rendu immobile. L'enlever dans ses bras, il n'en a pas la force ; l'abandonner, le laisser mourir seul, c'est pour lui plus impossible encore : il reste donc. Dans le premier moment, il en a fait l'aveu, lorsque les deux navires se séparèrent après un craquement effroyable, quelques larmes lui échappèrent ; il se crut à son dernier jour et recommanda son âme à Dieu ; mais, au bout de quelques secondes, lorsqu'il vit que le bâtiment, malgré ses avaries, flottait toujours et pouvait naviguer, un courage surnaturel s'empara de ce jeune cœur. La mer était houleuse et le vent fraîchissait ; comment ses petits bras suffiront-ils à la manœuvre ? Cette réflexion ne lui vient pas ; il dispose les voiles, s'élance au gouvernail. Son pauvre compagnon ne peut lui prêter secours ; mais il est vieux marin ; Perret l'écoute, le consulte, se laisse guider par lui. Soumis et confiant, ses yeux brillent d'espoir : il reverra sa mère, sauvera son camarade, sauvera son navire. Cette pensée double ses forces et d'un enfant de treize ans fait un matelot consommé.

Nombreuses furent les péripéties de cette navigation. Le jour était si long à venir ! Le vent poussait à la côte d'Espagne ; il fallait résister pour s'écarter le moins possible du lieu témoin de l'abordage, seule chance de recevoir du secours. Ce brick, auteur du mal, voudrait peut-être le réparer ! Il reviendrait au jour naissant ; on se mettrait à sa remorque : voilà ce qu'on espérait à bord de *la Reprise*. Mais l'attente fut vaine. La journée se passa, et le brick ne vint pas. Il continuait paisiblement sa route et entrait vers le soir à Marseille. Cependant la nuit tomba et les fatigues redoublèrent. Le lendemain, trois bâtiments parurent à l'horizon ; aucun d'eux ne voulut comprendre les signaux du petit navire. Par bonheur, le Ciel fut plus clément, le vent tourna, souffla du sud. En manœuvrant avec prestesse, on pouvait être avant la nuit en vue d'un port de France. Dans de pareils moments l'équipage le plus complet n'est que tout juste assez nombreux. Perret est seul, mais il se multiplie : il court de vergue en vergue ; toutes ses voiles, même les plus hautes se développent coup sur coup, se gonflent sous la brise et poussent le navire comme par enchantement. Il était temps : l'effort était suprême ; notre navigateur se trouvait à bout de forces. A le voir, on ne l'aurait pas cru cependant, tant il était radieux en apercevant la terre, qui peu à peu sortait des eaux et grandissait devant lui.

Veut-on savoir maintenant en quels termes modestes, énergiques et simples, ce brave enfant, une fois à terre, raconta ce qu'il avait accompli? Capitaine *par intérim*, il devait faire devant le tribunal de commerce son rapport de relâche. Dans ce rapport, qu'il faudrait mettre sous les yeux du lecteur, pas un mot de reproche à ceux qui l'ont abandonné ; tout l'honneur de sa belle conduite attribué aux conseils de son vieux compagnon ; à chaque mot on sent une âme aussi honnête que forte, un cœur aussi chaud que sincère. Et après ce bel acte, Perret naviguant pour le commerce, ne voulut jamais rien garder pour lui du produit de ses salaires, qu'il envoyait joyeusement à Quiberon, dans la pauvre cabane où sa mère élevait à grand'peine ses autres enfants.

32. — Le digne fils d'une digne mère.

NOUS traversions un jour à Bordeaux, rapporte J. Ducot, le vaste hémicycle des Quinconces, accompagnant un ecclésiastique de nos amis. Nous marchions lentement, car, de l'autre côté du prêtre, était aussi une femme dont la vieillesse et le chagrin ralentissaient les pas : c'était sa mère ; nous nous dirigions tous trois vers le port où stationnait, pour quelques moments encore, le navire qui allait nous ravir, à elle un fils tendrement aimé, à moi un ami par le cœur, un ami qui a partagé les jeux de mon enfance !

Telle est la vie : un continuel regret, une longue douleur! Les intervalles de bonheur sont si fugitifs et si courts, et ils sont suivis de tant de tristesse! Lorsque l'oiseau se pose, becquetant le fruit sauvage des buissons, n'abandonne-t-il pas toujours à l'épine un peu du duvet de ses ailes? Nous sommes l'oiseau des buissons : partout où nous avons rencontré un peu de joie, nous laissons derrière nous, en fuyant, un souvenir, un regret, un débri de notre être.

Et nous marchions, tous trois silencieux, lorsqu'en approchant plus près de ce port qui, pour la mère et pour le fils, allait être le seuil de l'éternité, la nouvelle Rachel ne put contenir ses sanglots.

En présence de cette douleur, notre douleur à nous se taisait; et, courbés sous le poids d'une indicible émotion, nous assistions à ces déchirants et derniers adieux.

— Henri, mes larmes tombent malgré moi!... Henri, encore quelques minutes, et je n'aurai plus de fils!...

— Ne dites pas cela, bonne mère; votre fils sera loin de vous, c'est vrai : mais, par la prière, nous nous unirons ensemble sur le cœur de Dieu!

— Hélas! seul, sans appui, que vas-tu devenir sur ces plages lointaines?

— Ma mère, quand on a Jésus-Christ avec soi, que peut-on craindre? Il sera toujours là, sur mon cœur... Et puis il vous consolera, il nous fortifiera tous deux!

— Si je n'étais pas si âgée, et si tu l'avais voulu, Henri, j'aurais marché avec toi... Oh! dis-moi, bien-aimé fils, dis-moi, n'aurais-tu pas un peu moins souffert, à côté de ta vieille mère?

Le missionnaire se tut un instant, et je le vis essuyant du revers de sa main une larme furtive; mais il reprit bientôt avec courage :

— Le moment approche, ma mère! Élevez, élevez vers Dieu ce cœur si profondément affligé! Acceptez cette séparation comme notre Mère d'en haut accepta celle de son Fils aux pieds du Calvaire!... Dieu m'appelle, il le faut!... Eh! qu'est-ce donc que cette misérable vie, si ce n'est un passage, un exil; mais, après l'exil, la patrie! Là, du moins, plus de regret, plus d'amère séparation, mais une union sans fin, en présence de notre Dieu! Mère, que le regret ne gâte pas votre sacrifice!...

Il y avait quelques instants déjà que nous étions arrivés sur le quai; Henri, me serrant la main, me dit tout bas :

— Je vous confie ma mère, mon ami; remplacez-moi auprès d'elle, consolez-la.

Et puis, levant les yeux au ciel pour y puiser, dans ce moment suprême, une nouvelle force, il embrasse sa mère en lui disant : Adieu!!!... Et, s'élançant rapidement dans la frêle embarcation qui devait le mener jusqu'au navire, il disparut bientôt à nos regards.

Sa mère ne le vit pas, ne l'entendit pas, peut-être; le trouble profond de son esprit et de son cœur lui fit perdre un moment la conscience d'une séparation si triste, et les larmes qui ruisselaient de ses yeux y étendirent un voile épais. Une voiture nous déroba aux regards d'une foule stupidement curieuse.

Après un long détour, la douleur de Mme N*** semblait s'être adoucie, un peu de calme avait succédé à l'agitation de son esprit; je crus le moment opportun de nous diriger vers sa demeure : quelques moments nous en séparaient encore; je les employai à parler à cette pauvre mère de foi, de résignation, d'espérance; j'essayai de consoler cette âme si cruellement déchirée! Ce n'étaient point mes lèvres qui parlaient, mais mon cœur tout entier. Ah! puisque le cœur fait l'éloquence, je dus être éloquent alors; qui donc ne l'eût pas été comme moi, en face de votre douleur, pauvre mère! Mais il est d'inconsolables souffrances, que Dieu seul du moins sait calmer. Je ne tardai pas à me convaincre de l'inutilité de mes efforts. J'avais à subir encore une scène déchirante, car nous allions franchir le seuil de cette demeure qu'Henri venait de quitter pour ne plus la revoir.

Lorsque nous aimons de toute la puissance de notre âme; lorsque, étroitement uni au cœur d'un ami ou d'un frère, notre cœur s'est habitué à souffrir de la même souffrance, à être heureux du même bonheur, à vivre enfin de la même vie; si l'objet de notre affection s'éteint, nous n'existons plus tout entier, et notre cœur n'est plus qu'une ruine, un débri. Ainsi séparé de cette portion de nous-même, nous allons demander des souvenirs amers, et doux pourtant, aux êtres inanimés que chérissait celui dont nous pleurons la perte. S'il en est ainsi d'un frère et d'un ami, pouvait-il en être autrement d'une mère?

Quand la voiture s'arrêta, je vis encore des larmes dans les yeux de Mme N***.

—Allons, madame, courage! courage et résignation! lui dis-je, et nous entrâmes.

A ce moment, un cri affreusement douloureux s'échappa de sa poitrine haletante; il retentit longtemps sous la voûte du long corridor; il retentit encore aujourd'hui au fond de mon cœur...

— Ah! je reviens donc seule ici!... et lui, quand reviendra-t-il?... Jamais!! ajouta-t-elle, d'une voix sourde et désespérée.

Je l'aidai à monter les degrés, et j'insistai pour la conduire dans son appartement, mais elle s'y refusa avec énergie.

— Non, non, dit-elle, venez par ici; et, ouvrant une porte: Voilà sa chambre; elle est vide maintenant!... Elle le sera toujours: il n'y est plus! Et, s'arrêtant en face de chaque objet, lisant sur chaque meuble le souvenir de son Henri, elle prêtait à ces êtres sans vie le sentiment de sa cruelle douleur!

Et puis elle s'assit; et me fixant à travers ses larmes:

— C'est ici qu'il s'asseyait, dit-elle; ici, qu'il me disait un jour: « Mère, Dieu ne vous laisse pas seule; il m'a placé près de vous pour être le soutien, le bâton de votre vieillesse! Mère! Dieu est bon, remercions-le! » C'est qu'alors!... mais depuis...

Elle ne put achever ; et poussant un long gémissement, elle couvrit son visage de ses deux mains pâles et amaigries.

— Au nom du Ciel ! calmez-vous, madame, lui dis-je ; Dieu n'est-il pas encore là pour vous soutenir et vous consoler ? Nous le prierons tous deux, vous avec vos larmes, moi avec mon cœur, et il aura bien sûr pitié de votre souffrance !

Tout à coup elle se lève ; et, montrant du doigt le prie-Dieu, et au-dessus l'image du Christ, elle s'écrie avec exaltation : « Henri, c'est là que tu priais !... »

Et, après un court instant de silence, elle reprit d'une voix plus douce : « C'est là que je prierai aussi ! »

Et elle s'agenouilla, et pria longtemps le Dieu qui seul peut consoler les mères, le Dieu qui a dit à tous ceux qui souffrent : « Venez à moi ! »

Vous tous, qui souffrez et qui priez, oh ! vous le savez bien, n'est-ce pas ? Vous surtout, au front desquelles Dieu a posé la couronne de mère, couronne presque toujours tressée avec les épines de la douleur ! mères, vous le savez bien, que la prière seule vous soutient et vous console, alors que votre front, ainsi couronné, ruisselle de sueur et de sang !...

Quand la mère d'Henri se releva, elle n'était plus la même ; son visage, plein de gravité, respirait la résignation, et un calme réel rassérénait enfin ses traits flétris.

Se tournant vers moi, avec une maternelle bonté :

— Je vous remercie bien tard, n'est-ce pas ? me dit-elle ; mais enfin, je vous remercie du fond de mon âme : je veux être résignée maintenant ; oui, Dieu m'aidera, je le sais.

L'assurance, la fermeté, le courage avec lesquels furent prononcées ces paroles, me convainquirent de leur sincérité.

Je pris donc congé de la digne mère.

Quelque pénible qu'ait été pour moi ce début dans l'accomplissement de la mission que m'avait confiée Henri en partant, j'y ai été fidèle jusqu'au bout. Et je dois ajouter que les épreuves du commencement ne se sont jamais reproduites. Ah! sans doute, du fond des lointaines forêts, ou sous la pauvre hutte du sauvage, Henri a toujours prié pour son excellente mère, car Dieu lui a conservé, jusqu'au dernier moment, la foi qui mène à la résignation, et la résignation qui conduit au ciel!

Quelques jours s'étaient à peine écoulés depuis que, remplaçant Henri auprès du lit de mort de sa mère, je lui avais fermé les yeux, lorsque je reçus la lettre suivante :

« Mon ami,

« Je vous écris du désert... Ces lignes vous arriveront-elles ? Je l'espère, car je les confie à Dieu, d'abord, puis à un jeune néophyte que la Providence a conduit ici, tout exprès, ce semble.

« Bénissez avec moi les faveurs de la Providence ! A peine ai-je posé le pied dans la carrière, que déjà j'ai atteint le but ! que de frères y sont entrés avant moi, qui n'entrevoient même pas encore cette couronne qui rayonnera sur mon front, demain !

« Ah ! lorsque, debout avec vous et ma vieille mère sur ce rivage lointain, que vous appelez la patrie, je vous disais : « Cette vie n'est qu'un passage rapide, » pouvais-je espérer, mon ami, que ce passage serait sitôt franchi ?

« Dieu en soit loué !

« Je revenais d'accomplir le devoir de mon ministère, lorsque, en suivant le bord d'une petite rivière, dont le cours devait me ramener à mon premier point de départ, je fus assailli et fait prisonnier par une bande de sauvages qui, errant çà et là dans ces déserts, capturent tout ce qui est étranger à leur tribu.

« Me voici dans leurs mains ! Que vont-ils faire de moi ? Il ne m'est certes pas permis d'en douter.

« Je vous écris cela à vous, mon ami, laissant à votre prudence le soin d'initier ma mère à cette nouvelle, qui sera si triste pour elle. Dites-lui que je vais le premier l'attendre au rendez-vous éternel... A vous aussi, mon ami, je donne rendez-vous sur ce rivage de la véritable patrie ; n'y manquez pas au moins.

« Adieu, encore adieu, jusqu'à l'éternité.

« Henri N***. »

Henri mourut, en effet, le lendemain.

Il croyait être le premier au rendez-vous, sa mère l'y attendait déjà.

Et, nous, nous attendons notre heure !

(Jules Ducot.)

33. — Un naufrage aux Philippines.

LE 30 janvier 1891, à cinq heures du matin, le vapeur espagnol *Remus* se brisait contre un écueil dans les parages des îles Philippines. Cette catastrophe donna lieu à des actes de dévouement héroïque de la part de deux missionnaires.

Passager à bord et conservant tout son sang-froid, le R. P. Raymond, jésuite, ne s'occupa que de sauver les autres, sans songer à lui-même. Appelé à diverses reprises à descendre dans les canots de sauvetage, il refusa toujours, disant qu'il ne quitterait le navire que le dernier. A genoux sur le pont, il disparut quand le navire sombra au milieu des flots.

Quant au Frère Dorado, franciscain, il se trouvait dans une chaloupe avec plusieurs autres naufragés, lorsqu'en entendant crier *au secours*, il demanda que l'on secourût un malheureux accroché à une caisse et au moment de lâcher prise. Mais ceux qui étaient dans la chaloupe dirent au religieux franciscain qu'on ne pouvait admettre un passager de plus sous peine de sombrer ; alors le Frère Dorado s'écria :

— Eh bien ! que votre nombre ne s'augmente pas !

Et il se jeta à la mer.

Les passagers recueillirent l'autre naufragé ; mais, quand ils essayèrent de secourir le martyr de la charité, il était trop tard. Victime de son abnégation et de son amour pour le prochain, il était allé au ciel recevoir la récompense des bienheureux.

« Quand donc, ajoute le narrateur, ceux qui vivent séparés du Christ, quand donc les ennemis des Ordres religieux présente- ront-ils un exemple comme ceux du P. Raymond et du Frère Dorado, naufragés du *Remus?* Ils n'en trouveront pas d'autres que celui d'un officier du même navire, qui, armé de son re- volver, tirait sur les malheureux assez hardis pour s'approcher de sa chaloupe. »

34. — Pour se tirer d'affaire, il ne faut que prier.

ON pouvait encore voir, il y a quelques années, à la Trappe de Sept-Fonts, non loin de Paray-le-Monial, un bon Frère convers, très âgé, infirme, cassé, mais ne quittant jamais son chapelet. C'était le Frère Théo- dore. Il avait cependant porté autrefois d'autres armes.

C'était en 1812. Frère Théodore faisait partie de la grande armée, qui, hélas ! s'en retournait vaincue par le froid. Après avoir marché de longues heures dans la neige, la colonne du Frère Théodore, exténuée de fatigue et de faim, se trouva tout à coup en face d'une batterie ennemie qui l'attaquait de front et lui fermait le passage.

Un découragement mortel s'empara de tous : officiers, soldats, jetaient leurs armes à terre.

Cependant, un officier s'avance, l'épée au poing, et montrant la batterie, il s'écrie : « A moi, les braves ! » mais, chose rare dans nos fastes militaires, personne ne répondit, excepté le Frère Théodore, qui s'offrit en ces termes : « J'irai moi seul, si vous le voulez. — Accepté ! » reprit l'officier.

Le Frère Théodore jette son sac, dépose son fusil, se met à genoux, fait un grand signe de croix et récite : *Notre Père, Je vous salue, Je crois en Dieu* et l'acte de contrition.

Ses prières terminées, il reprend son fusil, s'élance vers la batterie et subit deux décharges sans ralentir sa course. Comme il allait atteindre les Russes, ceux-ci, craignant d'être victimes d'un stratagème, prirent la fuite, laissant leurs pièces et leurs bagages.

A cette vue, l'officier accourut et prenant sa croix d'honneur, l'attacha sur la poitrine du jeune soldat, en disant : « Mon brave, tu la mérites mieux que moi. » Le Frère Théodore répondit : « Mon commandant, je n'ai fait que mon devoir. Seulement, quand on veut se tirer d'affaire, il n'y a qu'à prier. »

Cinquante ans après, quand, sous la bure du trappiste, le bon Frère Théodore passait des demi-journées à genoux, récitant son chapelet, il appelait encore cela « faire son devoir. »

« Me voilà, mon fils, » lui répondait sœur Virginie, et elle lui donnait les secours et les consolations qu'une mère donnerait à son fils malade. (P. 186.)

35. — Le triomphe du zèle.

DANS un âge d'incrédulité et de sensualisme, un simple prêtre, par sa charité parfaite envers ses semblables et son dévouement absolu à un devoir de son choix, a attiré sur lui l'admiration et la reconnaissance de tout le monde civilisé. Quelque populaire que soit l'œuvre de ce prêtre, son nom avait sa place marquée d'avance dans notre recueil.

Joseph Damien était né en 1841, à Louvain, en Belgique, d'une mère profondément chrétienne. Elle lui légua ce caractère ardent qui le distinguait dans sa jeunesse, car dès l'âge de dix-neuf ans, il se présentait pour le sacerdoce ; il fut envoyé comme missionnaire catholique dans les îles de la mer du Sud.

Le climat délicieux et énervant de ce paradis de l'océan Pacifique ne put changer la nature du jeune Damien. Brûlant de zèle pour le service de son Maître et d'amour pour l'humanité, son cœur s'émut tout particulièrement de pitié pour les lépreux de l'archipel Sandwich, qui, comme chacun sait, ont été relégués dans l'île solitaire de Molokaï pour la sécurité de la population. Le gouvernement de ce pays recherche sévèrement tous les cas de lèpre et les déporte en ce lieu, où tout d'abord aucun ministère ni secours religieux n'avait été établi pour ces condamnés à l'exil et à la souffrance. Le P. Damien voulait habiter parmi eux, sachant bien qu'il contracterait l'affreuse maladie et mourrait comme un banni au milieu des bannis. On l'entendit s'écrier, en débarquant sur cette terre meurtrière : « Maintenant, Joseph, mon garçon, voici le travail de ta vie ! »

Nous ne dirons pas qu'il n'y ait jamais eu un tel acte d'héroïsme, car le monde est rempli de généreux et nobles cœurs et
le plus grand nombre des actes de charité et de courage passent
inaperçus. Cependant, y eut-il jamais un plus parfait modèle
d'immolation ? La bravoure du soldat, le courage du marin, la
force du martyr et tous ces exemples de vertus et de dévouement
spontanés, accomplis aussitôt que conçus, doivent certainement
céder la palme à l'héroïsme de ce prêtre obscur qui s'est condamné volontairement à une existence de labeur, d'isolement, d'hor-
reurs quotidiennes, qui devait inévitablement se terminer par une
mort lente et affreuse.

Une fois sa résolution prise, il monta dans le bateau des lépreux pour se donner à ses frères et sœurs canaques dans cette
île charmante et horrible à la fois. A son arrivée, il mit promptement ordre à tout avec intelligence et entrain. Il bâtit des
églises, des hôpitaux, des hôtelleries, car parfois on vient pendant
un jour ou deux visiter cet Eden de la mort. Il enseignait, nour-
rissait les enfants, et leur donnait des vêtements ; il soignait les
malades et fortifiait les mourants, et, tandis que la renommée de
ce noble cœur sacerdotal attirait la louange et les secours du
monde entier, l'île de Molokaï devenait riche et presque heureuse, grâce aux dons qui affluaient pour assister le P. Damien.

Après dix années de cette œuvre de dévouement pendant lesquelles il a complètement changé la condition des pauvres lépreux, son tour vint. Un jour, après l'avoir examiné, le médecin
lui dit : « Il m'en coûte de vous le dire, Père, mais vous aussi êtes
lépreux. — Ce n'est ni une surprise, ni une peine pour moi, répondit-il ; je savais que cela devait être, et c'est la volonté de
Dieu. » Aussi continuait-il à travailler avec sa joyeuse et ferme
persévérance, portant la consolation et la paix partout au milieu
de son nombreux troupeau d'infortunés en disant : « Je ne voudrais pas être guéri si le prix de ma guérison était de quitter mon
île et d'abandonner mon œuvre. »

Une dame lui faisait dire par quelqu'un : « Vous avez laissé toutes les choses de la terre pour servir Dieu et le prochain ; aussi, je crois que vous possédez maintenant cette joie que personne ne peut vous enlever et que plus tard vous aurez une grande récompense. — Dites-lui, répondit-il en souriant, que c'est vrai, j'ai maintenant cette joie. »

« Je n'ai jamais vu un homme plus humble, » écrit M. Cliffort. Le P. Damien ne se donnait l'air ni d'un martyr, ni d'un héros, ni d'un saint. Voici le portrait qu'en a fait un de ses visiteurs. C'est maintenant un homme de quarante ans, trapu et solidement bâti, ayant les cheveux noirs et frisés, la barbe courte et grisonnante ; son visage doit avoir été beau, sa bouche est bien faite, son nez droit et court, mais il est défiguré par la lèpre, quoique pas à ce point d'empêcher de regarder avec plaisir ce visage ouvert et expressif ; son front est enflé et sillonné, ses sourcils ont disparu, le nez est quelque peu déprimé, les oreilles sont grandement élargies, ses mains et son corps montrent aussi de nombreux signes de la lèpre.

« La durée de la vie pour ceux qui sont atteints et chez lesquels pareils symptômes se déclarent est d'environ quatre ans, après quoi la cruelle maladie attaque quelque organe vital et la mort s'ensuit. Ce laps de temps semble s'être écoulé depuis le moment où le bon Père fut marqué comme victime ; mais il avait complété son œuvre à Molokaï.

« A côté de l'église qu'il a bâtie croît un palmier sous lequel il habita plusieurs semaines lorsqu'il arriva dans l'île en 1873. C'était alors un bien triste lieu : les maisons étaient misérables, malsaines, point aérées ; les habitants étaient mal nourris, mal vêtus et sans propreté ; le service d'eau était défectueux. Les malades vivaient en désespérés, s'abandonnant sans frein au vice.

« Maintenant toutes ces choses ont changé. Les habitations construites par le gouvernement sont propres, jolies et commodes. L'eau, qui est amenée par des conduits, ne manque jamais et est excellente. Il y a cinq églises, un grand magasin d'approvisionnements et les visages que l'on voit semblent presque toujours heureux, dit-on. Son courage admirable excita d'autres âmes au dévouement. Sept autres nobles cœurs, hommes et femmes, ont, à son exemple, abandonné leurs vies aux lépreux de Molokaï. »

M. Cliffort termine l'intéressant récit de sa visite dans l'île par le passage suivant : « Au moment où notre vaisseau levait l'ancre, la pourpre sombre des rochers était couronnée de nuages blancs, le petit village avec ses trois églises et ses habitations blanches s'étendait à leur pied ; le P. Damien se tenait sur les rochers avec son peuple jusqu'à ce que nous ayons disparu à leurs regards. Le soleil descendait à l'horizon, les rayons de lumière s'inclinaient vers la montagne. Molokaï se dérobait à notre vue, enveloppée dans un nuage doré. »

Cette île est vraiment un magnifique Golgotha au milieu des mers du Sud. Des vagues d'argent et de saphir baignent ses falaises sombres et élevées, couvertes d'une végétation tropicale.

Les huttes et les cabanes sont couvertes de roses de Chine et de vignes-vierges ; une herbe ondule parmi les noirs cailloux volcaniques, et des fruits aux vives couleurs émaillent les buissons. Les pauvres condamnés de cette charmante prison montrent, même dans leur triste condition, la douce et séduisante nature des habitants de Hawaï ; ils sont faciles de relations, agréables à servir, si toutefois cette atmosphère de mort peut jamais être oubliée.

Mais nous trouvons dans la personne du bon Père Damien, leur soutien et leur ami, un homme qui a vaincu la mort. Il a montré au monde entier le courage qu'un homme peut puiser dans la foi chrétienne pour surmonter tout ce qu'il y a de plus pénible à la nature ; il a donné une leçon frappante de la puissance et de la grandeur de la charité, et tous les discours ne pourront jamais en inculquer de semblables.

Intrépide, serein, heureux et triomphant au milieu des plus
affreux spectacles et des plus horribles épreuves qui puissent
fondre sur l'humanité, ce prêtre sublime apparaît à nos yeux
comme un des plus grands conquérants et des plus grands maîtres
de notre époque.

Il n'a pas seulement procuré du soulagement à des centaines
de nègres, mais il a aussi légué à la postérité une preuve écla-
tante de la vérité de cette parole : « L'amour parfait bannit la
crainte. » *(Extrait de sa Vie.)*

36. — Les deux champs de bataille.

E dévouement de la sœur de charité n'est pas moins
admirable que celui du prêtre catholique. L'exemple
de ces saintes filles a suffi souvent pour opérer d'éclatantes conversions et faire revivre la foi au milieu des
armées.

Aux premiers jours du mois de juillet 1866, dans un des
hôpitaux militaires de Bresce, une sœur de Saint-Vincent-de-Paul
assistait un soldat blessé et en grand danger de mort. C'était
un de ces braves de la brigade de Parme, qui, à la malheureuse
et glorieuse journée de Custoza, avait, dans le célèbre carré
commandé par le général Ferrero, fait un bouclier de sa personne au prince Humbert, contre les assauts impitoyables et
redoublés de la cavalerie ennemie. Il était tombé sous une grêle
de coups, et on l'avait relevé sans connaissance au milieu d'une
mare de sang, blessé neuf fois par les sabres de ses adversaires.

Transporté à l'ambulance, il supporta sans pousser une plainte l'amputation d'un bras, et la couture non moins douloureuse des chairs déchirées : seulement dans l'excès de la souffrance on l'avait entendu dire avec une sorte de tendresse enfantine : « Mon Dieu ! Ma Mère ! »

La sœur à laquelle on avait confié ce brave plus mort que vivant, était très populaire parmi les soldats. « Nous allons voir », se disaient-ils, lorsqu'ils eurent connaissance de l'état désespéré du blessé qu'on venait de lui confier, « nous allons voir si sœur Virginie saura l'arracher aussi des bras de la mort ; ce serait à vrai dire un beau miracle ! »

Sœur Virginie accueillit cet infortuné avec d'autant plus d'empressement, de pitié et de respect, qu'il était plus malheureux et plus souffrant, et dans son cœur, elle ne renonça pas à l'espoir de le guérir par les soins les plus assidus, et par ses ferventes prières.

Elle s'installa donc au chevet du malade, et ne le quitta plus ni le jour, ni la nuit. Elle pansait ses plaies avec la plus grande attention, préparait ses médicaments, lui murmurait à l'oreille des paroles consolantes ; puis, par des vœux et des prières, elle demandait à Dieu sa guérison.

« Mère, aidez-moi ! » s'écriait le soldat, en tressaillant sous la douleur spasmodique de ses blessures ; et il tournait vers elle ses yeux suppliants, respectueux et confiants comme s'il avait eu la sainte Vierge devant lui. — « Me voilà, mon fils !... » lui répondait sœur Virginie, en sortant de l'assoupissement qui venait peut-être de la gagner, et elle lui donnait le secours et les consolations qu'une mère donnerait à son fils malade.

Après quelques jours, le pauvre soldat fut saisi par une fièvre qui lui fit perdre connaissance. Dans son délire, il remuait, s'agitait sans cesse, cherchait à sortir de son lit, à défaire ses bandages et à déchirer ses plaies ; sœur Virginie ne se lassait de le surveiller, de le calmer, de le reprendre doucement, et le jour et la nuit, ramassait ce qu'il jetait continuellement loin de lui,

lui faisait avaler goutte à goutte une potion calmante, et lorsqu'elle ne pouvait ou ne savait plus que faire pour le soulager,
elle pleurait et priait pour lui.

Qui pourrait dire ce que fit cette femme admirable, et ce
qu'elle eut à souffrir pendant trois jours et trois nuits de peines et
d'angoisses! Enfin la crise se dénoua d'une manière inattendue,
les pulsations du malade diminuèrent, le délire cessa, les blessures présentèrent une apparence moins inquiétante, et l'espoir
apporta un peu de consolation auprès de ce lit de douleur.

Sœur Virginie regardait ce pauvre jeune homme qui revenait à
la vie, avec le regard content et satisfait de celui qui a vaincu
après une pénible lutte. Mais lorsque le soldat eut repris toute sa
connaissance et qu'il fut à même de reconnaître sa charitable
garde-malade, en voyant sa figure défaite, il commença à se demander si depuis qu'il l'avait vue la dernière fois, il ne s'était pas
passé des mois, ou peut-être une année.

« Sœur Virginie, lui dit-il, depuis quand est-ce que je ne vous
vois pas? Où avez-vous été ces derniers mois? Avez-vous été malade? Qu'avez-vous fait ?

— Oh ! ce n'est que depuis trois jours que vous ne me voyez
pas, ou, pour mieux dire, que vous ne me connaissez pas. Moi,
j'ai toujours été ici ; je n'ai fait que vous soigner, et je ne vous
ai jamais quitté un instant.

— Depuis trois jours?... Mais où étais-je pendant ce temps ?
Ah ! sœur Virginie, je comprends... la fièvre m'a fait perdre
connaissance... Mais à présent que je vous vois et que je comprends, je ne suis pas content de vous.

— Et pourquoi donc? Que vous manque-t-il ? Qu'avez-vous à
me reprocher?

— Vous faites trop pour moi, vous maigrissez à vue d'œil :
cela me fait de la peine, je vous assure...

— Je ne fais ni plus ni moins que mon devoir.

— Mais... et pourquoi n'allez-vous pas vous reposer un peu?

— Et vous, pourquoi n'avez-vous pas quitté votre place, lorsque les uhlans autrichiens avançaient, leurs lances en arrêt et leurs sabres levés?

— Mais je suis un soldat, moi ; je suis un homme ; j'ai juré de mourir pour mon drapeau et pour mon roi.

— Eh bien, moi aussi, j'ai juré de rester à ma place jusqu'au bout, et j'ai prêté serment à un roi bien plus grand que tous les rois de la terre.

— Mais si vous vous surmenez ainsi, vous ne pourrez pas continuer, vous tomberez malade, et peut-être vous y laisserez la vie.

— Eh quoi donc ? Si vous ne craignez pas, vous autres soldats, de mourir pour votre drapeau et pour un roi mortel, devrai-je craindre, moi, de tomber pour mon prochain et pour mon Dieu ?

Le soldat, sans répondre, s'enveloppa dans ses draps : on aurait dit qu'il voulait dormir, mais en réalité il était ému et il pleurait. Il sentait que cette femme ne valait pas moins que ces braves qui étaient tombés sur le champ de bataille, parce qu'elle avait le courage de mourir lentement, ignorée de tous, sans l'éclat de la gloire et de l'honneur du monde, soutenue par sa foi, nourrie par un espoir, animée d'une charité qui lui venaient certainement du ciel.

Un jour, tout à coup, il se fit un grand mouvement dans les salles de l'hôpital ; le prince Humbert venait lui-même rendre visite à ses compagnons d'armes blessés. Il voulut connaître l'histoire, la bravoure, les mérites et les souffrances de chacun d'eux. Arrivé au lit de notre soldat, aussitôt qu'il apprit ce qu'il avait fait et combien il avait souffert pour protéger son auguste personne, le bon prince, avec un sentiment d'affectueuse reconnaissance, lui serra la main, et attacha à sa poitrine la médaille de la valeur militaire. Le soldat, ému, le remercia ; puis, se relevant avec peine : « Altesse royale, dit-il, permettez-moi, je vous en prie, de céder cet honneur à une personne qui l'a mérité mieux que moi, à cet ange qui m'assiste depuis trois semaines avec tant d'héroïsme, en souffrant horriblement pour me rendre à la vie : elle a le vrai courage, le courage de la patience et de la charité. » Et en disant ces mots, il voulait remettre la médaille entre les mains de la sœur qui, baissant la tête, répétait doucement : « Je n'ai fait que mon devoir. »

Le prince, que cette scène avait ému, comprenant à la voix affaiblie et à la figure pâle de sœur Virginie ce qu'elle avait fait et enduré pendant ces jours passés, voulut lui décerner aussi une médaille. La sœur remercia le prince, mais aussitôt qu'il fut parti, se tournant vers un grand crucifix qui était suspendu au mur, elle fixa au pied la médaille d'argent qu'elle venait de recevoir, en disant : « Le vrai courage est Celui-ci : toute valeur nous vient de Lui. »

Un mois plus tard, le bon soldat avait quitté son lit ; ses plaies se cicatrisaient, et, s'appuyant sur une béquille, il commençait à se promener lentement dans les salles et dans les corridors de l'hôpital. « C'est un vrai miracle, » se répétaient ceux qui l'avaient vu presque mourant, le jour qu'il était arrivé à l'hôpital. — « Un vrai miracle de la charité, » ajoutait-il, et il regardait autour de lui espérant voir paraître l'ange qui lui avait rendu la vie.

Mais depuis quelques jours sœur Virginie avait disparu, et on ne la voyait plus venir. « Elle se reposera, » pensait son protégé, tout en cherchant à éloigner une autre crainte qui le troublait. « Elle se reposera, la pauvre chère sœur ! Il en était temps ! Elle a vraiment mérité un peu de repos ! » Et, en effet, sœur Virginie se reposait, se reposait pour toujours. Vers la fin d'une après-midi, on entendit des chants lents et plaintifs qui partaient de la cour de l'hôpital. Les convalescents et les malades s'empressèrent de regarder par toutes les ouvertures d'où il était possible de voir. Ils virent... ils comprirent... personne ne fit un mouvement, ne prononça un seul mot : tous se découvrirent pensifs et émus. Le chant continua, tendre et triste, comme si les anges eux-mêmes étaient en larmes : c'était une suite de vierges qui accompagnaient une bière couverte d'un drap blanc, sur laquelle on avait posé une simple couronne de roses blanches. Sœur Virginie allait à son repos. Tombée elle aussi sur la brèche, consumée par le feu de la patience et de la charité, victime de son devoir, fidèle à son serment, elle allait recevoir la couronne éternelle des héros.

Tous lui envoyèrent un salut du fond du cœur, et le soldat revenu à la vie retourna se jeter sur son lit où il pleura : il pleura comme un petit enfant qui a perdu sa mère.

Il n'y a pas de courage plus noble et plus vrai que celui d'une vierge qui donne sa vie pour soutenir des braves ; il n'y a pas d'honneur plus digne d'elle que les larmes des héros !

(L'abbé TARRA.[1])

37. — Un martyr du catéchisme.

E livre du catéchisme a été considéré, pendant la Révolution de 1793, comme un emblème de la foi. Jean Chantebel, fermier, demeurant au village du Chêne, en Bretagne, peut être considéré comme un martyr du catéchisme.

« Jean, rapporte Barruel, connaissait les devoirs de sa religion ; il aimait à les lire et à les retrouver dans un *Petit Catéchisme à l'usage des fidèles,* pendant les persécutions du schisme.

____
[1] Aumônier à Milan ; ce récit est une traduction.

Ce livre précieux à sa foi fut son crime : les brigands le trouvèrent chez lui, et c'en fut assez pour le faire prisonnier.

« Un comité s'assemble et ordonne que le dit catéchisme soit brûlé. Un bûcher est dressé en grande pompe, Chantebel est amené. On lui lit la sentence de son livre et la sienne. Il est condamné à prendre la torche qu'on lui présente et à mettre le feu au Catéchisme. Il répond : « Cet ouvrage contient les principes de ma foi. Vous n'obtiendrez pas de moi que j'y renonce. » On le menace ; il n'en est pas ému. Un des brigands saisit la torche enflammée, brûle la main du généreux Confesseur. « Oh ! ce n'est pas la main seulement, dit Chantebel, c'est tout mon corps que vous pouvez brûler, plutôt que de me voir commettre un acte indigne de ma religion. »

« Les brigands confus, déconcertés, délibèrent. Un nouvel arrêt ordonne qu'il sera conduit par les rues de Martigné, monté sur un cheval. Il ne témoigne pas la moindre répugnance ; son front tranquille, au milieu des huées de la populace qui l'escorte, annonce tout le calme de sa conscience. Dans le nombre des personnes attirées à ce spectacle, se trouve l'épouse de Chantebel même. Nouvelle Machabée, elle s'empresse, et dans son langage plein d'une simplicité sublime : « Tiens bon ! lui crie-t-elle ; c'est pour le bon Dieu, et il t'en récompensera. »

38. — La plus grande joie d'un cœur chrétien.

LES catholiques n'ont pas oublié le dévouement du jeune de Guérin quittant le séminaire de Nantes et tombant mortellement blessé à Castelfidardo. Conduit à Rome par une force irrésistible, incorporé peu après dans le bataillon des zouaves, il s'y fit bientôt remarquer par son angélique piété, sa douceur, sa courageuse énergie, sa gaîté toute française et l'aisance avec laquelle il s'était plié en quelques jours au maniement des armes et à la vie des camps. La soif du sacrifice dévorait sa belle âme. A son départ de Nantes, un de ses amis lui reprochant la folie de son projet : « Eh bien ! oui, j'ai tort, lui répondait-il, c'est vrai ; mais j'ai tort avec tous les martyrs, qui allaient s'offrir eux-mêmes aux bourreaux. Je suis heureux d'avoir tort avec eux. Depuis longtemps déjà ma conscience a parlé. J'ai compris devant Dieu que, dans un siècle comme le nôtre, au milieu de l'effroyable bouleversement de tous les principes, de toutes les notions du juste et de l'injuste, en présence de ces attentats sans nom commis ou préparés chaque jour contre tout ce qui est sacré ici-bas, en présence surtout de cette sécurité complète et vraiment étrange de tant d'âmes honnêtes et religieuses, il n'y aura jamais, il ne saurait y avoir trop d'exemples de protestations de dévouement au Saint-Siège, à la vérité, à la justice, à l'honneur. »

Puis, comme son vieux père, dont il était l'unique enfant, lui demandait s'il pensait à quitter la soutane : « Oui, pour quelques mois, répondait-il, parce que c'est un habit peu commode dans une bataille, je m'imagine ; mais, à moins que Dieu ne m'appelle à lui auparavant, j'espère bien recevoir le sous-diaconat à l'ordination qui suivra mon retour. »

C'était au ciel que Dieu voulait l'appeler avec ses anges. Frappé d'une balle en pleine poitrine, il était tombé à quelques pas de l'ennemi, et fut transporté le lendemain à l'hôpital d'Osimo.

Son martyre dura sept semaines entières, sans qu'on l'entendît prononcer une plainte ou un murmure. « Que je suis heureux, répétait-il sans cesse, de souffrir et de mourir lentement pour Jésus-Christ et son Église ! J'ai fait à Dieu le sacrifice de ma vie. Soyez jaloux de mon bonheur. »

Ce fut dans la nuit du 30 octobre 1860 qu'il expira.

« Le matin de sa mort, dit un témoin oculaire, rien ne faisait présager une fin si prochaine, et le pauvre enfant me remerciait des faibles marques d'affection que j'étais si heureux de lui donner, s'excusant même de la peine qu'il me causait. A deux heures après midi, l'asphyxie commença et fit de rapides progrès. Quand j'arrivai près de lui, il me serra la main, et me dit d'une voix entrecoupée et le visage souriant : « Quel bonheur, monsieur ! Dieu m'appelle à lui. Priez pour moi ; là-haut je vous le rendrai. Mon Dieu, combien je souffre ! mais que votre volonté soit faite. Si vous saviez, monsieur, combien je suis heureux d'offrir mes faibles souffrances à ce bon Jésus, qui a tant souffert pour moi ! » Et voyant que mes yeux étaient remplis de larmes et que je pouvais à peine maîtriser mon émotion : « Il ne faut pas pleurer, me dit-il, ni être triste, car je suis bien heureux. Répondez-moi : à quelle heure supposez-vous que tout soit fini ? » Je lui dis que je pensais que ce serait vers cinq heures. « Oh ! tant mieux ! Je voudrais bien recevoir l'Extrême-Onction pendant que j'ai ma connaissance, afin de pouvoir répondre moi-même aux prières. » Son désir fut immédiatement satisfait, et il reçut le sacrement des malades des mains du vénérable abbé de la Treiche, chapelain français de Lorette. Vers quatre heures et demie, se sentant faiblir, il me demanda si le pouls baissait, et sur ma réponse affirmative : « Oh ! disons le *Te Deum,* » demanda-t-il. Ces aspirations étaient interrompues par quelques cris involontaires que lui arrachaient ses douleurs.

« A la fin du *Te Deum,* il s'assoupit, et l'on put croire à sa mort. Mais, vers cinq heures et demie, il reprit ses sens et un peu de force. « O mon Dieu, s'écria-t-il, pardon ! j'ai eu un mo- « ment d'orgueil, et vous m'en punissez en prolongeant ma vie. »

« A partir de ce moment, ses douleurs devinrent de plus en plus vives et sa résignation de plus en plus grande. Son voisin de salle, M. de la Salmonière, s'étant mis au lit : « Au revoir, lui dit-il ; nous nous retrouverons au paradis. » Le médecin lui avait donné, pour apaiser ses douleurs, une potion dont il se lassa bientôt, et il lui demanda un peu de vin. Puis se reprenant : « Oh ! non, j'offrirai cette petite mortification à Dieu. Je me refroidis déjà. Que je souffre ! Acceptez cela, mon Dieu ! Oh ! merci. » Il se tut ; ses yeux, fixés vers le ciel, restèrent ouverts et insensibles à la lumière d'une bougie. Il souriait et paraissait en extase. Cet état dura environ vingt minutes. Il revint à lui et demanda l'heure. « Huit heures et demie, » lui fut-il répondu. « Encore une demi-heure de souffrances ! Je sens une sueur froide sur mon front. Quel bonheur, mon Dieu ! Pardonnez, je vous en prie, à ceux qui m'ont blessé. Mon Dieu, acceptez mes souffrances. Ne pleurez pas, mes bons amis, ne soyez pas tristes : je vais à Dieu. » Quelques minutes après, tout était fini pour lui ici-bas. Il avait rendu à Dieu sa belle âme, le sourire sur les lèvres et la paix dans le cœur. »

Voilà une de ces morts, qui sont des victoires sur la nature et le démon, dont on pourrait citer des centaines d'exemples parmi les zouaves pontificaux. Puisse la jeunesse chrétienne de nos jours montrer le même courage et les mêmes sentiments religieux en face de la mort !

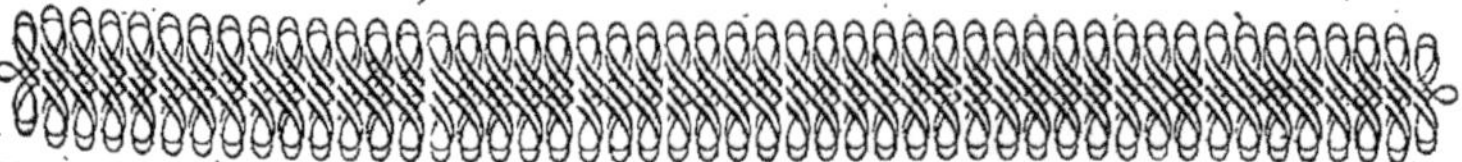

39. — Espérance et souvenir.

A nuit est sombre, les vents en courroux gémissent dans les défilés de la montagne. Quels sont ces trois voyageurs? Là-bas, sur le chemin bordé de précipices, l'un d'eux se traîne péniblement; sa marche est lassée, ses vêtements en lambeaux; son œil s'éteint dans les larmes. Un de ses compagnons, léger comme un fantôme, le précède et lui sourit; l'autre, triste et morne, le suit en effaçant la trace de ses pas.

Le fantôme est couronné d'étoiles; l'ombre agite un miroir où se reflètent des tableaux enchantés.

Tous les trois cheminent dans le plus profond silence comme des condamnés qui marchent au supplice.

Cependant, brisé par la fatigue, vaincu par la douleur, l'homme soupire et murmure : « Mon Dieu, que l'heure est lente et que la route est longue ! » Le fantôme se retourne, et avec un regard plus doux que le soleil de mai jouant sur les fleurs : « Courage et patience ! là-bas tes pieds fouleront la mousse et l'asphodèle, tes lèvres se rafraîchiront à des sources d'eau vive; là-bas tu trouveras une couche paisible à l'ombre d'un feuillage éternel; là-bas, c'est le repos, l'hospitalité, le bonheur; là-bas, c'est la terre promise, c'est le ciel. »

A ces mots, le voyageur retrouve un peu de forces; mais bientôt il retombe épuisé sur le sol en répétant : « Mon Dieu, que l'heure est lente et que la route est longue ! » L'ombre s'avance à son tour; elle fait luire à ses yeux le miroir magique. L'homme regarde et oublie sa souffrance : « Vois ce toit qui t'a vu naître, le verger où tu jouais étant enfant, l'église du village où tu courais jadis, tremblant de perdre une minute de prière. Ta voix se mêlait à l'orgue sacré, aux cantiques divins, aux parfums de l'encens, et les anges se penchaient pour regarder ton âme. Voilà ta jeunesse, studieuse d'abord... ensuite! Ah! pleure, il y a là des fautes et des larmes; mais Dieu t'a pardonné pour ne voir que la candeur de tes jeunes années. Repasse-les dans ta mémoire pour avoir la force de marcher. »

Et l'homme, le fantôme et l'ombre avancent, avancent toujours.

Tout à coup la route s'illumine d'une lueur étrange, l'ombre et le fantôme s'évanouissent, l'homme reste seul avec un ange. Son regard est doux et triste, sa robe est blanche et ses ailes sont noires.

— Par pitié, s'écrie le voyageur, rendez-moi mes deux compagnons.

— Leur mission est finie, la mienne commence.

— Quelle était leur mission?

— L'un t'a soutenu par les promesses de l'avenir, l'autre t'a consolé par les bonheurs du passé; leurs douces paroles ont charmé ton chemin.

— Quel est ce chemin?

— La vie.

— Et mes compagnons étaient?...

— Le fantôme qui marchait devant toi se nomme l'Espérance. Il doit épargner à l'homme les cailloux de la route en le portant doucement dans ses bras. L'autre, cette ombre qui suivait si fidèlement tes pas, c'est le Souvenir qui recueille perle à perle le chapelet de tes jours pour les défiler plus tard devant toi, embellis encore par le miroir magique.

— Mais toi, toi, qui donc es-tu? dit l'homme éperdu, chancelant.

— Ne le devines-tu pas? J'ai brisé ta chaîne, je vais tarir tes larmes et te rendre la béatitude. Que mon nom ne t'effraie pas : je suis ta meilleure amie, je suis la Mort.

(Raoul de Navery.)

40. — La marquise Le Bouteiller.

TOUT semblait concourir à rendre heureuse la marquise Le Bouteiller aux premières années de son mariage. Elle avait eu le bonheur de convertir son mari ; Dieu avait accordé une fille à ses ardentes prières ; la fortune, les faveurs, la considération au dehors, la joie la plus pure au foyer domestique la mettaient, pour ainsi dire, au comble de ses vœux. Il ne lui restait rien à désirer, l'action de grâces était la forme la plus naturelle de ses entretiens avec Dieu. A cette époque, — vers 1830, — M. Le Bouteiller quitta la France et se retira à Rome avec son épouse et sa jeune enfant. Ce fut dans cette ville que la vertueuse Mme Le Bouteiller commença sa vie de douleurs : Dieu, nous dit son biographe, plaça dans son cœur de mère le premier anneau de cette chaîne d'épreuves qui se déroula d'année en année jusqu'à sa mort. Sa jeune fille tomba malade et mourut dans ses bras. Il faut être mère, sans doute, pour bien juger de la douleur d'une mère qui perd son enfant : son cœur est comme un abîme d'angoisses inexprimables. La foi seule conserve ici-bas sa vie et soutient le courage de cette mère affligée. Le marquis, son mari, écrivait à sa famille à Versailles : « Ma pauvre femme est admirable dans sa douleur si calme, si résignée, si chrétienne. Je fais tous mes efforts pour l'imiter de loin. » Qu'il est beau ce sentiment exhalé de son âme, alors que le cardinal de Rohan la consolait de la perte de sa fille unique et si tendrement chérie! « Éminence, ne vous scandalisez pas de mes larmes; il me semble qu'on m'arrache l'âme. Je ne me révolte pas cependant; je veux ce que Dieu veut; je me soumets, je consens, mais je pleure! Cela empêche-t-il la résignation? Il me semble que si Dieu me disait : Puisque tu n'as pas le courage de me laisser ton enfant, je te la rends : je ne suis pas offensé, mais il m'eût été plus agréable de la garder : — Eh bien! Seigneur, lui dirais-je, je ne veux pas la reprendre : votre bon plaisir avant tout! » « Oui, disait-elle encore à un ami de sa famille, Mgr de Forbin-Janson, oui, le pauvre cœur souffre, mais le bon Dieu fait bien toutes choses! Il a voulu sauver mon enfant, je n'aurais pas su l'élever. Avec moi, elle se serait peut-être perdue; le monde lui eût ravi son innocence. Elle est bien établie aujourd'hui, je ne dois que remercier Dieu! »

Dieu avait surtout imprimé dans le cœur de la vertueuse marquise le plus ardent désir de soulager les pauvres souffrants dans les hôpitaux : elle y passait de longues heures, s'appliquant à soigner, à panser, à servir, dans toutes leurs infirmités, les pauvres femmes recueillies dans ces maisons de charité. « Elle s'attachait avec une préférence marquée à celles qui étaient dans l'état le plus repoussant : elle pansait et nettoyait leurs plaies. » A ces traits les saints se reconnaissent. Elle préludait ainsi à cette vie de bonnes œuvres et de douce charité qui fut, pour ainsi dire, la passion de son cœur; mais Dieu lui réservait une nouvelle épreuve, et cette épreuve devait être comme le complément et la consommation de ses sacrifices. Le marquis Le Bouteiller mourut. Ce coup brisa ses liens, et dès lors elle ne vécut plus que pour Dieu. Veuve, affligée, mais soumise, elle revint à Paris passer son année de deuil dans la solitude d'un couvent, et, après l'expiration de ces tristes jours, elle se dévoua entièrement aux pauvres. Vraie fille de charité, ange de la miséricorde de Dieu, elle visitait les pauvres à leur domicile, et près d'eux elle renouvela tous les prodiges de la charité qu'elle exerçait à Rome.

Cette sainte et charitable femme fut l'une des premières à commencer l'œuvre si utile de la visite des pauvres dans le sein même de leur misère : c'était l'époque des saintes institutions. En ce temps même naissait la Conférence de Saint-Vincent de Paul, noble phalange de jeunes chrétiens, s'imposant la volontaire mission d'aller chez les pauvres porter l'aumône temporelle et les consolations de la religion. La charité pressait le cœur de la vertueuse veuve : elle fut aussi sa plus puissante force, car plus elle donnait de dévouement aux pauvres de Dieu, et plus il semblait que Dieu voulût ajouter à ses douleurs : des morts succédaient à des morts ; ce fut celle de son père, puis celle de sa mère, puis celle d'une sœur tendrement aimée ; et à toutes ces profondes amertumes de sa vie, elle répondait par de nouveaux élans de charité. Il y a dans Paris une œuvre bien méritoire : elle s'accomplit dans le silence, et souvent dans les plus dures humiliations, c'est l'œuvre de la quête pour les petits séminaires. Que de paroles injurieuses ! que de mépris ! que de déceptions ! Le découragement s'empare quelquefois des cœurs les plus aguerris ! « En voilà assez pour aujourd'hui, disaient à notre sainte veuve quelques dames, rouges de honte et outrées de dépit devant les insolences qu'elles avaient essuyées ; remettons la quête à demain. — Du tout, du tout, répondait Mme Le Bouteiller, à quel propos, d'ailleurs ? Les aumônes sont pour les petits séminaires, les refus sont pour nous ; c'est notre gain. Continuons, continuons, nous sommes en veine. Le bon Dieu est avec nous ! » Les plus grands saints ne disaient pas mieux.

Au reste, elle se dépouillait elle-même avec un égal courage. Elle donnait tout : linge, vêtements, aliments ; elle ne se réservait que ce qui lui semblait convenable à sa position. Sa charité n'était pas humaine, elle était animée par la foi : pour elle, comme pour les saints, tout pauvre était Jésus-Christ ; et que pouvait-elle refuser au Dieu, l'objet unique de sa tendresse ? Sa main était abondante pour donner, sa voix tendre pour consoler, son cœur indulgent pour excuser et pardonner. Une âme aussi sainte devait tout naturellement se trouver mêlée à toutes les œuvres de charité ; aussi, dès que l'œuvre des pauvres malades à laquelle saint Vincent de Paul avait initié les dames de la cour d'Anne d'Autriche, eut été rétablie en 1840, Mme Lé Bouteiller s'y associa ; Dieu imposa aussitôt à son humilité un sacrifice qui lui coûta ; il permit qu'elle fût nommée pour représenter au conseil la paroisse de Saint-Sulpice qu'elle habitait. La pensée des pauvres put seule lui faire accepter cet honneur et accomplir ce grand acte d'abnégation... On conçoit facilement qu'après tant de sacrifices, la généreuse chrétienne n'eut aucune peine à faire celui de sa vie. Dieu la prépara par la souffrance à cette suprême immolation : sujette à des crises d'une extrême violence, elle trouvait dans la pensée de Jésus-Christ force et encouragement. Le mal enfin triompha, et la pieuse veuve couronna sa belle vie par la plus douce mort. C'était le 24 avril 1856.

(D'après l'abbé Frappaz.)

41. — Un sacrifice sublime et simplement accompli.

A L'AGE de dix-neuf ans, Baptiste Curat quittait son pays pour aller en Californie chercher fortune, et pendant qu'il exploitait les sables du Sacramento, il oubliait de satisfaire à la loi qui l'appelait sous les drapeaux. Au bout de douze années d'un travail pénible et sans relâche, il avait conquis une petite fortune, quinze mille francs environ. Il s'embarqua alors pour revenir en Europe; il était un des trois cents passagers du *Golden gate*.

Autour de son corps, raconte son avocat, est enroulée la précieuse ceinture qui contient l'or si difficilement acquis; il songe au clocher de Podensuc; il voit son vieux père, sa famille, ses amis l'embrassant et fêtant son arrivée. Tout à coup un bruit lugubre résonne dans les flancs du navire, un cri formidable sort de trois cents poitrines : « Le feu est à bord. »

En effet, le *Golden gate* brûlait, et, quelques heures après ce terrible cri, la mer était couverte de cadavres se balançant sur les vagues éclairées par les dernières lueurs de l'incendie. Baptiste, au milieu des corps flottants, des poutres embrasées qui brûlaient encore sur l'eau, s'est jeté à la mer, confiant sa vie à la Providence; habile nageur, si ses forces ne le trahissent pas, il peut gagner la côte. Tout à coup, au milieu de mille cris d'horreur qui se font entendre, une voix plus déchirante arrive à l'oreille de Curat; il voit une femme lui présentant un enfant et lui criant : « Sauvez-le ! »

Curat n'hésite pas; le fruit de douze années de travail et de souffrances, est détaché de sa ceinture et va s'engloutir dans les profondeurs de l'Océan. En quelques brassées il a rejoint la mère qui ne songe qu'à sauver son enfant, il s'en saisit; la malheureuse mère disparaît sous la vague, son dernier regard est pour le sauveur de son fils.

Curat atteint une plage déserte; durant trois jours et trois nuits, il y vit, ainsi que quelques naufragés, d'un peu de farine qu'un Portugais avait renfermée dans une ceinture. L'enfant est adopté par ces malheureux épuisés de fatigue et de privations; chacun le porte à son tour et lui prodigue des soins. Dans leur malheur, ces hommes qui meurent de faim ont des caresses pour ce petit être que Dieu a voulu sauver de l'horrible naufrage.

Curat put rentrer en France, où on l'arrêta comme déserteur. Mais il fut acquitté et rendu à sa famille.

42. — Admirable résignation d'un jeune soldat.

ENDANT la guerre d'Orient, un militaire de Saint-Brieuc, A. Tardivel, blessé sous les murs de Sébasto-pol, adressait à son père la lettre suivante, vrai modèle de courage et de conformité aux volontés divines :

« Mon bon père,

« A l'époque de ma dernière lettre, je me portais bien et n'avais pas encore eu d'accident; mais Dieu n'a pas permis qu'il en fût toujours de même (que sa volonté soit faite); car vendredi

17 août, à huit heures et demie du matin, il arrive par malheur un boulet qui ricoche sur moi, m'emporte le bras gauche, tue un sergent qui était à côté de moi, et va labourer la tête d'un brave soldat à quelque distance.

« On m'a porté de suite à l'ambulance des tranchées, et là on m'a fait l'amputation du bras. Les chirurgiens de garde m'ont demandé si je voulais être endormi ; j'ai répondu : « Non ; je veux « voir si j'ai encore le courage de supporter l'opération. » En effet, je l'ai supportée comme il faut, mais non sans souffrir beaucoup, je vous prie de le croire. Dans mon malheur, j'ai eu du bonheur, car je n'ai pas éprouvé un moment de fièvre, et, depuis ce temps, mon moignon va de mieux en mieux, à tel point que je puis me dire sauvé. Si j'ai attendu jusqu'aujourd'hui pour vous écrire, c'est que je voulais savoir comment j'irais, et je vais très bien. Le docteur est tout étonné de la prompte guérison de mon bras ; il m'assure que tout ira bien. J'ai bon courage, bon cœur et bon appétit ; je mange et bois comme si j'étais en parfaite santé ; je ne souffre que très peu ; aussi ai-je l'espoir d'être évacué pour France dans quinze jours ou trois semaines.

« Mes bons parents, prenez ce mal en bien, ne vous faites pas de chagrin, car moi je ne m'en fais pas. Cet accident sera cause que vous verrez votre fils plus tôt que vous ne l'auriez vu, et moi, à vrai dire, je n'en suis pas trop fâché. Mon bon père, je pense que vous ferez comme moi, que vous ne vous chagrinerez pas de mon petit malheur : puisque Dieu l'a voulu, que sa volonté soit faite ! »

43. — Le secret de la patience dans les souffrances corporelles.

JE ne puis m'empêcher de songer au sort d'une jeune fille devenue célèbre parmi les personnes bienfaisantes, qui se font un devoir sacré de chercher le malheur pour le secourir. Elle a dix-huit ans ; il y en a cinq qu'elle est tourmentée par un horrible cancer qui lui ronge la tête. Déjà les yeux et le nez ont disparu, et le mal s'avance sur ses chairs virginales comme un incendie qui dévore un palais. En proie aux souffrances les plus aiguës, une piété tendre et presque céleste la détache entièrement de la terre et semble la rendre inaccessible ou indifférente à la douleur. Elle ne dit pas comme le fameux stoïcien : « O douleur ! tu as beau faire, tu ne me feras jamais convenir que tu sois un mal. » Elle fait mieux : elle n'en parle pas ; il n'est sorti de sa bouche que des paroles d'amour, de soumission et de reconnaissance.

L'inaltérable résignation de cette fille est devenue une sorte de spectacle, et comme dans les premiers siècles du christianisme, on se rendait au cirque par curiosité pour y voir Blandine, Agathe, Perpétue livrées aux lions ou aux taureaux sauvages, et que plus d'un spectateur s'en retournait surpris d'être chrétien, des curieux viennent aussi, dans cette brillante cité contempler la jeune fille livrée au cancer. Comme elle a perdu la vue, ils peuvent s'approcher d'elle sans la troubler, et plusieurs en ont rapporté de meilleures pensées.

Un jour qu'on lui témoignait une compassion particulière sur ses longues et cruelles insomnies : « Je ne suis pas, dit-elle, aussi malheureuse que vous le croyez ; Dieu me fait la grâce de ne penser qu'à lui. » Et lorsqu'un homme de bien lui dit un jour : « Quelle est la première grâce que vous demanderez à Dieu, ma chère enfant, quand vous serez devant lui? » elle répondit avec une naïveté angélique : « Je lui demanderai que mes bienfaiteurs puissent l'aimer autant que je l'aime. »

(J. DE MAISTRE.)

44. — L'héroïsme récompensé.

LE général Ambert dans son bel ouvrage, *L'héroïsme en soutane*, cite une foule de traits d'un dévouement sublime, accomplis par des prêtres, des frères, des sœurs de charité pendant la malheureuse guerre de 1870. Il ne nous est pas possible de les relater dans ce modeste volume qui est comme le Livre d'or du courage chrétien, et du reste ils sont connus déjà de la plupart de nos lecteurs. On nous permettra pourtant de reproduire un de ces épisodes, aussi touchant qu'admirable, et qui mérite d'être à jamais consigné dans les annales de notre patrie. Sparte et Rome n'ont rien produit de comparable à ce patriotisme chrétien.

Un terrible combat se livrait à quelques lieues du village des Horties ; le bruit arrivait confus, faisant tressaillir tout ce qui vivait. L'air était déchiré par la mitraille, le canon réveillait les échos et, dans le lointain, on apercevait les noirs tourbillons de la poudre.

Le curé était à l'autel, priant pour la sainte patrie. Autour de lui, le front courbé, pâles de terreur, les villageois suppliaient Dieu de les protéger.

Le bruit des clairons et des trompettes se fit entendre, de sombres fantômes apparurent dans la vallée, courant à la bataille. Leur nombre était grand et ils précipitaient le pas pour arriver à temps.

Les Allemands voulaient avoir leur part de proie, ils apportaient le fer et le bronze pour écraser les Français. Leurs soldats n'étaient que trois contre un, il fallait être plus nombreux encore.

Avant d'entrer dans le cercle enflammé, ils réunirent toutes leurs forces et firent une halte au carrefour des Châtaigniers. Un cercle de sentinelles protégeait leur repos qui devait être de courte durée.

Quelque rapprochées que fussent ces sentinelles mobiles, leur surveillance ne put empêcher deux jeunes gens de se glisser de buisson en buisson, de s'approcher doucement et de tirer sur les Prussiens. Quatre coups de feu se firent entendre, et l'on vit les deux enfants bondir comme des chevreuils et se précipiter dans un champ de blé. Vingt balles sifflèrent à leurs oreilles, mais on ne trouva sur la terre aucune goutte de sang ; plusieurs fois dans leur course, les deux tireurs avaient été vus. Ils étaient fort-jeunes, alertes et audacieux. Nous devons ajouter qu'ils tiraient habilement, car trois Prussiens roulaient à terre atteints en pleine poitrine. La quatrième balle couronnait l'aigle à deux têtes qui ornait la plaque d'un casque d'officier.

— Fusils de chasse à deux coups, disait cet officier.

On vit alors un détachement de soldats allemands se diriger vers le village. En y entrant ils s'emparèrent de six habitants, les premiers venus, et les conduisirent chez le maire. Le chef du détachement dit à ce fonctionnaire : « Vous êtes ici la première autorité ; je viens donc, au nom de mon auguste souverain, vous dire que des coups de feu ont été tirés sur les soldats de Sa Ma-

jesté, près de votre village. Étant les plus rapprochés du théâtre
du crime, vous êtes responsables. Il faut nous livrer les coupables,
ou bien six habitants seront fusillés, pour l'exemple. Hâtez-vous
de faire les désignations, j'attendrai jusqu'à demain à onze heures.
L'exécution devant avoir lieu à midi, vous n'avez pas de temps à
perdre; en attendant, votre village est occupé militairement, et je
garde les six prisonniers. »

On ne saurait peindre la désolation des pauvres gens du village.
Les femmes poussaient des cris lamentables, les hommes cherchaient à fuir, mais les Allemands faisaient bonne garde. Les habitants se réunirent, et il fut convenu, au milieu des sanglots, que
le sort désignerait les victimes.

Ceux qui avaient fait feu sur les Allemands n'appartenaient
point à la commune, ils venaient de loin et suivaient la colonne
prussienne pour choisir le moment favorable à la vengeance.
Peut-être leur père était-il assassiné, leur mère morte de douleur,
leur maison incendiée!

La journée se passa en discussions, en gémissements, en déses-
poirs.

Le maire, le curé M. Gerl, et deux vieillards plus qu'octogé-
naires supplièrent vainement l'officier prussien de pardonner; on
lui prouva que les habitants étaient étrangers à cette *trahison*,
les femmes vinrent pleurer à ses pieds. Tout fut inutile. Le capitaine faisait exécuter sa consigne avec une bienveillante raideur,
une froide politesse, mais sans colère et sans injures.

Les six malheureux que le sort avait désignés furent livrés à
cinq heures du soir et enfermés dans la salle d'école au rez-de-
chaussée de la mairie.

L'officier prussien autorisa le curé à porter à ces hommes les
consolations de la religion. Ils avaient les mains attachées derrière le dos. Une même corde leur liait les jambes.]

Le prêtre trouva ces hommes dans un tel état de prostration,
qu'ils comprenaient à peine ses paroles. Deux d'entre eux sem-

blaient évanouis, un autre était en proie au délire de la fièvre. A l'extrémité de la corde, la tête haute et le front calme en apparence, se trouvait un homme de quarante ans, veuf et père de cinq enfants en bas âge, dont il était l'unique soutien.

Il sembla d'abord écouter avec résignation les paroles du prêtre; mais, saisi par le désespoir, il se laissa bientôt aller aux plus abominables imprécations. Il maudissait la nature entière. Passant du désespoir à l'attendrissement, il pleurait sur ses enfants voués à la mendicité, à la mort peut-être. Alors il voulait que ses cinq enfants fussent, avec lui, livrés aux Prussiens; saisi d'un rire satanique, il s'écriait : « Oui, c'est le petit Bernard, âgé de trois ans, qui a tiré sur ces gredins! »

Tous les efforts du prêtre furent inutiles pour ramener la paix dans cette âme brisée. Le curé sortit et marcha lentement vers le corps de garde où se tenait l'officier. Celui-ci fumait dans une grande pipe de faïence. Il écouta le curé sans l'interrompre.

— Monsieur le capitaine, dit le curé, on vous a livré six otages, qui, dans quelques heures, seront fusillés. Aucun d'eux n'a tiré sur votre troupe. Les coupables s'étant échappés, votre but n'est pas de punir ceux qui ont attaqué, mais bien de faire un exemple pour les habitants des autres localités. Peu vous importe donc de fusiller Pierre ou Paul, Jacques ou Jean. Je dirai même que plus la victime sera connue, plus l'exemple sera salutaire. Je viens, en conséquence, vous demander la faveur de prendre la place d'un pauvre père de famille dont la mort plongera dans la misère cinq petits enfants. Lui et moi nous sommes innocents, mais ma mort sera plus profitable que la sienne.

— Soit! dit l'officier.

Quatre soldats conduisirent le curé dans la prison; il fut garrotté avec les autres victimes.

Le paysan, père des cinq enfants, embrassa son curé et rentra dans sa demeure, félicité par tous.

Nous ne chercherons pas à peindre les angoisses de la nuit.

Lorsque le jour parut, le curé avait ranimé le courage de ses compagnons d'infortune. Ces misérables, abrutis par la peur, étaient devenus, à la voix du prêtre, de glorieux martyrs que soutenaient la foi du chrétien et l'espérance d'une vie meilleure.

A onze heures, une escorte attendait à la porte et les prisonniers se mirent en marche. Le curé était en tête, récitant à haute voix l'office des morts. Sur le chemin, les villageois agenouillés jetaient un dernier regard sur leur pasteur.

On approchait du lieu choisi pour l'exécution, lorsqu'un major prussien qui passait par hasard avec une ordonnance s'arrêta.

La vue du prêtre fixa son attention. Le capitaine lui expliqua la chose, qui parut au major moins naturelle qu'à son subordonné. Le major fit suspendre l'exécution et adressa un rapport au général. Celui-ci fit comparaître le curé.

L'explication fut courte. Le général était un homme de cœur qui comprit tout. Il dit au curé : « Monsieur, je ne puis faire une exception en votre faveur, et cependant je ne veux pas votre mort. Allez, et dites à vos paroissiens, qu'à cause de vous je leur fais grâce à tous. Que ce soit la première et la dernière fois. »

Lorsque le curé fut parti, le général prussien dit aux officiers témoins de cette scène : Si tous les Français avaient le cœur de ce simple prêtre, nous ne resterions pas longtemps de ce côté du du Rhin. »

(Le général AMBERT.)

45. — La jeunesse du baron Cauchy.

A jeunesse de l'illustre savant, Augustin Cauchy, n'a ressemblé en rien à celle de tant de jeunes gens qui dépensent follement dans le plaisir et le désordre tout ce que leur âme et leur cœur renferment d'énergie et de nobles sentiments. Dès son arrivée à Cherbourg, où, après son cours à l'école des Ponts-et-Chaussées qui suivit les deux années réglementaires à l'École polytechnique, il avait été envoyé avec d'autres ingénieurs, Cauchy s'était fait connaître comme chrétien convaincu et logique. Les exemples de ce genre étaient très rares à cette époque : aussi, grande fut la surprise que causa la vue d'un jeune ingénieur qui passait pour être d'un mérite hors ligne et appelé à un brillant avenir, et qui ne craignait pas de pratiquer dans sa paroisse l'assistance aux offices comme le plus humble des fidèles. On critiqua le nouvel arrivé, on essaya de le tourner en ridicule, mais en vain ; celui-ci déjoua les plaisanteries et les critiques par la finesse de son esprit ou par la verve de son bon sens.

Un jour on imagina de le dénoncer à ses parents, à son excellente mère, et de le représenter comme un jeune homme exagéré et dépourvu de prudence, à qui une dévotion mal entendue ferait tourner la tête. Sa mère lui écrivit à ce sujet, et Cauchy lui répondit par une lettre qui la rassura complètement ; nous en extrayons le passage suivant :

« On dit que la dévotion me fera tourner la tête : quelles sont les personnes qui disent cela ? Ce ne sont pas celles qui ont beaucoup de religion ; celles-ci ne m'en ont parlé que pour m'encou-

rager à persister dans ma ligne de conduite. Il y a quelques jours,
une personne me dit amicalement que la religion faisait quelquefois tourner la tête aux jeunes gens. Je causai avec elle à ce sujet et je lui prouvai que je n'avais pas la tête tournée. M. V***
s'avisa un jour de me dire, en parlant des devoirs religieux, que
je me corrigerais bientôt de tout cela. Je lui répondis, sans me fâcher, que, lorsqu'on faisait le mal, on pouvait bien se corriger.
et je lui demandai quel mal il trouvait dans ma conduite. Une
personne qui était présente fut de mon avis et prit mon parti.
Après avoir vu échouer quelques plaisanteries de ce genre, ce
Monsieur a fini par me faire beaucoup de politesses et ne me plus
parler de religion. Il peut se faire que quelque philosophe se
soit avisé de dire que la religion me ferait tourner la tête, et je
me félicite sincèrement que l'on ne m'ait pas encore fait d'autres
reproches. Et qu'y a-t-il en effet dans la religion qui soit propre
à faire tourner la tête? Serait-ce d'assister aux offices divins, de
remplir les devoirs du christianisme, de s'approcher plusieurs
fois l'année des sacrements? Je ne le pense pas, et la plus grande
obligation que je puisse vous avoir est de m'avoir élevé de bonne
heure dans ces saints exercices. Grâces à vous, mes chers parents, qui ne m'avez jamais donné que de bons conseils à suivre,
que de bons exemples à imiter ! Grâces à Dieu qui m'a fait naître
de parents si chrétiens et m'a donné tous les moyens de le servir !
et si j'ai quelque chose à lui demander, c'est de fortifier en moi
le sentiment religieux qu'il y a placé, de détacher de plus en plus
mon cœur de l'amour des créatures pour ne l'attacher qu'à Lui ;
de ne permettre jamais que je vienne à perdre la foi dans laquelle
j'ai été élevé ; de me pardonner toutes mes fautes ; et après
m'avoir comblé de ses grâces sur la terre, de m'admettre avec
vous à l'héritage céleste dans la société des Saints. Je ne vois rien
dans tout cela qui puisse me faire tourner la tête, et je sens au
contraire que si je venais à perdre le don sacré de la foi, c'est
alors que mon âme, ne sachant plus ce qu'elle doit craindre ni

ce qu'elle doit espérer, inquiète et incertaine sur l'existence d'une autre vie, se promènerait inutilement sur tous les objets qui l'environnent sans pouvoir se reposer dans l'avenir. »

Nous terminerons ces quelques mots sur M. Cauchy, en citant ce passage d'un de ses écrits : *Considérations sur les Ordres religieux, adressées aux amis des sciences :* « L'homme n'est pas seulement un morceau de matière qu'on peut voir et toucher, il est encore une intelligence. Esprit et corps à la fois, il a des besoins de natures diverses qu'il importe de satisfaire. Dans notre société il y a des enfants pauvres à instruire, des indigents à soulager, des infirmes à servir et à soigner, des prisonniers à consoler, des criminels à ramener au bien. Mais où trouver le remède à ces maux, si ce n'est dans l'esprit de sacrifice, et de sacrifice chrétien, tel qu'il est compris et pratiqué dans les associations religieuses, où ce sacrifice accepté pour toute la vie, est accompli sans restriction dans toute la perfection évangélique?... »

(VALSON.)

46. — Une faute noblement réparée.

CHARLES XII, roi de Suède, eut un jour, pendant qu'il était encore jeune, le malheur de boire trop de vin et de s'enivrer. Dans l'état où il était, il s'oublia au point de manquer grièvement au respect qu'il devait à la reine sa mère. Ce fait affligea profondément la reine, qui se retira aussitôt dans son appartement, résolue à y rester confinée pendant plusieurs jours et à refuser de voir qui que ce fût. Le lendemain du dîner où le jeune roi s'était porté à ce blâ-

On chargea les blessés sur ces voitures pour traverser l'armée ennemie. (P. 260.)

mable excès, il demanda pour quelle raison sa mère ne paraissait pas à table. On ne put lui cacher le motif de l'absence de la reine, et il rentra aussitôt en lui-même en se rappelant toutes les circonstances de ce qui s'était passé. En même temps il prit la ferme résolution de réparer autant qu'il était en son pouvoir, le mal qu'il avait fait. Il ordonna donc qu'on lui remplît un verre de vin. Il prit le verre, alla droit à l'appartement de la reine et lui dit :

« Ma mère, à l'instant même je viens d'apprendre qu'hier, dans l'état d'ivresse où j'étais, je me suis oublié au point de manquer au respect que je dois à Votre Majesté. Je viens vous supplier du plus profond de mon cœur de daigner me pardonner. Pour vous prouver combien je suis résolu à ne plus jamais tomber dans une faute semblable, je bois ce vin à votre santé, et je jure que ce sera le dernier qui passera sur mes lèvres. »

Le jeune roi tint parole : il ne but plus une seule goutte de vin tant qu'il vécut.

Nous ne rapportons pas ce trait pour conseiller d'imiter Charles XII, mais pour montrer quelle est la puissance de la volonté, quand elle est sérieuse et énergique. Tous nos lecteurs connaissent l'histoire de Cambronne, qui fit preuve d'une énergie non moins héroïque par sa fidélité à tenir la même promesse [1]. Pourquoi ne ferions-nous pas pour Dieu ce que des hommes du monde ont su faire pour des motifs purement naturels? Le salut de notre âme ne vaut-il pas mille fois davantage que la gloire humaine ou la satisfaction de nos semblables ?

[1] Voir ce récit dans le *Trésor anecdotique de la jeunesse.*

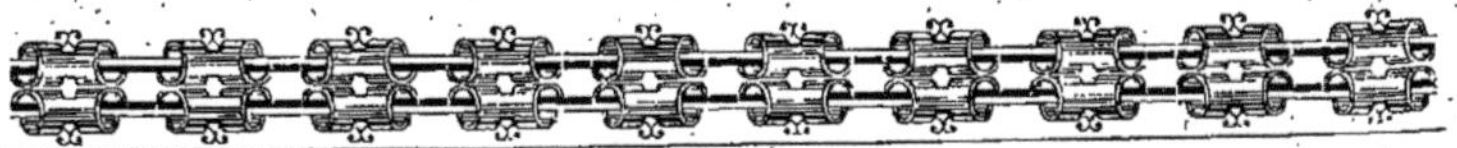

47. — Le règne de la peur.

DE nos jours, disait le commandant Marceau après sa conversion, si un officier veut remplir ses devoirs religieux, les catholiques mêmes qui font profession de piété croient lui rendre un grand service en lui facilitant les moyens de se cacher et lui conseillant de venir à l'église avec le costume civil : *c'est le règne de la peur !*

Ce que disait Marceau est encore plus vrai à l'heure actuelle que de son temps, du moins dans beaucoup de grandes villes. Et ce ne sont pas seulement les militaires qui usent de ces ménagements, mais une foule de chrétiens et même de jeunes gens, qui n'ont pas autre chose à craindre que de provoquer une plaisanterie, un simple sourire. Quel dommage qu'il n'y ait pas de nouveaux Marceau pour aiguillonner ces âmes pusillanimes et leur faire braver le respect humain, cet ennemi si redouté, qu'il attaqua, lui, capitaine de frégate, avec tant d'assurance et qu'il terrassa du premier coup pour jamais ! Son exemple est trop instructif pour que nous ne le citions pas dans ce recueil.

« Il faut en finir, se dit Marceau dès le lendemain de sa conversion, avec les capitulations de la peur ; il faut substituer aux habitudes de lâcheté et de poltronnerie, une coutume contraire. » Et sans s'inquiéter des sarcasmes de ses camarades, il parut dans le lieu saint en uniforme ; et là, se mettant à genoux sur le sol, au milieu de pauvres femmes, prosterné comme un ange adorateur, il passait des heures entières devant le Très Saint Sacrement, cherchant à ne pas faire attention à ceux qui l'entouraient. On le regardait quelquefois de tous côtés, et lui, avec sa parole énergique, il se disait à lui-même : « Reste-là, orgueilleux. » Des hommes sans religion suivaient Marceau jusque dans le temple sacré, pour l'épier et le tourner en ridicule. L'humble et charitable officier se contentait de plaindre de pauvres aveugles qui blasphémaient ce qu'ils ne connaissaient pas. *J'ai été comme eux*, disait-il ; *que ne peuvent-ils être bientôt comme moi !*

On lui représenta à lui-même que dans ces occasions, il devrait revêtir un habit bourgeois ; il répondit : « On se garderait bien de paraître devant les princes sans le costume militaire, et vous voudriez que je le quittasse pour paraître devant le Roi des rois ! » Ce qui fit promptement disparaître en lui le respect humain, ce fut l'usage de la communion fréquente. Le pain eucharistique en effet rend le cœur vaillant.

A cette époque, la religion n'était pas en honneur, tant s'en faut. Il fallait du courage pour se montrer franchement chrétien ; il en fallait encore plus pour se montrer pieux. Marceau a avoué lui-même que souvent des collègues étaient venus le remercier chaudement de s'être approché des sacrements en *habits militaires*. « Pourquoi, se disaient-ils, n'oserions-nous pas faire en bourgeois ce que Marceau fait en uniforme ? »

« Je revis Marceau à Lorient, raconte un de ses anciens camarades. Il commandait alors *le Vautour*. Quel ne fut pas l'étonnement de toute la ville, en voyant assister, cierge et chapeau à la main, à la procession de la Fête-Dieu, celui qu'elle avait vu, quelques années auparavant, disciple exalté du saint-simonisme, tout à fait homme du monde, et même passablement libertin ? »

A ceux qui l'engageaient à ne pas afficher ainsi sa religion, Marceau répondait : « J'ai été publiquement incrédule et apôtre, hélas ! trop éloquent du mensonge ; rien de plus juste que de réparer ce scandale donné à la société. J'ai renié et blasphémé Jésus-Christ et sa religion sainte ; n'est-ce pas de la plus stricte justice de lui faire amende honorable et de me montrer, avant tout, *chrétien ?* D'ailleurs, Jésus-Christ n'a-t-il pas prononcé ce redoutable arrêt : « Je renierai devant mon Père et les anges, celui qui m'aura renié devant les hommes. »

Un jour il alla, en uniforme, recevoir la très sainte Eucharistie, dans une chapelle, et à l'endroit même où il avait autrefois outragé Notre-Seigneur. Il agissait ainsi en esprit d'expiation. Et c'est là-même, ajoutait-il, transporté de douleur et d'amour, là même qu'il est assez bon pour se donner à moi !... »

« Je fais bien un peu de scandale ici, écrivait-il à sa mère, en assistant chaque jour à la messe et en communiant dans la semaine. Il n'y a pas tant de lieutenants de vaisseau faisant ainsi, pour qu'on ne trouve pas un peu extraordinaire ma conduite et qu'on ne crie pas ! Il s'est même rencontré un amiral qui, l'autre jour, voulait me faire entendre qu'il n'était plus dans nos mœurs qu'un officier communiât !... Mais cependant il n'a pas parlé assez ouvertement pour que je me crusse en jeu. »

Que dira le lecteur chrétien de cette ridicule idée, qu'il est des époques *où il n'entre pas dans les mœurs de communier* ? C'est-à-dire, à prendre la proposition dans le sens absolu et général qu'on paraît lui avoir donné, qu'il est des époques où il n'entre pas dans les mœurs d'aimer et de servir Dieu et de faire son salut. Car Jésus-Christ dit : « Si vous ne mangez pas ma chair, vous n'aurez pas la vie en vous. » Qu'ils sont à plaindre ceux qui se laissent gouverner par des mots !... Bien à plaindre parce que de tels préjugés, quelque futiles qu'ils soient, ne laissent pas d'être la cause de leur perte !

On comprend qu'une âme si brûlante de charité, si attentive sur elle-même, ne pouvait négliger ses devoirs d'état et le soin spirituel de ses proches, de ses subalternes. Nommé en 1842 au commandement du vapeur *le Tartare,* Marceau inculqua à ses officiers et à son équipage les principes religieux les plus fervents. Les prières et les exercices pieux, qui depuis longtemps étaient oubliés dans la marine, furent rétablis à son bord, non par l'effet de son autorité, mais par celui de ses leçons et de ses exemples.

Devant son équipage, il se montra toujours chrétien, et de plus, il se livrait en public aux pratiques communes de la vie chrétienne : il ne manquait jamais de prier avant et après le repas. Quelqu'un, dont on ne peut blâmer les motifs, l'engageait à omettre ces prières, puisque les autres officiers en plaisantaient : « Ils sont libres de manger comme des animaux, répondit-il ; pour moi je veux le faire en chrétien. — Mais vous devriez vous contenter de les dire dans votre cœur. — Je suis chrétien par le cœur et par le corps. A ce compte, Notre-Seigneur était donc répréhensible quand, avant son repas, il priait et rendait grâces à son Père ? » Marceau tout entier se révèle dans ces paroles. Il faut dans l'église de Dieu de ces âmes vigoureusement trempées, qui portent la bannière haute et déployée, afin de protester contre l'abaissement des caractères, et d'imprimer aux hommes et aux coutumes un mouvement de réascension.

Dans une autre circonstance, il donna l'exemple d'une patience héroïque, jointe encore au triomphe le plus complet sur le respect humain : double manifestation d'un courage qui devient de plus en plus rare parmi les chrétiens.

On venait de construire, suivant un système nouveau qu'on disait supérieur, mais que plusieurs officiers habiles n'approuvaient pas, le yacht royal qui prit le nom de *Comte d'Eu,* pour l'usage de la famille de Louis-Philippe. Le capitaine de ce navire privilégié n'était pas encore nommé, et plusieurs, dit-on, sollicitaient cet honneur. Or celui qui fut appelé à commander le *Comte d'Eu* et qui n'avait fait aucune démarche, fut Marceau.

Le roi Louis-Philippe, en venant à bord, devait lui remettre en personne le brevet de capitaine de corvette. Une distinction aussi flatteuse aurait tenté tout autre que Marceau ; de plus, en dehors de ses frais de table, sa solde devait être portée à près de sept mille francs, et tout en se proposant de faire une large part aux exigences de sa position, il se réjouissait de mettre quatre mille francs de côté par an *pour ses pauvres et pour ses dettes.*

Mais le digne homme examina à Lorient et pendant le voyage, avec le plus grand soin, le nouveau bâtiment et sa machine, et il prit son parti. « Je ne puis, dit-il, en honneur et en conscience, accepter le commandement d'un navire qui, à mon avis, est mal fait et qui, sous ma responsabilité, pourrait compromettre les jours de la famille royale. »

Quelques susceptibilités se trouvèrent en jeu dans cette affaire; Marceau ne tint compte que de la vérité, et malgré les avantages que devait présenter la mission qu'on lui confiait, malgré une certitude d'avancement et de récompenses, il n'hésita pas à faire ressortir, devant deux Commissions et devant le prince de Joinville lui-même, les défauts de la construction et des machines. Plusieurs ne lui pardonnèrent pas d'avoir eu raison. D'un autre côté, ceux qui s'intéressaient à lui ne comprenaient pas tant de générosité. L'amiral de Joinville lui-même disait : « Marceau est un fou de refuser tant d'avantages; mais c'est un homme d'honneur; il ne sait pas parler contre sa pensée. » Et en montant à son bord à Lorient : « Marceau, lui dit le prince avec noblesse, mon estime pour vous redouble. » Quant à l'honorable commandant, sans se laisser ébranler ni par les amis, ni par les adversaires, ni par les compliments, ni par les reproches, il envoya paisiblement sa renonciation au Ministère où ce refus, dit-on, le discrédita notablement. Les expériences qui furent faites confirmèrent les observations de Marceau : le navire fut désarmé, dégradé de son titre de *Comte d'Eu*, et après avoir été réparé, il changea de destination.

Mais si l'homme, si le marin fut grand en cette circonstance, le chrétien fut héroïque.

« Marceau, écrit un officier fort au courant de cette affaire, n'hésita pas à compromettre absolument son avenir, briser même sa carrière pour émettre un sentiment conforme à sa conscience. Je faisais partie de la Commission qui jugea et condamna le *Comte d'Eu*. Dans ces assises solennelles, Marceau apparaissait

tour à tour dans tout son éclat d'homme du monde et d'homme
religieux. Je vis, en cette occasion, la lutte de la grâce avec le
caractère indomptable que l'on sait, et ce spectacle n'a pas peu
contribué à changer ma vie. Je vais citer un trait qui m'a surtout terrassé, et qui montre admirablement l'empire que le commandant avait conquis sur lui-même. Habitué à bien des luttes
moins éclatantes que celle du yacht, Marceau se trouvait alors
dans son plus dangereux élément. Tous les mauvais instincts
d'orgueil, de rivalité, de susceptibilité devaient se réveiller au
sein de ces irritants débats. Pour un observateur attentif et le
connaissant déjà, souvent un geste, un mouvement trahissait sa
lutte intérieure, mais en tenant sur lui l'œil fixe, on sentait que
la volonté triomphait. Dès le début, pour régulariser les examens
et les décisions sur le *Comte d'Eu,* il fut convenu entre Marceau
et plusieurs de ses amis qu'il leur soumettrait son rapport, avant
de l'envoyer au major général de la Commission. Le rapport
fait, on l'examine sur-le-champ, et l'on donne rendez-vous à l'auteur pour le lendemain, dimanche, vers neuf heures, chez l'un
de nous. A neuf heures et demie, il ne paraît pas ; dix heures,
onze heures sonnent. Décidément Marceau se moque de nous !
La patience n'était pas notre fort. Midi est déjà passé.... Enfin,
notre homme arrive ; il s'excuse simplement, en nous déclarant
qu'il n'a pu assister qu'à la dernière messe, qui se dit à midi. Après
quelques plaisanteries à ce sujet, dès qu'il fut question du rapport, nous nous mîmes à sourire d'une façon très expressive. « Je
vous comprends parfaitement, fit Marceau, et je me mets entièrement à vos ordres. » Ce n'était pas une phrase de vaine politesse ;
il prit tout ce qu'il fallait pour écrire un nouveau rapport, et après
avoir remis à l'un de nous le cahier examiné dont le souvenir
avait provoqué nos sourires, il s'assit en disant : « Me voici prêt ;
dictez, Messieurs ; j'écrirai tout. » Son rapport était bon pour le
fond ; mais la forme était empreinte des pensées du *vieux Mar-*
ceau : il semblait écrit avec la pointe d'un sabre. Nous sacri-

fiâmes donc la forme complètement. Cette scène dura plusieurs heures ! Jamais écolier, dans l'âge le plus tendre, écrivant sous la dictée de son maître, ne fut ni plus humble ni plus soumis : pas une seule observation ne sortit des lèvres de Marceau. Au moment de nous séparer, je l'abordai, et comme tous mes traits dénotaient mon extrême surprise, avant d'entendre ma question, il s'empressa de me dire : Pourquoi vous étonner ? j'ai communié ce matin... »

« Ah ! plus j'étudie cet homme, plus je sens la rougeur me monter au front. C'est ce cher ami qui a été l'instrument dont s'est servi le Seigneur pour me porter à le servir. Ses lettres sont pour moi des reliques. »

Quelque temps après, la Commission chargée de l'examen du *Comte d'Eu,* composée, en grande majorité, d'officiers supérieurs appartenant à la marine militaire et au Génie maritime, et dont quelques-uns remplissaient les fonctions d'amiraux, voulut essayer le navire. Le jour du premier essai un peu long se trouva être un jour de jeûne et de vigile ; Marceau fut prévenu à temps que la Commission prendrait son repas chez lui. On connaît l'indulgence de l'Église par rapport à l'abstinence, à l'égard des militaires et surtout des marins et de ceux qui naviguent ; Marceau s'était imposé la loi de n'en profiter jamais pour lui-même, *dès qu'il commandait et qu'il était à son bord;* mais s'il avait à recevoir des camarades, sa table était abondamment fournie d'aliments gras et maigres. Le repas fut servi en dehors du salon destiné au roi, mais il fut splendide par le choix des vins et des mets. Marceau en faisait les honneurs avec cette froide et noble simplicité qui lui était habituelle depuis sa conversion, et chacun le félicitait sur son bon goût. Quand tout le monde fut servi, il se fit apporter par un domestique une boîte de sardines confites et en mit quelques-unes sur son assiette, en prévenant l'honorable compagnie dont tous les yeux étaient braqués sur lui, *qu'il croyait devoir obéir aux lois de l'Église.* A ce mot, un rire général s'élève et les plaisanteries se croisent en tous sens dans la salle du festin. On ne vit pas un seul pli sur le front de Marceau, et en quelques secondes il fut tellement maître de lui-même qu'il eut réponse à tout. Un des plus recommandables convives disait malignement à un voisin : « Vous refusez une tranche de pâté ; auriez-vous aussi des scrupules de conscience ? — Non, interrompait Marceau, M. C*** n'obéit malheureusement qu'à des scrupules d'esto-mac.... » Au milieu de toutes ces friandises, le commandant du *Comte d'Eu,* prit sa réfection avec des sardines et un bol de lait.

Un peu plus tard, Marceau fut envoyé de Brest à Cherbourg pour se préparer à accompagner le roi Louis-Philippe, qui devait visiter la reine d'Angleterre. Son apparition dans cette ville lui valut un chaud protecteur en la personne de l'amiral de la Susse qui avait été enthousiasmé de sa conduite dans l'affaire du *Comte d'Eu.* Cet officier général, qu'on sait avoir été un des amiraux les plus exigeants, fit de Marceau et de ses services un tel éloge que le chef d'état-major en était stupéfait, et Marceau lui-même en resta confus. Il se réjouit néanmoins pour la gloire de Dieu, parce que quelques-uns avaient dit, que du jour où il avait été chrétien, il avait été perdu pour la marine. L'opinion d'un homme si compétent était un éclatant démenti à cette insulte calomnieuse jetée à la face de la religion.

Lorsque, pendant un mois, Marceau se fut donné à Cherbourg une peine incroyable pour *installer* son bâtiment, afin d'être à même d'accompagner le roi Louis-Philippe, tout-à-coup on lui annonce qu'il ne sera pas du voyage, et on lui enjoint de retour-ner à Brest et de se préparer à partir pour le Brésil. Au premier moment, il éprouva un vif serrement de cœur, à la pensée qu'a-près lui avoir imposé un long et rude travail, on le mettait de côté, à l'instant où il allait jouir du résultat. Il était aussi peiné de voir que ce grade de capitaine de corvette lui échappait en-core, alors qu'il semblait être en sa possession. « Mais, dit-il, telle est la volonté de Dieu ; » et cette seule parole suffit à calmer son âme ; il se résigna. Le lendemain, sa générosité alla beaucoup plus avant. S'unissant à Jésus-Christ dans la sainte communion, il lui demanda « *non plus la résignation*, écrivait-il ; dans ce sentiment il y a comme un regret ; et devant l'amour infini de celui qu'on veut aimer par-dessus tout, doit-il y avoir dans l'acte de conformité le moindre regret ? » Il lui demanda la joie du sacrifice, *cette joie sincère*, qu'on doit éprouver, quand on a l'occasion de donner une marque d'amour à un Dieu qui nous a tant aimés, et il se retira du lieu saint, l'âme toute pleine de bonheur. La lettre qu'il écrivit, en cette occasion, à ses parents, pour les consoler de sa disgrâce, est magnifique. « O ma bonne mère, disait-il, entre autres choses, et toi ma chère sœur, bénissez toutes deux avec moi le Seigneur de ce qu'il nous impose de nouveau cette épreuve consolante pour notre foi. Oui, notre bonheur est dans la croix, et c'est dans l'envoi des croix que nous devons surtout reconnaître l'amour de Dieu. »

48. — Le jeune mineur.

A DEUX lieues environ du rivage de la mer qui baigne la partie septentrionale du département des Côtes-du-Nord, se trouvent de riches et abondantes carrières d'ardoises et de granit. En dépit des difficultés, et trop souvent du danger de leur exploitation, de nombreux ouvriers y travaillent constamment, si bien que la plupart des habitants des bourgades voisines n'ont point d'autre moyen d'existence. C'est cependant un rude et périlleux métier ! Peu de semaines s'écoulent sans que quelque accident ne mette une famille en deuil, ou tout au moins ne la plonge dans la désolation.

Comme si le voisinage de la mer communiquait à la vieille roche une force de résistance inattaquable, elle repousse les plus vaillants efforts : le pic est souvent impuissant à l'entamer ; et l'acier le mieux trempé rebondit et se brise sur sa rude surface : de sorte que, bien que la plupart de ces vastes carrières soient à ciel ouvert, ce n'est qu'avec la poudre et la torche à la main qu'on leur ravit quelques parcelles de leurs richesses.

Mais quelles difficultés pourraient, de nos jours surtout, décourager et arrêter l'industrie humaine ? Les produits des carrières de la vieille Armorique sont recherchés et cotés à un bon prix : coûte que coûte, la terre doit les livrer au commerce. Chaque jour donc d'intrépides mineurs, au péril de leur vie à chaque instant menacée, creusent sous la roche même quelques tortueuses galeries, se glissent en rampant entre les blocs de granit qui semblent défier leur audace ; puis, quand ils ont pénétré assez avant, ils pratiquent sous ces rocs, amoncelés depuis que la terre elle-même existe, une espèce de chambre où, de mains en mains, arrivent des paquets de poudre jusqu'à ce que cette chambre en soit remplie ; une mèche placée au centre de ce foyer de destruction, et dont la longueur est calculée de manière à donner aux mineurs le temps de s'éloigner avant l'explosion, aboutit dans l'étroite galerie. Tous les ouvriers se retirent ; tous, sauf un qui demeure pour mettre le feu à la mèche.

Les dangers que court ce dernier sont terribles ; qu'un paquet de poudre peu soigneusement enveloppé ait laissé une traînée inaperçue sur le sol, que la mèche soit trop active, qu'un imperceptible courant d'air qu'on n'a pas deviné en accélère la combustion, qu'un éboulement dans la galerie, un faux pas même du mineur retarde de quelques secondes sa retraite, il est perdu. L'explosion le surprendra, et son corps mutilé sera lancé dans les airs, en même temps que les blocs énormes au milieu desquels il se tenait engagé.

Il serait difficile de donner une juste idée de ces explosions, dont quelques-unes pourraient bouleverser une ville entière. Lancés par une force puissante, des bancs immenses de granit se rompent, éclatent et vont obscurcir la lumière du soleil ; retombant ensuite comme une pluie d'immenses aérolithes, ils broient, hachent, écrasent tout ce qui se trouve à la surface du sol. Quelquefois même, dépassant les limites qu'on avait prévues, les effets destructeurs de la mine s'étendent au loin, interceptant les communications, détruisant les chemins, frappant les ouvriers en dépit de leurs précautions, et se choisissant des victimes parmi les passants ou les travailleurs du voisinage.

Tout est donc incertitude, danger dans cette gigantesque lutte avec la nature, et cependant les travailleurs ne font jamais défaut. Familiarisés avec le péril, insouciants du sort qui peut les attendre, ou plutôt avec cette grande et forte foi bretonne, que n'a pu encore entamer le scepticisme de notre temps, se confiant pleinement en la Providence du soin de les garder de tout mal, ils semblent ne point se douter du danger qui les menace sans cesse.

Parmi les villages dont la population entière vit du travail des mines, le hameau de Billoville, à une dizaine de lieues de Saint-Brieuc, était surtout renommé pour le courage et l'audace de ses habitants.

A l'époque où se passe le fait que nous allons raconter, il y a une vingtaine d'années, vivait dans ce hameau une pauvre famille dont le père et le fils aîné avaient successivement péri dans les mines. Lucien était resté le seul soutien de sa mère infirme et de deux petites sœurs ; il n'avait que quatorze ans. Ses bras étaient encore faibles et son salaire insuffisant, mais son cœur était vaillant et, grâce à son courage, à son intelligence, il suppléait à ce qui lui manquait encore de force physique.

L'extrême longueur des mèches compromettant souvent le

succès de l'opération, il avait imaginé d'aller mettre le feu à
l'ouverture même de la chambre, à une mèche fort courte. Puis,
avec l'agilité d'un serpent, il se glissait en rampant dans l'étroit
corridor, et se hâtait de sortir de ces froides murailles de granit
qui recélaient la foudre. Chaque expédition de ce genre lui valait
une haute paye, que tout fier et tout joyeux il courait porter à
sa mère.

Et la pauvre mère, heureuse du courageux dévouement de son
fils et toute tremblante du danger qu'il venait de courir, confondait en l'embrassant ses bénédictions et ses craintes. Pleine d'angoisses, elle remerciait le Ciel de cette assistance nécessaire, et
en grondant son cher Lucien de son audace, elle le suppliait de
ne plus s'exposer ainsi. — Ah ! s'écriait-elle ! si jamais je te voyais
rapporter broyé, méconnaissable, comme ton pauvre père et ton
malheureux frère, ce serait le dernier coup... Mon pauvre Lucien,
tu ne voudrais pas tuer ta mère ?

— Soyez donc tranquille, mère, répondait en souriant le brave
enfant ; mon bon ange est avec moi, je ne manque pas de me recommander à lui ; je fais le signe de la croix en mettant le feu
à la mèche et en me sauvant bien vite je pense à vous.... Vous
voyez bien qu'il ne peut m'arriver malheur.

Et la bonne mère se rassurait à demi, souriait à son fils et
s'efforçait de lui rendre aussi facile et douce que possible cette
vie, que, pour l'amour d'elle, il exposait si vaillamment.

Un jour, il fut question de faire sauter d'un seul coup un immense plateau de pierres granitiques superposées. Trois semaines
avaient à peine suffi à une armée de mineurs pour pénétrer ces
larges bancs, qui semblaient destinés à ne jamais voir la lumière
du soleil. Plusieurs barils de poudre avaient été roulés dans les
étroites galeries et placés dans la chambre ; la mèche était posée.
Jamais encore Lucien n'avait prêté son aide à une opération aussi importante ; il se glisse, tout ému, entre les aspérités des
pierres, qui lui déchirent ses vêtements, qui ensanglantent ses

mains et son visage, puis met le feu à la mine. Il revient en hâte près de ses compagnons, qui immobiles et espérant être à l'abri, attendent en tremblant l'éruption du volcan qu'ils ont préparé !

A ce moment de suprême et indicible attente, un frisson passe sur tous ces visages, un cri étouffé par la terreur soulève toutes ces poitrines déjà haletantes : au loin une voiture attelée de deux chevaux avance rapidement vers la carrière. C'en est fait de ceux qu'elle conduit !

Plus prompt que l'éclair, Lucien, qui comprend le péril et qui a reconnu la voiture du propriétaire des mines, lequel vient sans doute avec sa femme et ses enfants visiter les travaux, s'élance vers la carrière et s'engage dans les galeries qu'il quittait tout à à l'heure avec tant de hâte ; il se presse, il arrive ; la mèche, presque entièrement consumée, porte déjà le feu au bord de la traînée de poudre.

D'une main ferme, l'enfant l'enlève et l'éteint. Puis, tout tremblant lui-même de son courage, il reparaît pâle et tout chancelant aux yeux de ses compagnons, qui, terrifiés, attendent la catastrophe, humainement inévitable. En ce moment même la voiture, dont le cocher n'avait pu comprendre les signes qui lui étaient faits, arrivait juste au-dessus du terrible foyer de destruction...

Une heure plus tard, Marie Richard, la pauvre veuve, voyait, avec un extrême étonnement, une belle voiture s'arrêter à sa porte. Sa première pensée fut pour son fils :

— Ils rapportent mon Lucien ! s'écria-t-elle, et le vertige la prit et elle tomba sans force dans les bras de ses filles. Une voix joyeuse la ranima.

— Mère ! mère ! s'écriait un garçon tout déchiré et poudreux en s'élançant du riche équipage.

Et Marie Richard n'en pouvant encore croire ses yeux, serrait son fils avec violence sur son sein, comme pour se convaincre qu'elle ne rêvait pas. Puis, par un mouvement fiévreux, elle

l'éloignait et le regardait fixement, et, comme en délire elle murmurait : C'est bien lui!... Lui vivant!

Sur le seuil, une noble et généreuse famille contemplait en
silence cette scène touchante d'amour maternel et filial. Le premier cri de Lucien, lorsque le maître de la mine, en le bénissant de son courage, voulait l'assurer de sa reconnaissance, avait
été pour sa mère.

— Oh! je vous en supplie, avait-il dit, conduisez-moi vite à ma
mère. Tout à l'heure je n'espérais plus la revoir, et j'ai besoin
de l'embrasser pour me remettre un peu!

Et maintenant, cette mère étreignant son fils, ne voyant que
lui au monde, ne songeait qu'à lui au monde!...

Séparer ce que Dieu et l'amour de la famille avaient si fortement uni, au lieu d'être une récompense, eût été un malheur
pour tous deux. Le riche propriétaire le comprit, et renonçant
soudain au premier mouvement qui l'avait porté à adopter Lucien
et à lui faire partager l'éducation de ses enfants : — Ma bonne
Marie, dit-il en s'avançant vers la pauvre veuve, quand on a le
bonheur de posséder un trésor comme celui-là, il faut le conserver précieusement. Afin donc qu'il ne vous quitte plus, je vais
vous assurer tout à l'heure une rente annuelle de douze cents
francs... Vous continuerez à en faire un homme de cœur, et j'aurai soin de son avenir.

Le jeune homme persévéra dans les bons sentiments de son
enfance. Il avait été courageux et chrétien sous l'œil de sa mère;
il le fut le reste de sa vie. Et il ne manqua pas de déclarer en
toute occasion qu'à elle seule il était redevable de son bonheur,
parce que c'était elle qui lui avait inculqué les principes religieux,
l'amour du devoir. Ayant acquis une certaine instruction, il se
trouva bientôt élevé au-dessus de ses anciens camarades et devint maire de sa commune ; mais n'oubliant pas son origine, il
continua de faire le bien autour de lui et fut estimé et aimé de
tous ses concitoyens.

49. — Un enfant martyr au xixᵉ siècle.

L y a quelques années, sous le règne d'Alexandre II, des soldats russes parcouraient la campagne, cherchant à tourmenter, suivant la consigne qu'ils en avaient reçue, les pauvres populations catholiques. Sur la lisière d'une forêt, ils aperçurent un enfant d'une douzaine d'années, qui ramassait du bois mort. Ils s'éparpillent, le cernent de tous côtés ; enfin, ils se rapprochent tous à la fois de manière qu'il devienne impossible à l'innocente victime de leur échapper.

Stasio, (c'était le nom de l'enfant), les regardait venir, pâle, mais résolu, joignant ses mains sur ses genoux et s'appuyant au tronc d'un chêne. Tout à coup il sentit un gros poing se poser pesamment sur son épaule, et se releva aussitôt, les regards fixés sur l'ennemi.

— Où demeures-tu? lui demanda la voix rude et brève du vieux de la troupe.

— Au hameau de Gornek, derrière ces grands arbres que vous voyez là-bas, répliqua l'enfant, et il attacha ses regards sans trembler sur cet uniforme abhorré, sur ces grosses figures farouches, et sur les pointes aiguës des baïonnettes, qui étincelaient de mille feux aux rayons du soleil.

— Et que fait ton père, petit bandit?

— Il coupe du bois dans les forêts du Comte.

— C'est-à-dire qu'il court, sans doute, après ses amis les insurgés, qui sont toujours occupés à se mettre à nos trousses.

— Mais après tout, Piatz Iwanowitch, vous n'en savez rien, interrompit l'un des caporaux du détachement. Cet enfant qui a l'air d'un brave, n'est peut-être point Polonais, ni catholique.

— Nous allons le voir, et s'il l'est, il va nous le payer cher! Dis-moi, petit scélérat, connais-tu notre père le czar?

— Je ne l'ai jamais vu, il est trop loin, répondit promptement l'enfant qui, par cette prudente et ingénieuse réponse, aurait pu donner le change à des persécuteurs moins farouches, moins acharnés que ne l'étaient ces bourreaux.

— Si tu n'as jamais vu le czar, vaurien, tu dois au moins savoir ce qu'il exige, ce qu'il commande. C'est lui seul qui est notre pape, notre prêtre; qui nous apprend comment on doit prier... Eh bien, comment fais-tu ta prière?

A cette brutale question, Stasio demeura sans répondre.

Ce n'était pas, certes, qu'il craignît de confesser en cet instant la foi du Christ, cette loi de justice et d'amour dans laquelle, dès ses premières années, l'avait bercé sa mère. Mais il lui en coûtait sans qu'il comprît bien pourquoi, de répéter les saintes paroles de la prière en présence de ces barbares, d'adresser au souverain Seigneur des mondes cette supplication humble et douce : « Notre Père qui êtes aux cieux », à la face de ces méchants, qui ensanglantaient la terre et ne regardaient point le ciel, et qui ne reconnaissaient, avaient-ils dit, que le czar pour père.

— Comment, ignorant que tu es, tu ne sais pas prier? grommela l'un de ces Kalmouks, secouant avec fureur l'épaule frêle du jeune pâtre.

— Tu sais faire du moins le signe de la croix? ajouta l'un des plus avisés de la troupe. Eh bien, fais-le, et tout de suite; nous verrons si tu es un bon serviteur du czar, un enfant de notre Église, ou un Polonais rebelle.

A ces paroles, un éclair d'indignation et de fierté jaillit dans les yeux du petit pâtre.

Oui, sans doute il savait le signe de la croix, et il allait le faire sur l'heure. N'était-ce pas dès lors sa profession de foi qu'on lui demandait, et pouvait-il différer une seconde à se déclarer enfant de Dieu et du Christ?

Alors, se plaçant bien en face du sergent, il redressa fièrement la tête, éleva à la hauteur de son front sa petite main brunie, jeta un regard d'amour au beau ciel qui lui souriait par-dessus la cime des arbres, et touchant de la main son front, puis sa poitrine et son épaule droite après son épaule gauche, il fit avec ferveur autant qu'avec fermeté un grand signe de croix.

Ce fut une explosion de cris et d'injures à cette vue.

— Un catholique! un Polonais! s'écrièrent tous ces mécréants. Voyez, il ne sait pas seulement se signer, comme l'ordonne le czar, notre père! Ne sais-tu pas que l'épaule droite est celle que l'on doit toucher la première, traître, lui crièrent-ils.

— Je fais le signe de la croix ainsi que ma mère me l'a appris ainsi que monsieur le Curé, dans notre église, l'enseigne aux petits enfants, et le fait lui-même tous les jours... Je l'ai toujours fait ainsi et je n'en connais point d'autre.

— Mais nous allons t'en apprendre un autre, en vérité! s'écria l'un des soldats furieux, secouant rudement le pauvre enfant. Inutile de parler d'abord d'église et de curé. Bientôt toutes vos églises seront par terre, vos curés tous en Sibérie. Vous écouterez les sermons de nos popes; vous obéirez au czar notre maître et toi le premier tu vas faire le signe de la croix comme nous le faisons.

Et le soldat, levant la main en l'air, se signa à la façon des Russes. Peine inutile : l'enfant secoua la tête, détourna les yeux et ne l'imita point.

— Vas-tu faire ce que je te dis, entêté? s'écria le barbare en furie.

— Non, vraiment, répondit sans pâlir Stasio, qui n'hésitait plus. Vous n'avez rien à me commander en ceci : vous n'êtes point des prêtres, vous, mais rien que des militaires. Laissez-moi donc prier en paix comme mes parents me l'ont appris.

— Il ne s'agit pas de prêtres ni de parents : c'est le czar qui commande et tu obéiras, ou sinon tu es mort !

— Voyons donc petit, interrompit le caporal qui s'était montré plus indulgent ou plus sensible. On ne te demande pas grand'chose, en vérité. Tu n'es pas forcé de cracher au visage de ton père, ni d'insulter ta mère, ni de renier Jésus-Christ. Votre signe de croix, après tout, n'est pas si différent du nôtre. Qu'est-ce que cela te fait de te servir de cette main-ci ou de celle-là, de toucher l'une ou l'autre épaule ?... Si tu veux, vois-tu, cesser de faire le raisonneur et te montrer obéissant, je te donnerai ceci, tiens, pour que tu puisses acheter, à la foire prochaine, une belle ceinture rouge pour toi, un collier pour ta mère.

Et le caporal tentateur, mais bien intentionné, faisait briller aux yeux de l'enfant une pièce qu'il venait de tirer de son goussel, une belle pièce neuve et bien blanche.

Mais l'enfant secoua encore une fois la tête et répondit sans hésiter :

— Vous ne réfléchissez pas à ce que vous dites, voyez-vous... Si je faisais maintenant ce que vous désirez, je renierais vraiment mon Dieu, et j'insulterais ma mère. Car ma mère m'a commandé de me signer ainsi tous les jours, pour l'amour de Dieu ; et Jésus-Christ a dit que sa foi et son amour sont plus précieux que l'or, que les grandeurs, les riches vêtements, et toutes les autres belles choses de ce monde... Trahir ma foi pour de l'argent, c'est là certes une lâcheté que je ne ferai point !

— Tu feras cependant ce que nous te demandons, à moins que tu ne préfères la corde ! s'écria l'un des barbares, que le sang-froid de l'enfant avait violemment irrité.

— Je ne le ferai point, répliqua Stasio, tranquille et résolu. Vous pouvez m'emmener, me battre, me tuer, si bon vous semble.

— Ah ! scélérat, tu nous braves, tu nous railles !... Eh bien, tu vas voir ce qu'il en coûte de résister, maudit, à tes maîtres qui te commandent, et de désobéir aux ordres de notre père le czar !

A ce moment, les soldats exaspérés se dirent entre eux quelques mots. La fureur les aveuglait, l'ivresse aussi, car la plupart d'entre eux chancelaient sur la bruyère, ayant pillé le matin même, la cuisine et la cave d'un de leurs ennemis.

Quelques-uns des paquets qu'ils traînaient après eux, étaient liés à une corde souple, solide et bien unie. Ils la détachèrent rapidement, en proférant les injures les plus épouvantables ; ils firent un nœud coulant à l'une de ses extrémités, et attachèrent l'autre bout à la plus grosse branche de l'arbre.

Oui, de l'arbre, du vieux chêne sous lequel tant de fois Stasio s'était assis, répétant joyeux ses cantiques que la brise du soir emportait au loin, et façonnant de son couteau des grains de chapelet pour lui, un fuseau pour sa mère.

Et puis, lorsque le nœud fut fait, on lui passa la corde au cou. Les visages basanés des soldats étaient féroces et résolus : le caporal lui-même, qui avait paru s'intéresser au pauvre petit innocent, hochait la tête avec douleur, mais n'osait plus le défendre.

La corde était donc passée autour du cou du pauvre enfant, emmêlant son nœud fatal aux boucles de sa chevelure blonde. Stasio ne bougeait et ne pleurait point ; il avait un peu pâli et envoyait par delà la plaine et les côteaux, un regard d'amour à son clocher, un regard d'adieu à sa mère.

— Maintenant, attention, crièrent les soldats. Songe que tu vas périr si tu t'obstines. Il n'y a qu'un moyen d'échapper à la mort; obéis au commandement : fais le signe de la croix.

Il n'avait garde d'y manquer, l'innocent, le martyr ! Sans cela, comment se mettre en route pour le ciel, se recommander à Dieu au moment du dernier voyage ? Il se mit donc en devoir de tracer le signe divin ; mais toujours antique et sacré, toujours catholique, toujours le même. L'or ne l'avait pas tenté; il ne craignait pas la mort.

Les soldats blasphémèrent et hissèrent la corde... Et on le vit flotter en l'air, au-dessous des branches du vieux chêne. Déjà son front pâlissait, prenait une teinte livide. Ses regards devenaient troubles, ses lèvres devenaient bleues, et d'en bas les bourreaux répétaient sombres et sinistres :

— Si tu ne veux pas mourir, fais le signe de la croix.

Or, le petit martyr, aux trois quarts suffoqué, n'aurait pas pu répondre. Les muscles de ses bras, de ses mains, déjà engourdis, ne pouvaient plus se raidirent pour une protestation suprême. Mais un dernier effort pouvait du moins prouver sa volonté, sa fermeté, prouver que la mort seule désormais serait capable de les disjoindre. Il approcha donc l'une de l'autre ses deux petites mains raidies et les joignit sur sa poitrine, lentement, fermement.

La rage des bourreaux fut portée au comble à cette vue.

— Ce marmot-là ne vaut seulement pas la corde que nous lui avons destinée, s'écria l'un d'entre eux.

— Il n'a pas peur du gibet, cela se voit; fit observer un autre. Mais peut-être ferait-il, mes amis, une autre mine, si nous le mettions en face de nos canons de fusil.

— C'est cela ; essayons, dirent en chœur ces furieux.

Et l'un d'eux, s'appuyant à l'épaule de deux de ses compagnons, atteignit la branche du chêne et coupa lestement la corde. L'enfant suffoqué s'affaissa lentement sur le gazon.

Ils lui laissèrent à peine le temps de se ranimer. Maintenant qu'il avait moins de forces, il aurait moins de courage. Tel était, du moins, le calcul des bourreaux, qui pensaient bien triompher.

Ils le remirent sur ses pieds vivement, brutalement. Le pauvre Stasio défaillant s'appuya au tronc du chêne. Puis, il vit, devant lui, vaguement et comme au travers d'un nuage, les soldats s'aligner, les mains brunes et osseuses soulever et pointer les fusils; les armes s'incliner vers lui, les canons meurtriers reluire.

Il vit tout cela sans s'émouvoir. Il avait tant souffert déjà, qu'il avait hâte d'en finir avec cette agonie, et fermement décidé qu'il était à mourir en chrétien, il s'estimait encore heureux de mourir en soldat.

— Fais le signe de la croix, lui crièrent ces voix farouches.

De son regard mourant, le martyr sembla les défier. Ses forces enfantines commençaient à revenir; il leva donc, avec effort, sa petite main livide, et traça le signe auguste de notre rédemption comme la première fois. C'en était trop! La stupeur et la rage des bourreaux montèrent jusqu'au délire.

Mais en cet instant, le sergent qui dirigeait l'exécution, au lieu de commander le feu, fit un geste, et une seule détonation retentit. Une balle échappée du fusil d'un Kalmouk ivre, alla s'enfoncer en sifflant, dans le tronc du chêne.

Le sergent avait fait un signe de la main, annonçant qu'il allait parler.

— Mes amis, s'écria-t-il, il me semble, après tout, que nous pourrions faire mieux que de perdre, pour ce petit vaurien obstiné, notre poudre et nos balles. C'est pour les Polonais, pour les rebelles, que nous les réservons; c'est pour cela, du moins, que le czar, notre père, nous les a confiées.

— C'est vrai, c'est vrai, sergent, répliquèrent quelques hommes de la troupe. Mais alors, dites-nous, que pourrions-nous faire de ce mécréant?

— Ne vous embarrassez de rien... Et la rivière donc?

— La rivière?... Mais elle ne coule pas; la glace n'est pas encore fondue.

— Est-il si difficile d'y faire un trou, quand on a des haches et des canons de fusils?

La proposition du vieux sergent fut trouvée des plus ingénieuses, et toute la troupe en délire y acquiesça joyeusement. Stasio avait écouté son arrêt sans frémir et en silence. La robuste main de l'un de ses persécuteurs l'enleva du pied de l'arbre. Il se trouva bientôt jeté sur la glace, dont la croûte épaisse et solide allait s'entr'ouvrir, puis fermer son tombeau.

Certes, il n'eut presque pas coûté au petit pâtre d'y tomber, d'y mourir, alors que la rivière s'écoulait limpide entre les saules. Mais disparaître en ce moment sous cette glace dans cet abîme, sans jour et sans chaleur, sans un dernier regard qui pût, du moins, chercher et entrevoir les cieux, quelle horrible perspective !....

N'importe ! tout pour la foi, tout pour Jésus, dont le nom revenait toujours adorable sur les lèvres de Stasio. Le lit sanglant de la croix avait-il été plus doux que le lit glacé de l'abîme ? Et cependant Jésus était innocent, il était maître, il était Dieu !

— Je ne vous obéirai jamais, dit alors courageusement l'enfant, défiant d'un regard tranquille et ferme ses bourreaux, qui, dans leur rage, se pressaient autour de lui.

— Faites de moi ce que vous voudrez... Bon Jésus, consolez ma mère !

C'en était assez pour eux. Leur attente eût été trompée, leur joie barbare cruellement interrompue, si le petit martyr eût dit oui, à l'aspect du gouffre béant.

Car déjà, grâce aux coups de hache, de pique et de crosse de fusil, le trou s'ouvrait, profond, livide. Ils s'étaient si fort hâtés de le creuser, les maudits, qu'ils n'avaient pas remarqué que de larges écaillures, de grandes fêlures tortueuses rayonnant tout alentour, sillonnaient sous leurs pieds mêmes la glace solide encore.

Mais, entre les découpures aiguës des glaçons, l'eau paraissait trouble et jaunâtre, d'aspect morne et sinistre. C'était là tout ce qu'il fallait ; ils la contemplaient avec un âpre sourire, et se hâtèrent d'entraîner l'enfant. Puis ils se rangèrent sur la glace tout à l'entour du trou, et ils y plongèrent Stasio.

Une corde attachée à sa ceinture, le retenait à mi-corps au-dessus de l'abîme. Et ces monstres ne paraissaient point pressés de l'engloutir au fond : ils voulaient laisser à ses mouvements le temps de s'éteindre, à sa volonté peut-être le temps de défaillir.

Seulement le Père du ciel ne permit pas que le martyre durât désormais plus longtemps : au ciel on avait sans doute une sainte impatience de recevoir, d'accueillir, de couronner un ange.

Déjà les dents du pauvre petit commençaient à s'entrechoquer ; ses joues devenaient livides, et ses lèvres bleues. Le sergent fit un geste de menace, et cria d'une voix irritée :

— Enfant, tu vas mourir.... Fais le signe de la croix.

— Je le ferai, balbutia l'enfant, suffoqué sous son manteau de glace, je le ferai.... comme ma mère me l'a appris... comme je l'ai fait.... toujours !

Et il leva sa petite main. Le sergent lâcha la corde, la tête blonde disparut ; un léger bouillonnement agita les eaux noires, sous l'épaisse croûte glacée....

Puis un horrible craquement se fit soudain entendre ; à droite, à gauche, en avant, en arrière : à deux cents pas autour du trou sinistre, l'enveloppe solide céda, la glace s'effondra, l'eau jaillit.

Et puis une farouche clameur, et puis un instant d'efforts suprêmes, d'horrible confusion.... Et puis plus rien, que le désert, le vide et le silence : l'eau coulant, rapide et trouble, entre les glaçons brisés ; un ou deux shakos tombés sur la glace solide encore, et quelques traces sanglantes se mêlant aux flots de la rivière.

Les bourreaux, sans s'en douter, avaient creusé leur tombe ; la couche de glace trop faible avait cédé sous leurs pas, et ils avaient été engloutis, entraînés. Ce froid violent les avait saisis, au milieu des fumées de l'ivresse, ils s'étaient blessés, en tombant, aux lames tranchantes des haches, à la pointe des baïonnettes employées pour creuser la tombe de l'enfant martyr....

Depuis lors, la mémoire de Stasio est en bénédiction ; on va prier sous le chêne auprès duquel il a généreusement sacrifié sa vie pour la foi.

(D'après E. Marcel.)

50. — Le sacrifice de la vie.

EN 1720 et 1721 une peste horrible éclata à Marseille. L'affreuse maladie sévit avec une intensité dont il serait difficile de se faire une idée; les rues étaient jonchées de cadavres; on ne voyait de toutes parts que des moribonds; on n'entendait que des cris de détresse et de désespoir. Le fléau enleva en moins d'un an cinquante à soixante mille habitants. Dès le début de l'épidémie, comme elle prenait un caractère de gravité qu'elle n'avait jamais eu auparavant, les médecins et les chirurgiens de la ville se réunirent dans l'hôtel communal, pour aviser à un moyen d'en arrêter les progrès. Après une longue discussion, tous furent d'accord pour reconnaître que cette peste était d'une nature particulière et qu'on ne pouvait songer à l'étudier sérieusement, si ce n'est par l'autopsie du cadavre de quelque personne qui y avait succombé. Mais qui d'entre eux allait se charger d'une opération qui devait, selon l'opinion de tous, causer infailliblement la mort de celui qui l'entreprendrait? A cette question tous gardèrent le plus profond silence.... Cependant ce silence ne dura que peu de moments. Un des médecins se leva et prit la parole : c'était Henri Guyon, homme plein d'énergie, à la fleur de l'âge, et renommé pour ses connaissances chirurgicales, autant que par ses nombreux actes de charité.

— S'il y a du danger, dit-il d'une voix ferme et résolue, je me dévoue pour le salut de ma ville natale et je m'engage devant cette assemblée, au nom de l'humanité et de la religion, à faire demain, dès le lever du jour, l'autopsie d'un corps de pestiféré et à annoter, pendant cette opération, toutes les observations qu'elle pourra me suggérer.

Après avoir dit ces mots, il prit congé de ses confrères et s'en alla. On l'admira et on le plaignit tout ensemble, bien que plusieurs doutassent qu'il entreprît la tâche périlleuse dont il s'était chargé.

Guyon n'avait ni femme ni enfant ; mais il possédait une fortune assez considérable. Il fit un testament par lequel il légua ses biens à plusieurs établissements de charité. Ensuite il se prépara à la mort, comme ferait un condamné à qui il ne reste plus que quelques heures à vivre. Il se fit pieusement administrer les derniers sacrements. Puis, s'étant muni d'un petit crucifix, d'un cahier de papier et de tout ce qu'il fallait pour écrire, il se dirigea vers l'hôpital et se mit courageusement à faire l'autopsie d'un corps de pestiféré. Pendant plusieurs heures il demeura penché sur le cadavre, annotant ses observations à mesure qu'il les recueillait.

Quand tout son travail fut fini, il trempa son papier dans le vinaigre, de crainte que les médecins qui devaient le lire ne fussent atteints de la contagion. Cela étant fait, il se coucha ; car il sentait les premières atteintes de la maladie. Après douze heures de souffrances, il expira.

Si les hommes ont des éloges pour les héros qui tombent glorieusement sur un champ de bataille, n'en devraient-ils pas avoir de bien plus grands pour ces généreux martyrs qui se vouent, non par orgueil, mais par simple charité chrétienne, à la plus sainte des causes, à celle du salut de leurs semblables ? Sans doute, il est beau de mourir pour la défense de sa patrie ; mais un champ de bataille où on lutte, le siège d'une ville que l'on défend, est presque toujours un théâtre où l'orgueil humain joue son rôle. La mort obscure de Guyon ne fut-elle pas cent fois plus héroïque ? Car elle n'eut pour témoin que Dieu seul, Dieu qui recommande à l'homme de ne pas hésiter à se sacrifier pour-sauver son prochain. Et si un tel dévouement est sublime lorsqu'il s'agit du corps, que dire de tant de missionnaires et de généreux apôtres de la foi chrétienne, qui chaque jour exposent leur vie et affrontent le martyre, pour sauver les âmes de leurs frères ?

51. — Le fils du forgeron.

A vraie source du courage et surtout du courage persévérant, (nous l'avons vu déjà dans plusieurs exemples), c'est l'esprit religieux, le recours à Dieu par la prière et les pratiques de la vie chrétienne. Le récit qui va suivre contient le même enseignement et rappelle en outre cette grande vérité qu'il n'est jamais trop tard de commencer à bien faire : une carrière presque compromise par la dissipation et les étourderies de la jeunesse, n'est pourtant pas irrévocablement perdue. En revenant courageusement à Dieu, en se mettant avec énergie au travail, en repoussant décidément les folles inspirations du plaisir et de l'orgueil, il est possible de réparer les premières fautes et même de redevenir une homme utile à la société.

Le héros de cette histoire, que le narrateur a désigné sous le nom un peu violent de Jean Cassecou, était fils d'un forgeron. Son père l'avait mis en pension dans un collège. Ce n'était pas un mal, quoique assez souvent les jeunes gens déclassés prennent une mauvaise voie. L'honnête forgeron espérait que son fils mettrait à profit l'enseignement classique ; le jeune garçon, en effet, était doué d'esprit et d'intelligence ; malheureusement il y avait un vice radical dans son caractère : toute règle lui était insupportable ; il était aussi plus avide de fortes émotions qu'attiré par les pures jouissances d'une admiration douce et sereine ; aux œuvres immortelles dont ses professeurs s'étudiaient à lui faire comprendre la sagesse et les beautés, il préférait des livres futiles et sans honnêteté. Il arriva ainsi que son idée de la vie et des devoirs se faussa entièrement dans le milieu où on lui offrait, au contraire, les plus attrayants et les plus grands modèles de toutes les vertus[1].

Quand son éducation fut terminée, Jean rentra dans son humble famille. Au collège, l'égalité de l'uniforme et de la vie commune avait bien pu laisser quelque illusion à son orgueil et lui persuader qu'il était avec des égaux ; mais quand il fut de retour chez ses parents, qui étaient tout fiers de lui, il ne put s'accoutumer à vivre au milieu de simples ouvriers.

Mécontent de l'élévation des riches, il souffrait encore de la simplicité des pauvres. Par son air dédaigneux et ennuyé il laissait voir combien la compagnie des prolétaires lui était à charge. Il ne pouvait serrer dans sa main blanche leurs mains noircies par le travail. La vulgarité de ses jeunes frères, apprentis ouvriers, lui était surtout intolérable. Sa sœur Marie, qui lui avait toujours témoigné une vive affection, et qui avait tâché de dissimuler ses fautes aux yeux de ses parents, conservait seule un peu d'influence sur ce cœur endurci.

Il n'avait aucune aptitude particulière, aucun désir de cultiver une branche quelconque des connaissances acquises ; il avait déjà perdu le souvenir de ses études et vivait dans un complet désœuvrement.

[1] Est-il besoin d'appeler l'attention de nos lecteurs sur le point de départ des faiblesses et des scandales qui marquèrent la carrière du jeune aventurier? Les *mauvais livres* : voilà ce qui perd la plus grande partie des adolescents que ne retiennent pas la crainte de Dieu et le souci de leur innocence.

Grâce à sa belle écriture et à son intelligence ouverte, il obtint un poste avantageux dans une maison de banque ; comme il manquait absolument d'esprit de conduite, il ne sut pas résister à beaucoup d'entraînements. D'une part il négligea son travail, et d'un autre côté il augmenta considérablement ses dépenses, car il fallait tenir son rang devant ses nouveaux amis.

Un jour vint où les chefs de la maison de banque, dans laquelle il aurait pu si bien assurer son avenir, eurent à se plaindre de son inexactitude, et exigèrent de lui un travail plus assidu. Se trouvant ainsi soumis à ce qu'il appelait la servitude du travail, et poursuivi d'un autre côté par les réclamations de ses créanciers qui lui refusaient tout nouveau crédit, Jean Cassecou prit le parti de reconquérir ce qu'il appelait « sa liberté. » Il abandonna volontairement une position qui aurait paru agréable à un travailleur, et prit un engagement militaire.

Mais comment ceux qui n'ont voulu se soumettre à aucun joug, à aucune autorité, feraient-ils de bons soldats ? L'armée exige de l'ordre, de la discipline et du dévouement.

Jean Cassecou ne daigna pas marcher à pied, en portant son sac sur le dos, comme tant d'autres ; il lui sembla qu'il aurait plus belle apparence sur un grand cheval de bataille : il s'engagea donc dans les cuirassiers. Il fut affublé d'un casque qui lui écrasa la tête, et d'une lourde cuirasse dans laquelle il étouffait quand les rayons d'un soleil d'été venaient frapper son armure. Mais il était *libre*!...

Oui, il était libre, libre à condition de faire la corvée, d'entreprendre le rude apprentissage de l'équitation, de répondre à l'appel, de faire l'exercice à pied et à cheval, de tenir son équipement en bon état, de se soumettre à la discipline et de remplir scrupuleusement tous ses devoirs. Mais ce qui est un devoir et un honneur pour les jeunes soldats lui parut bientôt une servitude pire que toute autre.

Jean Cassecou avait rêvé de parader, en brillant uniforme, au premier rang de sa compagnie, et ensuite d'aller promener ses loisirs par la ville, en laissant traîner son grand sabre ; mais il ne lui restait pas beaucoup de liberté, car après s'être occupé de son fourniment, il lui fallait prendre soin de sa monture. Tout son service était fort négligé, il ne tarda pas à être noté comme un mauvais soldat.

Il fit quelques chutes de cheval dans les exercices du manège, fut réprimandé pour ses maladresses, se compromit dans des querelles de cabaret, subit quelques punitions pour infraction à la discipline.

Lui, Jean Cassecou, le Parisien lettré et distingué, il trouvait le comble de l'humiliation d'obéir à des sous-officiers ignorants, qui lui paraissaient ridicules, et dont il imitait à s'y méprendre la tournure et l'accent provincial pour égayer ses camarades.

Il répondait à ses chefs avec arrogance, et il s'attira ainsi de nouvelles et plus graves punitions. Il prit alors en dégoût la vie militaire, et comme il n'avait pas le moindre sentiment de l'honneur et du devoir, il ne pensa plus qu'aux moyens de s'affranchir de cet esclavage.

Plusieurs mauvais écrits furent trouvés en la possession de Jean Cassecou ; sa complicité dans la publication ne fut pas établie, mais comme il fut prouvé devant le tribunal militaire qu'il avait contribué à les répandre en cachette, il fut expulsé du régiment de cuirassiers et condamné à servir dans une compagnie de discipline.

Adieu le brillant uniforme, le casque empanaché et la cuirasse étincelante ! adieu la France et son climat tempéré ! Jean Cassecou, dans un triste appareil, fut conduit en Afrique pour y subir sa peine.

Il était réservé à Jean Cassecou de préférer toujours le passé au présent, au lieu d'envisager bravement l'avenir.

Derrière les murailles du collège, il lui était arrivé de regretter les libertés de l'école buissonnière. De retour dans sa famille,

qui lui rappelait son humble condition, il commença à apprécier
le séjour qu'il venait de quitter. Quand il fut asservi à la régula-
rité de la vie de bureau, il estima que le désœuvrement est le
premier des biens. Enfin, après s'être soumis volontairement à
la discipline militaire, la vie de bureau lui parut relativement une
liberté enviable.

Mais quand il se trouva relégué, non comme un brave soldat
qui méprise le péril, mais comme un coupable et un réprouvé,
dans la partie la moins civilisée du territoire algérien, il eut bien
plus de motifs de regretter l'honneur dont il n'était plus jugé
digne, l'honneur de servir son pays en portant les armes !

Au lieu de jouir des égards tout paternels qui sont réservés,
dans la grande famille de l'armée, aux militaires dignes de ce
nom, il se trouva, par sa faute, soumis aux humiliations, aux privations et aux plus rudes travaux.

Couchant sous la tente, et plus souvent à la belle étoile, employé à la construction des routes à travers le désert, sous un soleil brûlant ou sous des pluies torrentielles, il eut le temps de
réfléchir à sa vie passée.

Avant l'expiration du temps fixé pour son exil, le découragement, le chagrin, la fatigue, la rigueur du climat altérèrent
sa santé. Les médecins militaires reconnurent qu'il était hors
d'état de continuer les rudes travaux de terrassement. Il fut
transporté à petites journées dans un hôpital de l'Algérie, car il
était tombé dans un état de langueur qui lui rendait tout mouvement impossible.

C'est alors que Jean Cassecou, livré à lui-même, dans le silence
et la solitude, commença à sentir toute l'amertume de la destinée
qu'il s'était faite.

Loin de sa famille, qu'il avait accablée de ses dédains et de
son ingratitude, oublié des amis de ses plaisirs, qui ne songent
guère aux absents, n'ayant laissé que de mauvais souvenirs chez
ses compagnons d'armes, n'ayant jamais élevé ses idées plus

haut que ses goûts et son bien-être, il ne trouvait, ni sur la terre, ni dans le ciel, ni en lui-même aucun motif de consolation.

Comme il n'avait aimé personne, il se rendait cette justice qu'il ne pouvait s'attendre à être aimé.

Tandis qu'il méditait sur toutes ces choses, son état de langueur s'aggrava d'une maladie dangereuse. Il fut relégué dans un appartement séparé de l'hôpital, afin de garantir les autres malades contre les mauvaises chances de la contagion.

En proie à une fièvre ardente et à un délire intermittent, il se perdait dans le vide de sa vie et de son cœur ; incapable même de remords et de repentir, il ne trouvait aucune consolation dans sa conscience.

Par un besoin d'affection naturel à la souffrance, son souvenir se portait vers sa jeune sœur Marie, qu'il avait aimée dans son enfance. Il se figurait que sa présence le soulagerait ; puis il lui semblait voir son image se dessiner devant lui : il l'interrogeait, et il croyait entendre sa voix qui lui répondait.

C'est alors que la Providence vint à son secours. Une excellente religieuse, par ses soins multipliés, lui rappela la sœur qu'il avait abandonnée. Sur un ordre de sa supérieure, cette religieuse, qui se nommait aussi du doux nom de Marie, avait quitté son pays. Elle était venue avec toute l'abnégation que donne la foi, se consacrer au service des malades sur la terre d'Algérie, en attendant qu'un autre commandement l'envoyât mourir, s'il le fallait, au bout du monde.

C'est elle qui, sans redouter la contagion, s'asseyait au chevet du pauvre Jean Cassecou. Le malade, affaibli par la fièvre, avait été privé depuis bien longtemps d'un tel témoignage de dévouement et de compassion. Il était dans le ravissement.

« Ne suis-je pas aussi, devant Dieu, votre sœur Marie ? » lui dit enfin ce bon ange du malheur.

Jean Cassecou admirait cette charité providentielle qui lui rendait sur la terre étrangère l'image d'une sœur bien-aimée.

Un immense linceul blanc couvrait les montagnes, les gorges et les vallons, lorsqu'on voulut prendre le chemin du retour. (P. 86.)

Il lui raconta l'histoire de sa vie, la pria d'écrire à sa mère pour implorer son pardon. Il goûta ses premières consolations dans les entretiens de la bonne religieuse.

L'homme qui vient d'échapper à une mort menaçante prend souvent des idées plus justes sur les choses de ce monde. Les sentiments religieux étaient déjà rentrés dans le cœur de Jean Cassecou, et en même temps était revenu le sentiment du devoir; puis le repentir, puis l'espérance, puis le courage.

Quand Jean Cassecou fut entièrement rétabli, il ne voulut revenir à son pays qu'après avoir expié et purifié sa vie passée.

Il obtint d'être incorporé dans un des régiments qui faisaient encore la guerre sur l'extrême frontière de nos possessions. Celui qui avait été un soldat indigne de porter l'uniforme devint presque un héros. Il reçut plusieurs blessures en se portant en avant de la colonne pour délivrer un camarade. Le colonel alla le visiter à l'ambulance, lui dit qu'il était un vrai *casse-cou*, et qu'il ne pouvait être mieux nommé. Il fut mis à l'ordre du jour, nommé sergent et proposé pour une récompense.

La gravité de ses blessures l'empêcha de continuer la campagne. Il rentra enfin en France avec un congé définitif que son état de santé lui avait rendu nécessaire, et ce fut avec la médaille sur la poitrine qu'il se jeta en pleurant dans les bras de sa famille.

Jean Cassecou avait pris ses résolutions, il n'avait plus aucune incertitude. Avec quelle ardeur il se livra aux rudes travaux de son père, que l'âge commençait à affaiblir ! Il prit la direction de la forge et devint bientôt passé maître, car en forgeant on devient forgeron. En étendant ses relations et l'importance de ses affaires, il prouva que l'instruction offre un grand avantage dans les plus humbles conditions, lorsqu'on en fait un bon usage.

La première lettre que Jean Cassecou écrivit de France fut pour la sœur Marie, qui apprit l'heureux retour de l'enfant prodigue comme une bonne nourrice reçoit avec bonheur des nouvelles de l'enfant qu'elle a sauvé et qu'elle a rendu à ses parents.

Après avoir vécu longtemps en ne pensant qu'à lui, ce qui l'avait rendu si malheureux, il répandit autour de lui la joie et le bonheur ; il fut heureux dès qu'il revint à la religion et s'appliqua courageusement à remplir tous ses devoirs sans égoïsme ni faiblesse.

(D'après De Saint-Germain.)

52. — Comment on s'affranchit du respect humain.

ÉDOUARD de B***, excellent jeune homme de dix-neuf ans, qui, grâce aux bons conseils et à la sage direction de ses parents, avait su conserver la foi et la piété de son enfance, dut, à la fin de ses études se rendre à Paris, où, sous la surveillance de son oncle, il allait suivre son cours de droit. C'était vers 1830. Il s'embarqua dans le lourd véhicule qui devait le conduire jusqu'à la capitale ; par une louable prudence, et pour lui éviter les grossiers propos qu'il aurait pu entendre dans l'intérieur de la diligence, son père lui avait retenu une place du coupé, où il ne trouva qu'un seul compagnon de voyage. Par une heureuse coïncidence, ce compagnon était un respectable ecclésiastique, nommé M. Breton, vicaire de l'une des grandes paroisses de Paris, et qui revenait, en ce moment, de passer quelques jours au sein de sa famille. Nul n'était plus propre que lui à inspirer la confiance aux jeunes gens, et nul ne la méritait mieux. Aussi pieux qu'éclairé, il joignait à de hautes vertus une connaissance parfaite du monde et de ses dangers. Parlant à chacun le langage qui lui convenait, se prêtant à tous les caractères, s'accommodant à toutes les humeurs, il était aussi éloigné d'une rigidité qui repousse, que d'une faiblesse qui trompe; la vertu, prêchée par lui, paraissait plus aimable encore, et les reproches eux-mêmes, en passant par sa bouche, prenaient quelque chose d'attrayant qui les faisait accueillir avec plaisir.

Tel était le compagnon de voyage d'Édouard; on comprend facilement qu'il eut bientôt gagné toute sa confiance. Appréciant de quel prix pouvait être pour lui un tel guide, il lui fit part de ses projets, de ses craintes et de ses espérances. L'abbé Breton, heureux de rencontrer un jeune homme dans d'aussi bonnes dispositions, lui prodigua les conseils que son expérience pouvait lui suggérer, et s'attacha surtout à lui signaler les pièges, auxquels il ne manquerait certainement pas d'être bientôt et souvent exposé. « Après les temps de désordre, dit-il, qui ont pesé sur la France pendant d'aussi longues années, vous devez vous attendre à trouver dans la société un grand nombre de personnes qui vous paraîtront incrédules; mais que leur multitude ne vous effraye pas. Les plus fameux champions de l'incrédulité cherchent à faire des dupes pour se rassurer eux-mêmes, et ceux-là cependant sont encore les moins déraisonnables, car ils sentent qu'il leur manque quelque chose; ne pouvant se convaincre, ils cherchent à s'étourdir. Les autres sont tout uniment ou des furieux qui blasphèment la religion, sans la connaître, parce qu'elle condamne leurs vices, qu'ils ne veulent pas quitter; ou des hommes chez qui la faiblesse d'esprit a produit la faiblesse de caractère, et qui, trouvant plus commode de ne pas croire que de croire, cèdent, sans résistance aux faciles conseils de leur lâcheté, et s'endorment honteusement dans un coupable mépris de leurs devoirs comme de leur raison. Vous devez comprendre que de tels modèles n'ont rien de bien séduisant pour celui qui connaît la dignité de son âme, et l'importance de son salut. »

L'âme encore ingénue d'Édouard ne pouvait concevoir une telle corruption de la société, ni même une si grande inconséquence des hommes; il en témoigna son étonnement à M. Breton, qui lui répondit : « Ne croyez pas qu'ils arrivent tous d'abord à ce déplorable état ; ceci n'est vrai que pour ceux qui ont été totalement privés d'instruction religieuse ; les autres hésitent plus ou moins longtemps avant d'adopter ce funeste parti ; mais ils sont presque tous vaincus par un vice, le plus déraisonnable, et assurément le plus honteux de tous : ce vice, c'est le *respect humain*, qui interdit à ses sottes victimes l'usage de leurs plus nobles facultés ; elles ne peuvent plus ni vouloir, ni penser, ni juger, ni agir par elles-mêmes ; il faut qu'elles ne veuillent, qu'elles ne pensent, qu'elles ne jugent, qu'elles n'agissent que d'après les autres. Chose étonnante et contradictoire, c'est au moment même où chacun élève le plus haut ce qu'il appelle les droits de la raison, qu'il s'en dépouille le plus complètement, qu'il en fait l'abnégation la plus entière. Que dira-t-on de moi, si je ne fais pas comme les autres, si je ne pense pas comme eux, si je ne me conforme pas à l'exemple général? Voilà le premier raisonnement qui séduit la jeunesse, qui l'entraîne insensiblement dans l'oubli de son Dieu, dans l'oubli de ses devoirs, et qui finit par corrompre toute une génération, toute une société ; voilà ce que vous entendrez dire tous les jours, et le danger peut-être le plus grand que votre foi aura à courir dans le nouveau genre de vie que vous allez suivre.

— J'espère toutefois ne pas y succomber, reprit vivement Édouard ; une telle conduite me paraît trop basse pour pouvoir jamais être la mienne. Heureusement je connais ma religion, j'y suis fortement attaché, et l'on m'a assez appris ses preuves pour que je ne craigne pas les raisonnements des incrédules.

— Des raisonnements, dites-vous? continua M. Breton, les quatre-vingt-dix centièmes se garderont bien de vous en faire ; ils ont trop le sentiment de leur faiblesse pour se compromettre ainsi ; et, pour le plus grand nombre, ils sont même incapables de dire quelque chose qui en ait au moins l'apparence ; mais ce seront des railleries, des sarcasmes, des insinuations, des conseils, des exemples. Ils ne vous attaqueront pas ouvertement sur la seule question véritable, de laquelle dépendent toutes les autres ; mais ils vous harcèleront continuellement sur mille points à la fois. Tantôt ce sera une feinte pitié pour ce qu'ils appelleront votre faiblesse, tantôt un respect dérisoire pour votre jeunesse ; aujourd'hui ils chercheront à vous séduire par le récit de leurs coupables plaisirs, demain par le regret simulé de ne pas vous voir les partager ; ils intéresseront à leur cause votre imagination, votre esprit, votre amour-propre, tous vos sens, toutes vos passions : ce sera entre eux et vous une lutte sans relâche, jusqu'à ce que l'un des deux partis ait cédé à l'autre [1].

— Du moins, cette lutte, que vous m'annoncez, pourra-t-elle être de courte durée ?

— Il dépendra absolument de vous de l'abréger : si, dès votre début, vous savez vous montrer franchement chrétien et entièrement déterminé à conserver votre foi, malgré tout ce que pourront vous dire ceux qui chercheront à vous séduire, ils vous laisseront bientôt en paix ; mais si, par des ménagements au moins dangereux, quand ils ne seront pas coupables, par une honte mal placée, par des concessions imprudentes, vous leur laissez le moindre espoir de vous gagner à leur exemple ; si surtout vous avez le malheur de leur céder une seule fois, soyez persuadé qu'ils ne vous abandonneront ensuite qu'après avoir consommé votre perte ; ou au moins que, pour réparer une seule chute, il faudra vous résigner à être longtemps l'objet de leurs persécutions et de leurs critiques.

— Heureusement, il n'est pas difficile d'avouer hautement des convictions qui n'ont rien que d'honorable.

— Non, sans doute ; mais vous savez que notre triste nature est un malheureux composé de faiblesses et de contradictions

[1] Voir *Le jeune Apologiste de la religion*, Méthode employée par les incrédules pour la combattre.

inexplicables. Je désire que vous soyez, et j'espère que vous serez du nombre de ces cœurs généreux qui savent confesser leur foi à la face de leurs ennemis ; mais le nombre en est bien petit, et il en est beaucoup plus d'autres qui, pour s'épargner la peine de résister pendant quelques jours, se résignent à céder pendant toute leur vie à des exemples qu'ils détestent d'abord en les imitant, et auxquels ils finissent par s'habituer assez pour tuer leurs remords, et pour trouver dans leur conduite un funeste repos.

Tout en causant ainsi, la voiture arriva à l'endroit où les voyageurs devaient souper ; M. Breton et Édouard descendirent pour prendre ce repas en commun avec les autres.

C'était un vendredi ; et qui plus est, un vendredi de Quatre-Temps. A l'exception d'une salade, tout le souper était servi en gras. M. Breton, qui avait prévu ce désagrément, avait commandé, en entrant, une omelette pour lui et pour Édouard, et deux dames en avaient fait autant ; mais en attendant qu'elle arrivât, Édouard se trouva exposé à un supplice encore nouveau pour lui. Il était placé auprès d'un commis-voyageur qui lui offrait de tous les plats avec une politesse et une persévérance vraiment désespérantes : « Comment, monsieur, vous ne mangez pas de ce gigot ! il est excellent cependant, je puis vous le garantir. Cette fricassée de poulet vous plaira peut-être davantage ? Acceptez au moins une de ces côtelettes. » Le pauvre Édouard, que la présence de tous les convives faisant parfaitement honneur à tous les plats retenait de déclarer la véritable raison de son refus, se confondait en excuses et en remerciements, qui n'arrêtèrent nullement l'importunité de son officieux voisin. A la fin, cependant, il crut avoir trouvé un sûr moyen de s'en débarrasser, et il lui dit qu'il ne mangeait jamais de viande le soir ; mais ce fut bien pis encore : « Comment, à son âge, déjà un si mauvais estomac ! Il paraissait cependant jouir d'une bonne santé ; il ne devait pas s'écouter autant. » Et mille autres réflexions et conseils semblables, que n'eût probablement même pas interrompus l'arrivée de l'omelette si ardemment désirée, et enfin servie, si une conversation, qui commençait à se monter sur un ton assez haut, à un autre bout de la table, n'eût attiré l'attention de tous les voyageurs. L'un d'eux, à la voix forte et sonore, au rire bruyant, avait cru sans doute faire preuve d'esprit auprès des dames qui avaient refusé de manger de la viande, en les régalant de tous les vieux rébus et de tous les prétendus bons mots qui courent les rues contre la pratique de l'abstinence; son regard assuré, qui se promenait sur tous les assistants, semblait chercher leurs applaudissements; et pendant quelque temps, en effet, on avait paru sourire à ses grossières plaisanteries; mais un Anglais, d'un certain âge déjà, et qui, jusqu'à ce moment, s'était uniquement occupé d'apaiser sa première faim, la trouvant sans doute alors à peu près satisfaite, prit à son tour la parole, et la conversation changea bientôt de tournure.

— Moi, dit-il, j'approuve fort qu'on suive sa religion; si j'étais catholique, je ne mangerais pas du tout de viande les vendredis. Vous êtes protestant, sans doute, monsieur?

— Oui, je proteste contre le maigre, répondit le gros voyageur, en poussant un énorme éclat de rire.

— Ça n'est pas répondre du tout, continua l'Anglais sans rien perdre de son flegme, je vous demande de quelle religion vous êtes?

— Eh bien, je suis de la religion de ceux qui ne se gênent pas.

— Oui, oui, je commence à comprendre; c'est plus commode, mais ce n'est pas plus beau. J'estime fort, moi, ceux qui ont une religion.

— Voulez-vous dire par là que vous n'estimez pas ceux qui n'en ont pas? répliqua le gros voyageur, d'un ton à demi menaçant.

— Je ne réponds que de mes paroles: J'estime fort ceux qui ont une religion, et qui la pratiquent; je n'ai dit que ça et je ne veux pas m'en dédire.

— Auriez-vous l'intention de m'insulter ?

— Pas du tout, je parle en général ; j'estime fort ceux qui ont une religion. Ça ne peut être une insulte pour personne, je crois.

— Eh bien, on se passera facilement de votre estime, monsieur l'Anglais ; ce ne sera pas un grand malheur.

— Je ne dis pas le contraire, et je ne désire pas du tout que vous y teniez.

Les dames qui avaient été si longtemps victimes de la grossièreté du voyageur firent un signe de reconnaissance à l'Anglais, et toute la compagnie, désirant sans doute réparer le tort de sa tacite approbation, s'empressa d'imiter leur exemple. Furieux de cette réprobation générale de tous ses traits d'esprit, le voyageur perdit toute retenue, et passa de la plaisanterie aux injures ; mais celles-ci n'émurent pas davantage l'impassible insulaire : le cure-dent à la main et se nettoyant tranquillement la bouche, à peine daignait-il lui répondre quelques mots, dont l'imperturbable sérieux augmentait encore la bile de son adversaire. Enfin, le conducteur vint avertir qu'il était temps de remonter en voiture, et mit ainsi fin à une scène qui commençait à devenir fatigante.

Chacun s'empressa de se rendre à l'invitation du conducteur, et la voiture ne tarda pas à se remettre en route. Édouard, un peu honteux du sot rôle qu'il venait de jouer, profita de l'excuse que lui offrait l'heure avancée, et fit le dormeur ; mais ce n'était que reculer son embarras, qu'il dut retrouver tout entier le lendemain, à la pointe du jour, lorsque M. Breton lui dit :

— Mais vous ne me parlez pas de notre souper d'hier ; il a été cependant fécond en événements.

— J'étais si fatigué que je ne savais trop ce que je faisais ou ce que je disais. Nous étions au moins trente à quarante à table. C'était la première fois que je me trouvais avec autant de monde, et la tête me tournait.

— Quoi ! vous n'avez pas entendu les propos impertinents de

ce commis-voyageur, et la manière sévère dont ils ont été relevés par l'Anglais?

Heureux de reconnaître qu'il n'était pas question de lui, et se rappelant tout à coup que, placé à table loin de M. Breton, celui-ci avait pu ne pas entendre ses réponses un peu embarrassées, Édouard s'empressa d'accueillir ce sujet de conversation, qui d'ailleurs plaisait à son imagination enjouée.

— Oh, si vraiment, répondit-il, il a bien eu ce qu'il méritait ce gros monsieur, avec ses bravades et ses impertinences ; les rieurs n'ont pas fini par être de son côté.

— Ceci vous prouve, mon ami, qu'il y a dans la franchise un mérite qui s'attire toujours le respect, même de ceux qui ne partagent pas nos opinions.

— C'est vrai; mais il faut convenir aussi que, dans bien d'autres circonstances, et avec d'autres acteurs, ce qui a commencé par une comédie aurait pu finir par une tragédie.

— Vous avez raison, il faut être bien certain de soi pour se permettre de telles leçons ; mais si nous ne sommes pas toujours obligés de faire sentir aux autres leur tort, c'est un devoir cependant pour nous de ne pas les partager par une lâche imitation, dans la crainte de leurs censures.

— Alors on se tire d'affaire par quelque adroit détour?

— C'est selon la nature de ce détour.

— Par exemple, si j'avais fini, hier soir, par me débarrasser des importunités de mon voisin qui m'offrait sans cesse de la viande, en lui disant que je n'en mangeais jamais le soir?

— D'abord, si vous en mangez, c'eût été mentir, et craindre plus de déplaire aux hommes qu'à Dieu, qui vous défend le mensonge; ensuite, vous eussiez grandement risqué, par une telle conduite, de vous préparer un embarras beaucoup plus grand pour aujourd'hui. Nous sommes samedi, et vous ne pouvez pas, plus qu'hier, manger de la viande. Si votre importun voisin se retrouve auprès de vous au déjeuner, il va certainement vous en offrir avec la même insistance. Que lui répondrez-vous? Il faudra, ou que vous acceptiez, ou que vous conveniez que vous avez menti la veille par peur, par faiblesse, par lâcheté, en lui donnant une excuse qui n'était pas réelle. Aurez-vous un tel courage? Le contraire est bien à craindre; et voilà comment une seule faiblesse nous entraîne souvent dans le plus coupable oubli de nos devoirs; voilà comment une seule faute décide souvent du sort de notre éternité; car il faut plus de force pour se relever après une chute semblable, que pour s'en garantir.

Édouard, qui non seulement connaissait, mais qui de plus aimait sa religion, comprit bien que M. Breton avait raison, et il résolut d'en finir avec le respect humain, en observant désormais carrément les lois de l'Église, sans s'inquiéter de ceux qui ne les observent pas. C'était le bon parti, le seul parti à prendre, et nous souhaitons à nos lecteurs de faire tous comme lui.

(D'Exauvillez.)

53. — Madame de Montesquiou.

QUAND il s'agit d'affirmer sa foi, les femmes chrétiennes ont quelquefois plus de courage que les hommes. En matière d'observances religieuses surtout, elles transigent moins avec leurs principes.

On lit à ce sujet un trait qui prouve la fermeté de caractère de Mme de Montesquiou, gouvernante du fils de Napoléon Ier. La comtesse de Montesquiou jouissait auprès du chef de l'État d'un grand crédit et d'une haute considération. Elle n'en fit jamais usage que pour être utile aux autres, et agréable à ceux qui la connaissaient. La manière dont elle arriva à cette place est assez singulière et mérite d'être racontée.

Un jour, elle était au Trianon, lors d'un petit voyage de l'empereur. Comme celui-ci ne voulait que sept à huit personnes à sa table, elle ne s'attendait pas à être appelée. Elle avait donc prié le chambellan de service de ne pas oublier ses deux plats de maigre, car c'était un vendredi. Or, tout à coup, Napoléon lui fit dire qu'elle dînerait avec lui, et en effet il la fit mettre à ses côtés. Plus occupée de sa conscience que des honneurs, elle voyait avec chagrin et embarras qu'il n'y avait rien de maigre sur la table. Elle se mit donc courageusement à faire son repas avec du pain et du beurre. Son imposant voisin la regardait et ne disait mot, ce qui augmentait l'inquiétude de la comtesse. Ce fut bien pis quand elle vit arriver sur la table impériale les plats qu'elle avait demandés pour son service particulier. Elle pensa que son hôte se formaliserait d'une pareille inconvenance, mais n'en mangea pas moins toute seule le maigre apporté pour elle.

Napoléon regardait toujours et ne disait rien. Tout le monde était persuadé que cet acte la perdrait à jamais dans l'esprit du monarque. Or, c'est deux jours après, qu'elle reçut sa nomination de gouvernante du roi de Rome. Le frère de l'empereur d'Autriche, qui était un des convives de ce dîner, dit, à quelque temps de là, aux enfants de Mme de Montesquiou :

« J'ai admiré votre mère, mais je n'ai pas osé l'imiter, quoique j'aie les mêmes principes ; elle a montré un caractère qui m'a fait honte et envie. »

54. — Épisode de la guerre de 1870.

AU matin du 18 août 1870, le village de Gravelotte, qui fut le centre de la terrible bataille de ce nom, séparait l'armée française et l'armée allemande ; il renfermait huit cents Français, blessés ou mourants.

Effrayé du sort qui pouvait atteindre ces blessés, le médecin en chef fit arborer, au haut du clocher du village, le drapeau d'ambulance pour informer les armées en présence que Gravelotte était encombré d'hommes hors de combat.

Bientôt arriva, un piquet de cavalerie prussienne qui, après avoir reconnu la situation, fit amener un nombre suffisant de voitures. On chargea les blessés sur ces voitures et, sous l'escorte du piquet prussien, le convoi français traversa l'armée ennemie.

Après de nombreux arrêts à travers mille entraves, au milieu d'une nuit sombre et d'un silence sinistre, interrompu seulement par le gémissement des blessés, le douloureux cortège, vers minuit, arriva sur un terrain neutre.

Là, on fit halte et l'officier qui commandait l'escorte prussienne, s'adressant aux chefs du convoi des blessés, leur dit en français :

— Messieurs, ma mission finit ici ; et, maintenant, vous devez seuls continuer votre route ; permettez-moi seulement de vous donner un avis ; vous n'approcherez pas sans danger des avant-postes français, si vous ne les prévenez pas de votre arrivée ; on tirera certainement sur vous. Avant donc de vous remettre en marche, je vous conseille de choisir, parmi vous, un homme assez courageux pour aller, au péril de sa vie, informer vos compatriotes de l'arrivée de ce convoi.

Beaucoup d'officiers ou soldats auraient voulu remplir une mission aussi dangereuse.

Le premier, cependant, qui élève la voix, c'est l'aumônier militaire, l'abbé Baron.

— Mes amis, s'écrie-t-il, c'est à moi qu'il appartient de remplir cette mission; je la réclame comme un devoir, comme un droit. Tous, plus ou moins, vous êtes malades et blessés; vos familles vous attendent, le pays peut encore avoir besoin de vous; ne songez donc qu'à vous soigner. Qu'on me donne un falot, et que Dieu bénisse mon entreprise!...

On lui offre un infirmier pour l'accompagner; il refuse, en disant que cet infirmier est nécessaire aux chers blessés. On insiste; il refuse toujours; et, muni d'une lanterne, il part dans la direction des avant-postes français.

Sur la grande route, le chemin, d'abord libre, se hérisse de difficultés. Ici, des arbres énormes, qui ont été abattus, barrent le passage. Là, sont des ponts coupés; ailleurs, des trous de loup; partout les défenses dont s'entoure une ville assiégée.

A chaque instant, M. Baron est obligé de multiplier les détours à travers les champs détrempés par les pluies et de franchir des fossés comblés par les eaux.

Après des fatigues inouïes, il arrive au village de Moulins; devant lui sont deux routes : l'une à droite, l'autre à gauche. Laquelle prendre? Laquelle conduit à Metz? A qui demander le chemin? Le village est désert : pas un feu, pas un habitant.

Soudain, une lumière frappe ses regards; loin, bien loin, il entrevoit une chaumière; le chemin est long et difficile; mais, absolument, il faut s'assurer de sa route. Malgré la fatigue, il marche donc, et, à travers mille obstacles, il arrive et se trouve en face d'un meunier qui, à sa vue, recule épouvanté.

— Que Dieu vous garde, mon brave homme, dit M. Baron; ne craignez rien. Je suis aumônier militaire et je cherche à sauver un convoi de blessés français. Vite, mon chemin le plus court pour Metz.

Tant bien que mal, le meunier explique à l'aumônier son chemin, et celui-ci est obligé de retourner au village de Moulins, où il prend la route de gauche au lieu de celle de droite qu'il avait suivie. Redoublant d'énergie, il marche, il avance.

Tout à coup, une voix crie :

— Qui vive !... halte-là !... passe au large !...

Au risque de recevoir une balle, M. Baron avance encore.

Alors, dix hommes s'élancent, franchissent un fossé, lui croisent la baïonnette sur la poitrine et lui crient ensemble :

— Qui vive !...

— France, ami, répond M. Baron.

On le conduisit au poste de la grand'garde.

— Votre nom, votre qualité, que faites-vous ici au milieu de la nuit? dit le lieutenant.

— Je suis l'abbé Baron, aumônier au quartier général du deuxième corps de l'armée du Rhin. Je viens vous annoncer l'arrivée des soldats français blessés, dirigés sur Metz.

— Vos papiers?

— Je n'ai pas eu le temps de les prendre.

— Nous venons de fusiller des espions cachés sous le costume du prêtre. Sergent, fouillez monsieur avec le plus grand soin.

Le sergent obéit. Il trouve sur la poitrine du prêtre, sa croix d'aumônier; dans sa main, son chapelet ; dans sa poche, quelques notes sur des malades; rien de plus.

— Gardez cet homme à vue, dit le lieutenant, jusqu'à mon retour.

Et il s'éloigne.

Peu d'instants après, il revient avec son colonel et deux commandants qui recommencent l'interrogatoire.

En ce moment, on entend un bruit sourd et lointain; puis on discerne le bruit d'hommes qui crient et fouettent pour exciter les chevaux.

— Est-ce donc, se disent les officiers, un corps d'armée qui avance et qui installe des batteries?

Soudain, du même côté, on entend une sonnerie prussienne.

Tous de s'écrier :

— Nous sommes trahis !... Aux armes !... A mort l'espion !...

— Qu'est-ce que tout ceci, Monsieur? dit le colonel d'un air menaçant. Quel est ce bruit? Quelle est cette sonnerie?

— Ce bruit, mon colonel, c'est celui du convoi des blessés qui approche; la sonnerie est celle du piquet d'escorte prussienne qui retourne à son camp.

— Mais qui prouve tout cela, Monsieur, et qui m'assure que je n'aie pas à courir aux armes pour arrêter une surprise?

— Au nom du ciel, s'écrie M. Baron, mon colonel, arrêtez. Ne faites pas feu sur vos frères, blessés ou mourants.

Soudainement inspiré, il ajoute :

— Appelez vos clairons; faites-leur sonner *halte!*... Si l'épreuve me trahit, faites de moi ce qu'il vous plaira.

— Soit, réplique le colonel.

Les clairons sont rassemblés.

A travers le silence de la nuit, à pleins poumons, ils sonnent *halte!*

Quand ils ont cessé, on écoute.

On n'entend plus rien : le convoi a fait halte.

— Dieu soit loué, mon colonel, s'écrie M. Baron; ils ont compris, ils sont sauvés!...

— C'est vrai, dit le colonel; et maintenant, monsieur l'aumônier, que demandez-vous de moi?

— Je vous prie, mon colonel, de permettre qu'un officier et quelques hommes m'accompagnent pour aller à la rencontre du convoi.

Sur l'ordre du colonel, la petite troupe se forme; l'aumônier est mis au centre, car on le garde à vue.

On se met en marche et, en moins d'une heure, on rejoint le convoi.

Alors, la scène change.

Officiers et soldats blessés acclament l'aumônier. Ceux qui ne sont pas cloués par la douleur s'élancent vers lui, lui serrent les mains et l'assurent de leur éternelle reconnaissance.

Enfin, le convoi sauvé put entrer dans Metz, où les blessés furent accueillis et soignés avec le plus grand empressement.

A la suite de l'acte héroïque qu'il venait d'accomplir, l'abbé Baron fut nommé chevalier de la Légion d'honneur.

Ce qui fut pour lui une récompense plus douce encore, c'est le bonheur d'avoir, au péril de sa vie, donné à la France, à l'armée, à ses chers soldats, une preuve de son affection sans mesure et sans partage.

55. — Dévouement d'un Alsacien.

UN soldat alsacien fit preuve d'un dévouement qui dépasse tout ce qu'on peut imaginer, à la célèbre bataille de Magenta.

La mêlée était horrible autour de la gare du chemin de fer, et à mesure que nos régiments avançaient, on s'efforçait d'enlever les blessés restés derrière eux. Les retours étaient à craindre, et il fallait sauver ces malheureux, qui pouvaient à chaque instant trouver la mort sous les pieds de leurs camarades. Un officier s'approcha d'un soldat qui s'était agenouillé près de son fusil, et faisait de son mouchoir un bandeau pour s'envelopper la tête. Un coup de baïonnette lui avait traversé la joue droite, un flot de sang s'échappait de l'œil, la paupière battait péniblement.

— Que fais-tu là? s'écrie l'officier; éloigne-toi et va à l'ambulance!

— A l'ambulance! répond le soldat étonné, pourquoi?

— Ton œil est perdu.

— Oui, mais l'autre est bon !

Et se redressant vivement, notre intrépide soldat, que son accent faisait connaître pour un enfant d'Alsace, saisit son fusil, et
d'un geste énergique, montra qu'il pouvait encore viser. L'officier sourit et s'éloigna.

L'Alsacien prit sa course, et, à vingt pas de là, il déchargeait
son arme.

Un quart d'heure après, la gare de Magenta était en notre pouvoir. La dernière balle partie du côté des Autrichiens vint frapper au bras gauche un soldat qui s'efforçait de grimper aux fenêtres d'un des bâtiments de la station. Le soldat pousse un cri
et roule par terre. Un officier accourt et le relève.

—Ah ! c'est vous, mon capitaine ? dit le soldat, qui n'était autre
que l'Alsacien ; mais les gredins m'ont bien touché !

— Eh bien ! en as-tu assez maintenant ? dit le capitaine.

Le soldat ne répondit pas. Il cherchait son fusil ; l'ayant aperçu,
il le prit lestement de sa main droite, fit le moulinet comme un
bâtonniste, et se contenta de dire presque en souriant :

— Ce n'est que le bras gauche, capitaine, et l'autre est encore
bon !

Et il courut au feu.

Le capitaine, émerveillé, le suivit. Hélas ! il le vit tomber encore une fois. Ce devait être la dernière. Le malheureux, dont
le visage avait une horrible expression, venait d'être atteint en
pleine poitrine.

— Pauvre garçon ! dit l'officier en se penchant vers lui.

Le soldat l'entendit, et il eut assez de force pour répondre
d'une voix mourante :

— Capitaine, faut pas m'en vouloir ; car, si j'étais parti, ils en
auraient touché deux autres, tandis qu'avec moi, ça été du
plomb de perdu. Je devais mourir !

Et l'Alsacien rendit le dernier soupir.

Il est beau sans doute de sacrifier ainsi sa vie pour son pays. Mais le spectacle d'un tel héroïsme pour la patrie terrestre ne devrait-il pas nous inspirer le courage de nous faire un peu violence pour le ciel?...

56. — Un écolier au xvie siècle.

LES actes d'héroïsme accomplis sur le champ de bataille, sont à la vérité bien dignes de notre admiration; mais le dévouement obscur d'un jeune étudiant qui, pendant de longues années, lutte chaque jour avec courage et persévérance contre des obstacles sans cesse renaissants, n'est pas non plus dénué de mérite, et peut-être recevra-t-il un jour une plus haute récompense du souverain Juge, qui rendra à chacun selon ses œuvres.

En l'année 1510, un jeune garçon, couvert du sarrau de toile, le bonnet de laine sur la tête, la mine allongée par la faim et les yeux grandement ouverts, sinon de convoitise, du moins de curiosité pour les belles choses qu'il voyait, entra à Paris par le faubourg Saint-Denis, et, conduit par l'instinct, il se dirigea vers la rue de la Paille. C'est là que jouaient entre eux, à l'heure des récréations, les nombreux écoliers du quartier des collèges. Le jeune paysan tomba, ainsi qu'une proie, entre les mains de ces enfants espiègles, et même pour la plupart méchants, qui ne se faisaient nullement faute d'intimider les faibles et quelquefois d'attaquer de plus grands et de plus robustes qu'eux.

Pierre Laramée, car c'était le nom du nouveau venu, eut à souffrir bon nombre de malicieuses questions, et reçut aussi bon nombre de douloureuses gourmades. Mais, quand le premier accès de malice et de gaîté fut passé, le meilleur d'entre ces mauvais garçons, voyant que l'enfant avait faim, rompit son pain pour lui en donner une part ; et, comme le pauvre disait : « J'ai beaucoup marché, je suis bien fatigué, » les autres écoliers s'arrangèrent pour lui faire une place sur la paille dont la rue était jonchée. Laramée, restauré et doucement assis, ayant été interrogé une seconde fois par ses nouveaux camarades sur sa vie et sur son voyage à Paris, commença le simple et naïf récit que nous allons essayer de reproduire :

« Je suis né au village de Cuth, en Vermandois ; il peut y avoir de cela huit ans. J'ai perdu mon père et ma mère quand je commençais seulement à pouvoir marcher seul ; comme je n'avais plus personne au monde pour prendre soin de moi, il fallut bien me recommander à la charité des bonnes gens du pays ; de porte en porte j'allais mendiant mon pain ; et c'était une heureuse fortune pour moi quand il m'était possible d'étaler un peu de fromage blanc sur la tranche de pain noir dont on venait de me faire l'aumône, ou quand j'obtenais un oignon crû avec quelques grains de sel pour m'aider à manger ce pain, qui était quelquefois bien dur.

« Quand je fus un peu plus grand, les voisins ne voulurent plus me nourrir à ne rien faire ; alors on me mit à la main une longue baguette, et je fus chargé de mener les oies à la grande mare d'eau du pays. Bientôt l'ennui me prit : j'étais las de conduire cet indocile troupeau, qui allait de çà et de là, sans écouter ma voix, sans obéir à la baguette, et que je ne ramenais pas toujours au complet à la ferme. Un beau jour, je pris la résolution de laisser mes oies s'en retourner comme elles le pourraient chez le fermier à qui elles appartenaient ; je jetai ma baguette dans un buisson, et je me mis en route pour Paris.

« Il me fallut mendier sur mon chemin, comme autrefois j'avais mendié dans mon village. J'eus le bonheur de rencontrer

en route un moine en compagnie duquel j'ai voyagé. Que Dieu
me garde, et qu'il me fasse rencontrer parmi vous, messires,
une âme assez charitable pour se charger de mon éducation, qui
est à peine commencée ! »

Après son récit, qu'il couronna par cette prière, Pierre Laramée offrit de s'engager au service des écoliers, d'être à lui seul
le valet de tous, et ne demanda pour ses gages qu'un peu de pain
et des leçons. Durant quelques mois, il employa ses journées à
faire dans la ville les commissions des étudiants ; et, supportant
avec une admirable patience leur mauvaise humeur ou les caprices de leur méchant caractère, il attrapa par-ci par-là des croûtes
de pain dur et quelques bribes de latin et de grec, dont il meu-
blait son esprit et qu'il se répétait à lui-même. Quand le soir
était venu, le pauvre enfant allait se coucher sous une des arches
du pont de la Cité, où il avait élu domicile.

Pierre Laramée se trouvait fort heureux de son sort ; car ne
pas mourir de faim et pouvoir s'instruire, c'était là tout ce que
demandait ce laborieux enfant. Un jour son bonheur cessa. Le
temps des vacances étant venu, les écoliers désertèrent le collège
pour retourner dans leurs familles. Les gens de service de l'université relevèrent la paille de la rue, et Pierre Laramée se trouva
sans maître à servir, sans pain à gagner, et sans leçons de grec
ou de latin à pouvoir retenir. Il aurait volontiers encore vécu
d'aumônes jusqu'à l'époque de la rentrée des classes ; mais, la
peste s'étant déclarée à Paris, l'enfant eut peur, et il reprit, bien
affligé, la route de son village de Cuth. Il y végéta pendant l'espace de quatre ans.

En 1515, vers le temps où le roi Louis XII mourut, on vit au
collège de Navarre un petit valet d'à peu près douze ans, qui,
chargé du soin de balayer les classes, travaillait pendant toute la
journée pour le service de la maison. Le soir, quand chacun dormait, l'enfant, soit en soufflant sur un charbon pour se procurer
un peu de clarté, soit en profitant d'un beau clair de lune, re-

passait sur un livre les leçons des maîtres d'étude, ou écrivait ce
qu'il avait pu retenir de ces mêmes leçons en écoutant à la porte
des classes. Ce petit valet du collège de Navarre, c'était Pierre
Laramée ; il était revenu à Paris dès qu'il avait pu savoir que la
peste s'en était éloignée ; et, à sa prière, le recteur du collège
avait bien voulu le recevoir, non pas pour servir les professeurs
ou même les écoliers, mais pour être le valet des valets.

Le cahier des devoirs de Laramée, si laborieusement rempli,
tomba entre les mains d'un professeur. Celui-ci, surpris de la
haute raison et du savoir intelligent de l'enfant qui avait écrit
ces pages, fit venir le jeune valet, et l'interrogea pour s'assurer
si vraiment cette écriture était la sienne, et comment il avait pu
apprendre tant de choses, alors qu'on ne lui avait rien enseigné.
Pierre Laramée expliqua par quel moyen il avait, pour ainsi dire,
saisi au vol les leçons des professeurs ; il pria le maître de lui
faire subir un examen, car il n'était pas bien sûr de savoir parfaitement ce qu'il n'avait pu apprendre qu'à la dérobée. Le professeur, qui commençait à se sentir vivement intéressé en faveur
de ce laborieux enfant, lui fit un grand nombre de questions,
auxquelles Laramée répondit merveilleusement bien ; alors le
professeur, l'embrassant, lui dit qu'il pouvait se préparer à soutenir publiquement sa thèse ; car le temps était venu de lui con-
férer le grade de maître ès sciences. Cette thèse, l'enfant la
soutint avec un prodigieux succès, et, dès le jour même, l'université l'éleva au rang de docteur.

Peu de savants ont acquis plus de réputation, ont eu plus d'admirateurs et, par suite, se sont fait plus d'envieux que le célèbre
Ramus. Ce grand docteur n'était autre que le petit Pierre Laramée, le pauvre valet des écoliers, qui, suivant l'usage du temps,
avait cru devoir latiniser son nom.

(Michel Masson.)

17.

57. — Un dernier modèle.

PENDANT une guerre du XVIIIe siècle, la France se trouvait envahie par les troupes ennemies ; une de nos places fortes, investie depuis longtemps, ne parvenait plus à soutenir le siège. Les vivres étaient épuisés et les assiégés allaient être obligés de se rendre ; ils n'avaient plus d'espoir que dans l'intervention d'une armée française qui se trouvait à une assez grande distance ; la difficulté était de se mettre en communication avec elle, et le blocus était si étroit qu'aucun des émissaires qu'on avait envoyés n'avait pu accomplir sa mission. Un jeune paysan des environs, qui était venu combattre avec la garnison, proposa de faire une nouvelle tentative.

Il fut amené devant le gouverneur, auquel on l'avait recommandé. Celui-ci l'examina attentivement et fut satisfait de l'expression de loyauté et d'énergie que présentaient ses traits.

« Vous savez, lui dit-il, que tous ceux qui ont tenté l'entreprise ont été tués ?

— Je le sais ; j'espère être plus heureux.

— Vous savez aussi que le salut de la ville dépend du message que vous porterez à nos frères et des communications qu'ils vous chargeront de nous transmettre ; si vous tombez entre les mains des ennemis, ils voudront à tout prix vous arracher le précieux secret confié à votre loyauté.

— On pourra me tuer ; mais ma bouche restera muette.

Le gouverneur lui donna des instructions minutieuses, et suivit d'un regard attendri le malheureux qui allait braver une mort presque certaine.

La nuit venue, le paysan sortit de la ville et s'engagea dans les lignes ennemies. Tous les passages étaient bien gardés ; mais il connaissait les plus petits sentiers, il était familiarisé avec tous les accidents de terrain ; de plus il était agile, adroit ; après avoir essuyé quelques coups de feu qui ne l'atteignirent pas, il parvint jusqu'à l'armée de secours.

Il n'y resta pas longtemps et revint tout joyeux, car il apportait l'annonce d'une prochaine délivrance et les renseignements qui devaient permettre aux assiégés d'agir de concert avec leurs libérateurs. Le moment, le lieu où devait s'opérer l'attaque, les signaux, la façon dont les assiégés devaient concerter leurs efforts avec ceux de leurs amis, tout avait été prévu. Le succès paraissait certain ; il dépendait du secret avec lequel serait gardé le plan, de l'entente que l'on mettrait à l'exécuter.

Malheureusement le paysan avait été trahi, et à peine eut-il franchi les avant-postes ennemis, qu'il tomba dans un cercle de baïonnettes, fut pris et conduit devant le général de l'armée assiégeante.

Celui-ci, au lieu de le traiter durement, l'accueillit avec bonté, applaudit à son courage qu'il se plaisait à admirer même chez un adversaire, lui prodigua les félicitations et les éloges, ne négligea rien de ce qui pouvait caresser doucement son amour-propre ; mais le paysan savait qu'on prend les hommes par la flatterie, comme les oiseaux à la pipée : il resta muet et impénétrable.

Il était exténué de fatigue et de soif ; car il avait précipité sa marche ; on lui apporta des flacons dont les reflets dorés devaient avoir un grand attrait pour un homme au gosier desséché ; mais à peine eut-il porté à ses lèvres la boisson enivrante, qu'il la repoussa : il comprenait qu'on voulait troubler son cerveau pour le faire parler, et tenait à conserver à tout prix la netteté de sa raison.

« Bauduis, lui dit le général, en l'appelant par son nom, je sais que tu es pauvre et que ton rêve serait de posséder une

petite ferme au bord de la rivière qui arrose ton village : tu
l'auras, si tu veux. Vois-tu cette somme? elle est à toi. »

Et il fit luire à ses yeux des piles de pièces d'or qui l'auraient
rendu l'homme le plus riche de son village ; jamais le paysan
n'avait vu un pareil trésor ; mais cette fortune ne le séduisit pas.

« Gardez votre or, répondit-il : je n'ai point de désirs assez
vifs pour être tenté de les satisfaire au prix d'une trahison. »

Le général dit alors :

« Tu méprises les richesses, mais tu dois tenir à la vie : eh
bien ! regarde ce tertre : c'est là qu'ont été fusillés ceux qui ont
tenté de tromper notre surveillance ; tu y tomberas à ton tour. »

Il fit venir un peloton de soldats, auxquels il donna l'ordre de
charger leurs armes.

« Vous pouvez me tuer, dit Bauduis, mais vous ne parviendrez
pas à me faire parler. »

Au moment où l'on emmenait le prisonnier, qui marchait d'un
pas ferme à la mort, le général se ravisa et le rappela : il connaissait l'importance du message dont le jeune homme était
chargé, et ne pouvait renoncer à l'espérance de lui arracher le
secret dont dépendait peut-être l'issue de la campagne.

« Tu ne crains pas la mort, reprit-il, mais es-tu bien sûr de ne
pas redouter la souffrance? Tu ne sais pas ce que sont les angoisses de la faim et de la soif : tu vas apprendre à les connaître. »

Le paysan fut enfermé dans une étroite prison, d'où il pouvait
voir l'animation du camp, les soldats ennemis qui prenaient leurs
repas et, dans le lointain, le clocher de son village, qui lui rappelait son enfance et ses rêves d'avenir, auxquels il devait dire
adieu. Bientôt son estomac éprouva d'horribles tiraillements ; sa
gorge était brûlante... De temps en temps on venait lui demander s'il consentait à parler, et toujours il se renfermait dans son
mutisme obstiné. Il se raidissait contre la douleur et disait pour
se consoler : « Il est doux de mourir pour son pays ! »

Cependant l'excès de la souffrance finit par assoupir ses organes, et, comme il était brisé de fatigue, un sommeil lourd, douloureux, s'appesantit sur lui ; mais, au moment où ses yeux venaient de se fermer, les roulements du tambour, les fanfares du clairon retentirent à ses oreilles : c'était un nouveau supplice qu'on lui infligeait, celui de l'insomnie, supplice atroce pour le malheureux, dont la volonté luttait contre les défaillances de la nature.

Le courage de Bauduis ne fléchit pas. Le général, qui s'était juré d'en triompher, tenta une nouvelle épreuve, dont le succès lui paraissait infaillible. Il fit venir devant lui le prisonnier chancelant et se soutenant à peine ; puis, quelques instants après, on amena un vieux paysan qui marchait entre deux haies de soldats. C'était le père de Bauduis, qu'on était allé prendre dans sa ferme, où il vivait sous la sauvegarde qui protège, en temps de guerre, les femmes, les enfants et les vieillards.

« Si tu ne consens pas à répondre à mes questions, dit le général au prisonnier, cet homme va mourir. »

Cette fois l'impassibilité de l'infortuné l'abandonna. Il était atteint au cœur. Éperdu, sanglotant, il se jeta aux pieds du général et lui adressa les plus humbles, les plus déchirantes supplications. Il était résigné à mourir ; mais quel besoin avait-on de frapper ce vieillard qui n'avait rien fait ? Il n'était pas possible qu'on se souillât d'une pareille atrocité. Tout ce que la tendresse filiale la plus exaltée pouvait lui inspirer, il le dit ; sa voix avait des accents d'une navrante éloquence, ses prières trahissaient toutes les tortures de son cœur. Le général répétait froidement :

« Il dépend de toi de le sauver. »

Un combat terrible s'engagea dans l'âme du jeune homme ; mais le vieillard y mit un terme :

« Garde ton secret, mon fils. Jamais, jamais je ne te pardonnerais d'avoir prolongé, par une infamie, le peu de jours qui me restent à vivre. Courage ! La vie ne vaut pas le prix qu'on prétend y mettre. Que la volonté de Dieu soit faite, et que l'horreur de cet attentat retombe sur la tête de ceux qui l'ont ordonné. Ne parle pas, je saurai mourir en te bénissant. »

Le général était ému malgré lui et, plein d'admiration pour ces deux hommes héroïques, ne pouvait se décider à exécuter sa menace ; il en avait honte. Hésitant, en proie à une vive agitation, il se promenait de long en large, lorsqu'un bruit inattendu le fit tressaillir. Le canon grondait dans la partie la plus faible des lignes des assiégeants ; bientôt s'y joignirent les crépitements de la fusillade ; puis, quelques instants après, la bataille s'engageait aussi du côté des remparts. Un éclair de joie brilla dans les yeux du paysan : le plan dont le secret lui avait été confié s'exécutait ; la victoire était assurée.

En effet, elle ne fut pas longtemps disputée. Une heure après, les assiégeants, surpris, attaqués là où ils s'y attendaient le moins, battaient en retraite. Le fils put se jeter dans les bras de son père. Tous les deux, au milieu de la joie des vainqueurs, furent ramenés en triomphe dans la ville pour laquelle ils avaient bravé la mort. Leurs concitoyens ne furent pas ingrats : on prodigua au jeune paysan les récompenses les plus flatteuses ; mais aucune n'eut pour lui autant de charme que celle qu'il devait au témoignage de sa conscience.

(Louis Collas.)

Table des Matières.

A la Jeunesse chrétienne 7

1. — Le fils du banquier 11
2. — Comment se venge un chrétien 31
3. — L'étrenne de la veuve 40
4. — Le mystère dévoilé 49
5. — Une résolution héroïque 55
6. — La première victoire d'un général français 58
7. — Une réponse de la Providence 61
8. — Un travail opiniâtre vient à bout de tout 63
9. — Tout pour autrui, rien pour moi 69
10. — Dévouement sublime d'un enfant 74
11. — Lutte et victoire 79
12. — Les débuts d'un amiral 85
13. — Un voyage nocturne en compagnie des loups 86
14. — Ernest de Manceville 89
15. — L'incendie de Clerval 98
16. — Une émule de sainte Apolline 105
17. — Un cœur d'or dans un corps de fer 107
18. — Les vrais enfants de la France 113
19. — Xavier de Mérode 114
20. — La source du vrai courage 116
21. — Un seul mal est à craindre 127
22. — Le devoir avant tout 128
23. — Bon soldat et bon chrétien 131
24. — Le père qui meurt pour sauver son fils 135
25. — Aufredi 137
26. — Un vrai brave 143
27. — La vieillesse d'Anquetil 144
28. — Le crucifix des Tuileries 151
29. — Plutôt martyr qu'apostat 152
30. — Un merveilleux stratagème 166
31. — Le jeune navigateur 168

32. — Le digne fils d'une digne mère 170
33. — Un naufrage aux Philippines 176
34. — Pour se tirer d'affaire, il ne faut que prier 177
35. — Le triomphe du zèle 181
36. — Les deux champs de bataille 185
37. — Un martyr du catéchisme 190
38. — La plus grande joie d'un cœur chrétien 192
39. — Espérance et souvenir 195
40. — La marquise Le Bouteiller 197
41. — Un sacrifice sublime et simplement accompli . . . 201
42. — Admirable résignation d'un jeune soldat 202
43. — Le secret de la patience dans les souffrances corporelles . . 204
44. — L'héroïsme récompensé 205
45. — La jeunesse du baron Cauchy 210
46. — Une faute noblement réparée 212
47. — Le règne de la peur 216
48. — Le jeune mineur 224
49. — Un enfant martyr au XIXᵉ siècle 230
50. — Le sacrifice de la vie 239
51. — Le fils du forgeron 241
52. — Comment on s'affranchit du respect humain . . . 250
53. — Madame de Montesquiou 258
54. — Épisode de la guerre de 1870 260
55. — Dévouement d'un Alsacien 264
56. — Un écolier au XVIᵉ siècle 266
57. — Un dernier modèle 270

Neuville-sous-Montreuil. — Imprimerie Notre-Dame des Prés. — Ern. DUQUAT, Directeur.

www.ingramcontent.com/pod-product-compliance
Ingram Content Group UK Ltd.
Pitfield, Milton Keynes, MK11 3LW, UK
UKHW022328090726
13658UKWH00001B/139